秦文明新探叢書

秦漢銘刻叢考

董珊 著

上海古籍出版社

圖書在版編目(CIP)數據

秦漢銘刻叢考 / 董珊著. —上海：上海古籍出版社，2020.5（2021.3 重印）
（秦文明新探叢書）
ISBN 978-7-5325-9583-9

Ⅰ.①秦… Ⅱ.①董… Ⅲ.①金石學—中國—秦漢時代—文集 Ⅳ.①K877.24-53

中國版本圖書館 CIP 數據核字（2020）第 060200 號

秦文明新探叢書
秦漢銘刻叢考
董 珊 著
上海古籍出版社出版發行
（上海瑞金二路 272 號 郵政編碼 200020）
（1）網址：www.guji.com.cn
（2）E-mail：guji1@guji.com.cn
（3）易文網網址：www.ewen.co
上海天地海設計印刷有限公司印刷
開本 710×1000 1/16 印張 17.75 插頁 6 字數 281,000
2020 年 5 月第 1 版 2021 年 3 月第 2 次印刷
印數：2,301—3,350
ISBN 978-7-5325-9583-9
H·227 定價：88.00 元
如有質量問題，請與承印公司聯繫

謹以此書紀念秦始皇帝陵博物院建院 40 周年

"秦文明新探叢書"編委會

主　　任：侯寧彬
副 主 任：王潤録　田　靜　張　岩　武天新　郭向東
　　　　　陳志平　趙　昆
執行主任：史黨社　張衛星
委　　員（以姓氏筆畫爲序）：
　　　　　由更新　朱學文　李　軍　李艷斌　何　宏
　　　　　邵文斌　馬三恒　馬生濤　夏　寅　陳立陽
　　　　　黄　琰　張滿林　張錦濤　賈　濤　趙新剛
　　　　　劉　珺

本册審稿：王　輝　孫家洲
編　　輯：陳　洪　任建庫

彩版一 樂從堂藏錯金錯銀銘文青銅相馬法式

彩版二 铜马式全体左视图

彩版三 銅馬式頭部右視圖

彩版四 銅馬式頭部右視圖放大

彩版五 銅馬式頭部前視圖

彩版六 銅馬式俯視圖

"秦文明新探叢書"序

秦統一是中國歷史上的一件大事，它不僅終結了諸侯林立的"封建"亂世，促成了血緣政治向地緣政治的體制嬗變，同時也爲"百代秦政"的制度傳承和中華文明走向世界打下了堅實的基礎。

秦始皇是古代中國這場大變局的見證者和主導者，他所創建的皇帝制度，其精髓是以官僚體系和郡縣制爲保障的中央集權的治理模式。"書同文"、"車同軌"，不但革除了舊有體制的弊端，也爲民族文化的深度交流和融合清除了障礙。

作爲中國歷史上第一個中央集權制王權，雖然在 5 000 年文明長河中僅僅只是曇花一現，但兩千年的滄海桑田、王朝更迭，卻一次次通過陳列在廣闊大地上的遺產和書寫於古籍裏的文字，帶給我們無限的驚喜和想像。

秦始皇帝陵是中國古代規模最大、結構最複雜、埋藏最豐富的帝王陵墓，是"世界最大的考古學儲備之一"，是 2 200 多年前人類智慧和勞動的結晶。兵馬俑是 20 世紀世界上最偉大的考古發現之一，是中華民族的驕傲和寶貴財富，是中華文明的精神標識。其恢弘壯觀的規模、豐富至高的内涵所體現的格局、氣度、神韻以及理念、智慧，都充分彰顯了重大的歷史、科學、藝術以及社會思想價值。

四十多年前秦兵馬俑的橫空出世，揭開了秦始皇帝陵歷史寶庫的冰山一角。數十年幾代學人的不輟耕耘，使這部塵封千年的歷史巨著被一頁頁漸漸打開。在這裏：象徵虎狼之師的軍事陣列，反映國家治理架構、皇家事務管理的神秘遺迹，展現社會標準化生産、精細化管理以及國家工程高超技藝的文物精品比比皆是。透過這些載體，映射給世人更多的是中華先民堅韌不拔、勇往直前的英雄氣概，是大秦帝國開放包容、不拘一格的治國理念，是管理集團以身作則、層層傳導的責任擔當，是大國工匠精益求精、追求完美的敬業精神。

秦始皇帝陵博物院是以秦始皇帝陵爲依托，在原秦始皇兵馬俑博物館的基礎上,整合秦始皇帝陵陵園(麗山園)而建成的一座現代化的遺址博物館。從1974年威武雄壯的兵馬俑横空出世,到1979年一號兵馬俑陪葬坑正式對外開放;從1986年"秦俑學研究會"盛大啟幕,到1998—1999年石鎧甲、百戲俑陪葬坑驚世再現;從2003年秦陵地宫神秘面紗初現端倪,到2006—2007年文吏俑、青銅水禽破土而出;從2010年秦始皇陵國家考古遺址公園建成開放,到2019年秦始皇陵基本格局豹斑隱現、陵西大型陪葬墓浮出水面,到最終催生"秦文明研究中心"落户秦始皇帝陵博物院和西北大學,幾代秦俑人篳路藍縷,攻堅克難,使大批重要的遺迹和古代藝術珍品重現於世,爲全面解讀秦始皇帝陵的内涵、價值與意義提供了可能,也爲世界重新認識秦始皇及其時代打開了另一扇窗。

四十年彈指一揮間,在改革開放和煦春風的沐浴和"一帶一路"國家倡議的指引下,秦始皇帝陵博物院已從土石灘上一座孤立簡陋的保護大棚,發展成爲集考古遺址本體及其歷史環境風貌保護展示,融合了教育、科研、遊憩、休閒等多項功能爲一體的公共文化空間。

回顧數十年的學術歷程,秦始皇帝陵博物院始終秉持科研興院(館)的理念,引導科研人員,不斷提升業務能力和素質。學術團隊從無到有、由弱漸强,研究範圍也由考古學、歷史學向外輻射,擴展到政治史、軍事史、文化史、科技史、水利工程、建築環境、雕塑藝術等諸多領域。先後編輯出版了《秦俑秦文化叢書》《秦始皇帝評傳》《秦軍事史》《秦文化論叢》(2011年更名爲《秦始皇帝陵博物院院刊》)等多部叢書或書刊;出版了《秦始皇陵兵馬俑坑一號坑發掘報告(1974—1984)》《秦始皇陵銅車馬發掘報告》《秦始皇陵銅車馬修復報告》《秦始皇帝陵園考古報告》(1999—2010年,共5册)《秦始皇帝陵出土一號青銅馬車》《秦始皇帝陵出土二號青銅馬車》《回顧與創新——秦俑博物館三十年紀念文集》《守護·傳承·創新·發展——秦陵博物院四十年紀念文集》《秦文字類編》《秦文字通假集釋》《秦始皇陵考古發現與研究》《秦始皇陵兵馬俑文物保護研究》《日出西山——秦人歷史新探》《秦文字通論》《秦文化考古學之研究》《秦始皇帝陵一號兵馬埇陪葬坑發掘報告(2009~2011年)》《禮儀與秩序——秦始皇帝陵研究》等學術專著近百部。舉辦了"輝煌時代——羅馬帝國文物特展""文明之海——從古埃及到拜占庭的地中海文明""龐貝:瞬間與永恒""曙光時代——意大利伊特魯里亞文明""不朽之旅——古埃及人的生命觀""瑪雅:重現的文明"等世界文明系列;"平天下——秦的統一""傳承與謀變——三晉歷史文化展""泱泱大國——齊國歷史文化展""幽燕長歌——燕國歷史文化展""神秘王國——古中山國歷史文化展""南國楚寶　驚采絕豔——楚文物珍品展""水鄉澤國——東周時期吳越歷史文化展""尋巴——消失的古代巴國""隴東記憶——秦文化與西戎文化考古成果展""帝國之路·雍城崛起——秦國歷史文化展""銅鑄滇魂——雲南滇國青銅文化展"等東周歷史文化展系列；以及"溢彩流光——陝西出土秦金銀器展""萌芽·成長·融合——東周時期北方青銅文化臻萃""破譯秦朝：里耶秦簡中的帝國真相""'麗山園'遺珍——秦始皇陵園出土文物精華展"等專題展覽，爲促進中國古代歷史文化，尤其是秦漢歷史、考古、科技、藝術等研究做出了重要貢獻。

多年來，與秦始皇帝陵和兵馬俑的考古發現、學術研究相呼應，全國各地有關秦的考古發現也此起彼伏、層出不窮，極大地帶動了全球秦文明、秦文化以及秦歷史研究的縱深發展。尤其甘肅早期秦文化遺存、陝西鳳翔雍城、寶雞陽平、閻良櫟陽城、鄭國渠遺址、西安上林苑建築群、廢丘遺址（"三秦"之雍王章邯所都廢丘）、秦咸陽城、咸陽早期秦王陵、臨潼秦東陵、湖南里耶古城、湖北荆州胡家草場秦墓、湖北宜城楚皇城、四川渠縣城壩遺址（"宕渠"縣城）等考古發現，以及雲夢簡、放馬灘簡、王家臺簡、周家臺簡、里耶簡、嶽麓簡、清華簡、北大簡、相家巷封泥等大批地下出土文獻資料的面世，極大地彌補了文獻記載的不足，促進了秦史、秦文化研究的長足進步。

縱觀百年來中國乃至世界關於秦史、秦文明、秦文化研究的廣度、深度與維度，以及新時期社會對博物館保護、研究、展示、傳播職責和功能的認知和期盼，秦始皇帝陵博物院所做的工作顯然微不足道。由此，我們立足於秦始皇帝陵和兵馬俑目前的考古發現和專題研究，結合全國各地最新考古發現、文獻釋讀以及專題研究等領域的熱點問題，決定聯合上海古籍出版社，組織知名學者編寫這套"秦文明新探叢書"，以推進秦始皇帝陵博物院乃至全球秦文明、秦史、秦文化的專題研究和價值闡釋，爲保護遺産、傳承文明、弘揚文化提供支撐。

"秦文明新探叢書"第一批圖書，包含13個選題。這些選題將以秦統一的進程和意義爲主綫，在全球視野下用最新的政區擴張、戰爭防禦、官僚制度、法治思維、文字檔案、行政管理、社會治理、交通組織、民族融合等多維度，對秦始皇"奮六世之餘烈，振長策而御宇内"的偉大壯舉進行解讀和詮釋，以反映秦統一對中國歷史的貢獻和影響。

　　爲了保證圖書的權威性、可讀性和客觀性，項目組還邀請國内知名專家擔任審稿專家和學術顧問，對所有書稿進行審核。在此，謹向付出勞動的所有專家、撰稿人及工作人員表示誠摯的謝意！

　　未來項目組還將根據學術研究和展示需要，擇時組織叢書續編。

　　"秦文明新探叢書"的出版發行，是秦始皇帝陵博物院學術研究"立足陝西，面向全國，放眼全球"的一次有益嘗試，也是博物館人落實習近平總書記"强化中華民族精神標識"（兵馬俑）"一個博物館就是一所大學校"講話精神的具體實踐。兩千多年來，秦文化早已融入中國傳統文化的洪流之中，並部分沉澱爲民族文化基因，成爲過去、現在乃至未來治國理政、資政育人的重要源泉。今天，我們堅定文化自信，離不開對中華文明、中國歷史的認知和自覺。期待"秦文明新探叢書"能夠使更多的人"記得起歷史滄桑、看得見歲月留痕、留得住文化根脈"。

　　感謝上海古籍出版社對叢書出版的支持！

秦始皇帝陵博物院院長
侯寧彬

目　　録

"秦文明新探叢書"序 / 1

春秋秦

秦武公銅器銘文的新發現 / 3

秦子姬簋蓋初探 / 17

珍秦齋藏秦伯喪戈、矛考釋 / 27

秦子車戈考釋與秦伯喪戈矛再釋 / 47

石鼓文考證 / 63

戰國秦

四十八年上郡假守鼂戈考 / 87

讀珍秦齋藏秦銅器札記 / 97

論陽城之戰與秦上郡戈的斷代 / 137

秦郝氏印箴言款考釋 / 163

西安閻良發現秦銘刻石新考 / 167

漢　魏

談十三年編鐘銘文中的祕府 / 185

徐州龜山二號墓塞石刻銘新考 / 196

樂從堂藏銅馬式考 / 202

山東畫像石榜題所見東漢齊魯方音 / 238

景初元年帳構銅考 / 243

　　附録　帳構銅題跋摘鈔 / 265

附圖目録 / 270

後　記 / 276

春 秋 秦

秦武公銅器銘文的新發現

秦子姬簋蓋初探

珍秦齋藏秦伯喪戈、矛考釋

秦子車戈考釋與秦伯喪戈矛再釋

石鼓文考證

秦武公銅器銘文的新發現

大約在 2010 年，我收到一張友人轉贈的銅器銘文拓本（圖一、圖二）。拓本的文字部分只有 12×9 釐米大小，但據説拓自一件口徑甚大的圓鼎。鼎銘字體爲典型的春秋早期秦文字，可隸寫如下：

秦公及王姬乍（作）造（造）元女媵（媵）鼎，殹（其）廣啓邦，夙夕不豪（惰），卲合皇卿，虔敬而（爾）祀，以受大福，康虞（娱）屯魯，大壽繁（繁）釐，男子邁（萬）年無彊（疆），殹（其）康寶（保）。

據銘文内容，此器可稱爲"秦公及王姬作造元女媵鼎"，簡稱"秦公鼎"。

衆所周知，1978 年 1 月，在陝西寶鷄縣陽平公社楊家溝太公廟出土一套編鐘，包括 5 鐘 3 鎛（《銘圖》15565 - 15569、15824 - 15826），①其銘文開頭説"秦公曰"，後面説"公及王姬曰"，以往的學者已經根據鐘銘提到"先祖（即秦襄公）"，"文公、静公、憲公"，至憲公止，指出太公廟編鐘的器主秦公乃是秦武公，王姬是秦武公的正夫人。

新見的這篇鼎銘，無疑是與太公廟編鐘同時代的製作，屬於秦武公及王姬爲他們的大女兒所作的媵器。其年代明確，銘文也並不難懂。但仍可藉此機會，對相關的新老問題做些新的理解和發揮。

一、與晋公盤、盆銘文比較

首先是跟晋公盆、晋公盤銘文相比較。晋公盤與盆是晋文公爲"元女孟姬"

---

① 吴鎮烽：《商周青銅器銘文暨圖像集成》（簡稱《銘圖》）、《商周青銅器銘文暨圖像集成續編》（簡稱《銘續》），上海古籍出版社，2012 年、2016 年。以下凡引用銅器著録，皆默認出自此二書，不再於編號前注明。

所作媵器，其銘文的後半段説：

> 作元女孟姬宗彝盤，將廣啓邦，虔恭盟祀，卲（合）皇卿，眚（叶）訓（順）百黹（捭）。雖今小子，敕乂爾家，宗婦楚邦，於昭萬年，晉邦唯翰，永康（康）寶。
>
> 晉公盤(30952)（圖三）

> 作元女孟［姬宗］彝媵盞三（四）酉，□□□□，虔恭盟祀，卲（合）皇卿，眚（叶）訓（順）百黹（捭）。雖今小子，敕乂爾家，宗婦楚邦，於昭萬年，晉邦唯翰，永康（康）寶。
>
> 晉公盆(06274)

秦公鼎銘"其廣啓邦"，在晉公盤銘作"將廣啓邦"，"其"就訓爲"將"，表將來和能願。"啓"訓爲"開"。古書講"啓土"、"啓封疆"、"啓宇"，《左傳》成公八年："夫狄焉思啓封疆以利社稷者，何國蔑有。"《書·武成》："惟先王建邦啓土。"《詩經·魯頌·閟宮》："王曰叔父，建爾元子，俾侯于魯，大啓爾宇，爲周室輔。"金文也講"啓身"，例如西周士父鐘銘(15496)："唯康祐純魯，用廣啓土父身，擢于永命。"這都是講自我時空範圍或能力的擴大和開發，以致對他者的影響變大。銘文講作媵器之目的爲"其/將廣啓邦"，是説藉國際政治婚姻，來擴大本國的國際影響。

二、釋"卲合皇卿"

"卲合皇卿"句見於秦、晉三器。太公廟秦武公鐘鎛銘文："秦公曰：我先祖受天命，賞宅受國，烈烈卲文公、靜公、憲公，不惰于上，卲合皇天，以虩事蠻方。"這是説秦的先祖受天命，與皇天相匹配。這些"卲"、"合"均是匹配、配合義。

晉公盆、盤銘文的"卿"字，舊以爲是"卿"字之誤，這在形、義兩方面都不合適。"卿"詞義很明確，指元女的丈夫。但在先秦時代，"卿"字並没有指"丈夫"這種用法。作爲丈夫稱謂的"卿"，例如"卿卿我我"，是甚晚才有的語言現象，不足爲訓。現在這件秦公鼎銘仍作"卿"，可以肯定不是"卿"的誤字。

"卿"字還見於西周金文，例如：

義盉蓋(14794)："王在魯，卿（佮）即（次）邦君、諸侯、正、有司大射。"

令鼎(02451):"王射,有司眔師氏、小子卿(佮)射。"

鄂侯馭方鼎(02464)"王休偃,乃射,馭方卿(佮)王射。"

靜簋(05320):"王以吳吂、吕牺卿(佮)豳蓝師邦君射于大池。"

壴卣(13310):"乃沈子壴作父癸旅宗尊彝,其以父癸夙夕卿(佮)爾百婚媾。"

順方彝(13539):"順肇卿(佮)宁百姓。"

諸例都讀爲"合"(或"會"),或者寫作"佮"。

我認爲,從銘文上下文來看,與"皇卿"之"卿"最能匹配的詞,只有"壻"。除此以外,似別無選擇。

《説文》:"壻,夫也。从士、胥聲。《詩》曰:女也不爽,士貳其行。士者,夫也。讀與細同。婿,壻或从女。穌計切。""壻"从胥聲,胥是心母魚部字,而"壻"讀與"細"同(心母脂部),《古韵通曉》在心母脂部和心母支部下,重收"壻"字。壻與胥、細雖然構成雙聲,但從韻類上説,"胥"屬魚部字,與脂部、支部都有距離,不符合諧聲規則。這令人不能無疑。

從秦簡、漢簡以及漢唐之間的古注來看,"壻"字有一種从"咠"的寫法。睡虎地秦簡《爲吏之道》第五欄的簡19、21、23三次出現"贅壻"一詞,"壻"原字形寫作"埍"。"咠"形可參看秦封宗邑瓦書中"輯"字的寫法。西漢宣帝甘露二年丞相府御史律令、武威漢簡《儀禮·服傳》以及漢晉碑刻中,有用作"壻"的"聟"字,其字形如下:

埍 埍 埍 輯 聟 聟 聟 聟
1   2   3   4   5   6   7   8

1、2、3.《睡虎地秦墓秦簡》82頁《爲吏之道》第五欄19、21、23簡,"贅婿";4. 秦封宗邑瓦書"一里甘輯";5. 甘露二年丞相府御史律令(破城子74EPT43:92、金關73TJT1:1-3)"材取不審縣里男子,字湆,爲麗戎聟";6. 武威漢簡《服傳》第55簡"聟。何以緦也,報之也";7. 漢仙人唐公房碑"聟谷口";8. 晋徐夫人菅洛碑

將"埍"與"聟"相比較,"埍"从士爲義符,而"聟"字左上所从應是義符"夫",後來訛變爲"矢"。"夫"、"矢"相訛,在漢隸中常有,例如《説文》"規"字从夫,但隸書有从"矢"的寫法(參看《秦漢魏晉篆隸字形表》736—737、344頁等)。

"埍"與"聟"共同的部分"咠",應視作聲符。《説文》:"咠,聶語也。从口从耳。《詩》曰:咠咠幡幡。七入切。"據段《注》的解説,"咠"字取口附耳形,表示

"附耳私小語"的意思。在出土簡帛資料中,明確的"聑"及从"聑"的字,作如下之形:

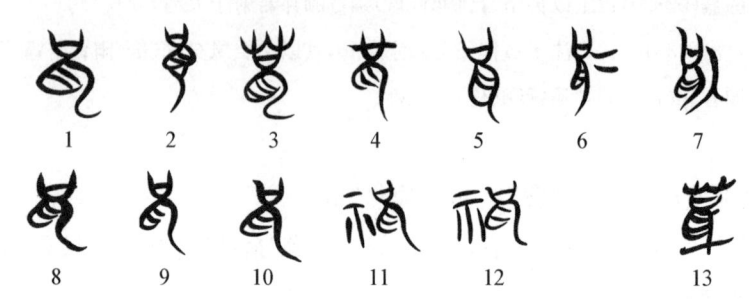

1. 上博四《曹沫之陳》簡 16 "上下和且聑(輯)";2. 上博四《曹沫之陳》簡 33"不和則不聑(輯)";3. 上博四《曹沫之陳》簡 48"不和則不聑";4. 清華簡《子產》簡 25、26"爲民型(刑)程,上下聽(和)聑(輯)";5. 清華簡《周公之琴舞》簡 11"用頌輯余";6. 郭店簡《魯穆公問子思》簡 2"公不悅,聑(揖)而退之";7. 郭店簡《緇衣》簡 34"於緝熙敬止";8、9、10、11、12. 新蔡簡乙四 128、乙四 139、乙四 145、零 243、零 533"聑(壹)禱";13. 馬王堆帛書《陰陽甲》090"以聑墻"

這些形體均不从"耳"。《説文》認爲"聑"字从口从耳之説恐難成立。徐在國、范常喜和禤健聰等先生認爲"聑"是"揖"的表意初文,①而沈培先生不同意上述三家的説法,認爲見於《曹沫之陳》的那個字,都是"祝"字異體,讀爲"篤"。②

我同意三家之説。《説文》:"揖,攘也。从手聑聲。一曰手箸胷曰揖。伊入切。"上舉字形中,手形大都貼近人的胸部,都象"手著胸",所以"聑"應是"揖"的本字;而"祝"字之"手"旁常作覆手狀,二者不同。"聑"與"祝"的造字本義不同,但字形只有筆勢上的小異,可以説寫法特别接近,可能很早就有"同形字"的傾向,所以古人在書寫"聑(揖)"字時,要特别强調手的位置,以至於産生了象"耳"形的那種訛變。

从"聑"之字屬精母緝部字。緝部字與"細"(心母脂部)、"蘇計切"的語音關係就比較有根據了。其反切下字"計",在上古音屬緝部字。《韓詩外傳》卷三"持滿之道抑而損",《淮南子・道應》"抑"作"揖"。《儀禮》常見的"揖拜",或作"擅

---

① 徐在國:《説"聑"及其相關字》,簡帛研究網,2005 年 3 月 4 日。范常喜:《新蔡楚簡"聑禱"即"罷禱"説》,簡帛網,2006 年 10 月 17 日(http://www.bsm.org.cn/show_article.php?id=440#_edn27);禤健聰:《楚簡文字與説文互證舉例》,王藴智主編:《許慎文化研究——首屆許慎文化國際研討會論文集》,中國文藝出版社,2006 年。

② 沈培:《説古文字裏的"祝"字及相關之字》,《簡帛》第二輯,上海古籍出版社,2007 年,第 14—15 頁。

拜",據注疏,二者雖有小異,仍可視爲音義皆近的同源詞。湖南省博物館藏戰國巴蜀風格的楚銘文戈(16855)"汌並冥之造戈",我曾指出"汌並"應讀爲"汁邡"。① 又范常喜先生讀新蔡簡的"畀禱"爲"壹禱"。以上"抑"、"擋"、"壹"與"汌"均爲質部字,是脂部的入聲,計、汁、畀、揖均爲緝部字,又郭店簡《魯穆公問子思》中讀爲"揖"的字,在"畀"右加注"二"(脂部)聲。可見緝部與脂部(或質部)聲系相通。

由此可見,以"壻"的異體字"堲"來立論,能夠從諧聲和通假情況講通"讀與細同"的語音現象。我認爲早見於秦代竹簡的"堲",乃是正體;西漢就已經出現的"聟"字,則是義符替換或有所訛變;而東漢許慎《說文解字》中的小篆"壻"字形,卻是聲符錯訛的漢代訛俗體。

下面列舉"堲"與"聟"在文獻中的用例,順便也看一下古人對"堲"、"聟"、"壻"三字俗體、正體關係的理解。

1.《左傳》文公八年"且復致公壻池之封"杜預注:"公壻池,晋君女壻。"《經典釋文》:"壻音細,俗作聟。"

2.《儀禮·士昏禮》"陳三鼎於寢門外"鄭玄注:"寢,壻之室也。"《經典釋文》:"壻本作堲。"

3.《禮記·昏義》"壻執鴈入",《經典釋文》:"壻,字又作聟,女之夫也。依字從士從胥,俗從知下作耳。"

4.《詩·有女同車》"有女同行,顏如舜英"鄭玄箋:"女始乘車,壻御輪三周,御者代壻。"《經典釋文》:"壻音細,《字書》作堲。"

5.《方言》卷三"東齊之間,聟謂之倩",錢繹《箋疏》:"聟,乃俗壻字。"

6.《太平經》卷六十九"天讖支干相配法":"庚者屬乙,是國家諸侯王之堲也。壬者屬丁,是帝王女弟之堲也。"其中"堲"即"壻"。

7.《風俗通義·怪神》:"婦尚不知有此妹,新從聟家來,非其所及。"盧文弨《群書拾補》曰:"壻之俗體。"

以上是漢唐之間的文獻所保存的"堲"、"聟"(或又訛作"聟")字。這兩種寫法,大多保存在注疏中,通常被認爲是俗字。這種認識,緣於"胥"與"畀"字形相

---

① 董珊:《釋楚文字中的"汁邡"與"朐忍"》,《出土文獻》第一輯,中西書局,2010年。

近,"胥"常常訛變爲"耳"。對此,前人早有舉例和説明:

1.《戰國策·魏策三》"芒卯謂秦王"章:"王之士未有爲之中者也。臣聞明王不胥中而行。"胥,鮑本作"耳"。吴師道《戰國策校注》謂一作"胃",即"胥"字俗體。

2.《戰國策·魏策四》"魏王問張旄"章:"張旄對曰:韓且坐而胥亡乎？且割而從天下乎？""胥"鮑本作"耳"。又"或謂魏王王儆彊之内"章:"臣爲王之楚,王胥臣反,乃行。"鮑本胥作耳。吴師道《校注》:"一本作胃。"

3.《戰國策·趙策四》"趙太后新用事"章:"左師觸讋願見太后,太后盛氣而揖之。"《史記·趙世家》作:"左師觸龍言願見太后,太后盛氣而胥之。"吴師道《校注》引謂"史云:胥之,入,徐趨而坐,胥字當是"(吴説又見《趙策四》"或謂建信君"章"茸"字下)應作"胥"。馬王堆帛書《戰國縱橫家書》:"左師觸龍言願見,大(太)后盛氣而胥之。"

4.《晋書·地理志》"武威郡揖次縣",錢大昕《廿二史考異》卷十九:"當作揾次,漢隸胥、耳二字多相亂,故訛爲'揖'。隋開皇初,改廣武縣曰邑次,又因揖、邑同音而訛也。"①

5.《通志·氏族略》、《古今姓氏書辯證·一四》並引《風俗通義》佚文"陽成氏,陽成胥渠,晋隱士也。"王利器《風俗通義校注》引《元和姓纂》十:"伯成氏,《風俗通》:伯成耳渠,晋隱士。"指出《姓纂》"伯成耳渠"即"陽成胥渠"之誤。

6.《尚書大傳》"太公曰:臣聞之也,愛其人者兼其屋上之烏,不愛人者及其耳餘(原注:胥餘,里落之壁)。"《説苑》卷五"耳餘"作"餘胥"。

7.《管子·戒》:"鮑叔牙之爲人也好直,賓胥無之爲人也好善。""賓胥(須)無"有版本作"賓耳無"。

8.《太平御覽》卷六百三十二《治道部》十三引《國語》曰:"文公使原季爲卿。辭曰:夫三德者,偃之出也。"其下原引賈、唐注:"三德:先披、先軫、耳臣也。偃,狐偃也。三子皆偃所進。"又唐李綽《尚書故實序》:"博物自同於壯武,多聞遠邁於耳臣。"兩"耳臣"皆即"胥臣"。

---

① 錢大昕撰,陳文和、張連生、曹明升校點:《廿二史考異》卷十九《晋書二》,鳳凰出版社,2008年,第264頁。

9. 章太炎《訄書·訂文第二十五》後附《正名雜義》："《禮》有追胥,律令訛爲緝捕,而鄙諺謂俾睨、偵伺,猶存胥語。"條下自注：

《地官》小司徒"以比追胥"注："胥,伺捕盜賊也。"此本《釋故》"胥,相也"爲訓。今律,緝捕義亦爲伺。然緝字本義、借義,皆與"伺"訓絕遠。此必習用"胥"字,展轉傳訛,隸變"胥"字作"胥",多訛爲"𦘴",官書又增偏旁,遂爲"緝"字。今楊、越言俾睨、偵伺,則音如疏。①

以上都是原本作"胥",而有訛作"𦘴"的情況。因爲這種例子較多,學者就形成了思維定勢,具體到"壻"與"聓"二字的關係上來,也認爲是"壻"俗訛作"聓"。例如唐顏元孫《干祿字書》去聲霽韵下："聓、𦘴、壻,上俗、中通、下正。"又顧炎武《金石文字記》卷二"孔子廟堂碑"條下說：

此碑與皇甫誕碑并書胥爲𦘴,《廣韵》胥俗作𦘴。然考之漢人,如韓勅孔廟禮器碑、桐柏淮源廟碑、司空宗俱碑、巴郡太守張納碑、竹邑侯相張壽碑、戚伯著碑、金廣延母徐氏碑、殷阬祠碑陰、楊震碑陰及魏公卿上尊號奏、北齊南陽寺碑,固已書爲𦘴矣。漢人碑亦或作𦘴,後周華岳頌作𦘴。故李善注枚乘《七發》,以通屬骨母之場爲胥母之誤,而婿字一傳爲壻,再傳爲堲,三傳爲聓,四傳爲聓,皆胥之變也。《詩·有女同車》《釋文》婿音細,《字林》作壻。《戰國策》防韓且坐而胥亡乎、王胥臣之反而行,並作𦘴。《書大傳》不愛人者及其𦘴余,作𦘴。《晉書·五行志》淪𦘴于北,《音義》𦘴,息魚反。《張駿》有黃龍見于揖次之嘉泉,吕光《載記》：迎大豫于揖次,《音義》揖,子魚反,次音恣。《漢書·地理志》武威郡有揖次縣,此皆胥字之誤。漢仙人唐公房碑婿字作聓。晉王右軍帖有女聓字。

可見,因爲由"胥"向"𦘴"的訛變較爲常見,所以學者就形成了思維定勢,沒能想到"壻"反而是自"垿"訛變而來的。顧炎武和顏元孫都上了許慎《説文解字》的當。

根據目前資料來看,"耳"旁訛變爲"胥",大約是在東漢。② 以下是一些從

---

① 章炳麟著,徐復注：《訄書詳注》,上海古籍出版社,2000年,第445頁。
② 北大藏西漢簡(約漢武帝時)《蒼頡篇》簡69有"禋楈姪娣"句,《説文》："姻,壻家也。女之所因,故曰姻。"亜、因聲系相通,若"禋楈姪娣"可讀爲"姻壻姪娣",則"耳"旁訛變爲"胥"的年代可能會更早一些。

"昌"向"胥"類字形演變的例子：

輯 絹 絹
1 2 3

1. 白石神君碑"輯寧"；2. 孔宙碑"緝熙"；3. 曹真碑陰"張緝"

關於"胥"、"昌"相訛的緣由，孟蓬生先生説：①

　　自元吴師道倡爲"胥"、"昌"形近之説，而清王念孫援引隸書字形以證成之，今人翕然稱善，莫敢疑之。今按諸載籍，知其説不無可議。形近之説如可成立，亦胥、昌音近有以啓之也。蓋胥、昌之相混，亦猶大家所習知之參之於曑、巠之於𢀖也。此種現象，前人多有論及，無煩覶縷。

孟先生認爲這種訛混兼有形、音兩方面的因素，我很讚同他的看法。

總而言之，根據秦簡的文例和年代，"壻"應該是早期構形，是正體，而"壻"是俗體，《説文》小篆之"壻"字，應是許慎根據東漢時代隸楷變化時所産生俗體，又翻改成小篆，同時音隨字轉，"壻（壻）"也就有了"胥"的讀音。如果反過來認爲早期作"壻"，後來訛變爲"壻"，目前找不到證據的支持。

根據以上對"壻（婿）"字構形和讀音的考辯，現在回頭再看鼎銘"皇卿"的讀法。壻字舊歸支部（歸支部恐怕是誤認"聟"上之"知"爲聲符）或脂部，現在來看，壻應歸緝部，其讀與細同，應屬精母字。而"卿"從"合"聲，合是見母緝部字。精系字與見系字關係密切，例如"及"是見系群母字，從"及"聲的"扱"（楚洽切）是精系清母字。又如"昌"在精母，從"昌"得声的"揖"在見系影母。由"昌"與"合"音相近，可見"卿"與"壻"聲音也不遠，可以構成通假關係。"皇卿（壻）"之"皇"是美稱，即指元女之美好的夫婿。②

上述讀法，反過來也可以證明本文對"壻（婿）"的理解是正確的。

---

① 孟蓬生：《〈孟子〉"接淅而行"音釋——談魚通轉例説之三》，簡帛網，2010 年 9 月 6 日。
② 由此反推，"壻"的本義可能也跟"配合"有關（參看本文附記）。

三、祭祀與受福

秦公鼎銘"虔敬而(爾)祀",晉公盤作"虔敬盟祀",秦武公鐘鎛作"公及王姬曰:余小子,余夙夕虔敬朕祀,以受多福"。古代女子出嫁以後,作爲女主,奉夫家的祭祀,所以秦武公及王姬在鐘鎛銘文自言"朕祀",夫妻倆又在秦公鼎銘對元女說"爾祀"。晉公盤、盆銘文之"盟祀",也見於邾公華鐘銘文(15591)"以卹其祭祀、盟祀","祭祀"與"盟祀"對文有別,"祭祀"是指對祖先的祭祀,"盟祀"應讀爲"明祀",《左傳》僖公二十一年:"崇明祀,保小寡,周禮也。""盟(明)祀"指對祖先以外其他明神的祭祀。在晉公盤銘只說"盟祀",則應統括對祖先和其他地區性的鬼神的祭祀。

"以受大福,康虞(娛)屯魯,大壽繁釐,男子萬年無疆"。從句子結構上說,可將此句"受"字後的"大福"、"康娛"、"屯魯"、"大壽"、"繁釐"、"男子"、"萬年無疆"都視爲"受"的直接賓語。其中"大福"與"大壽"不必解釋。"康娛",詞常見於西周晚期金文;"屯魯"讀爲"純魯",專壹而美好;"繁釐"之"釐",《說文》訓爲"家福",當從南宋鄭樵《通志略•六書略第三》引《說文》釋義作"蒙福"而改爲"家福",①"繁釐"就是多蒙福祉。"男子",指男性的子嗣,即兒子。這些都是因爲虔敬各種祭祀,所以接受祖先鬼神給予他的各種美好事物。

"其康寶(保)"在晉公盤作"永康(康)寶"。"寶"作動詞,可讀爲"保"。

四、秦晉文化的關係——兼說平陽秦武公墓

晉公盤、盆的年代是晉文公在位時(公元前 636—前 628 年),比秦武公(公元前 697—前 678 年在位)晚了差不多 50 年,但二者有不少可以比較的詞句。從字體上說,晉公盤、盆文字的體勢,與同期的子犯編鐘銘文字體有些差異,卻與春秋秦文字有一定程度的相似。另外,在山西侯馬春秋晉國鑄銅遺址,出土有一

---

① 說見董珊《仲大師作孟姬四器研究》(未刊稿)。

件"彀安寧壽久"的銘文陶模,字體也屬秦文字。① 這件秦公鼎銘的出現,讓我們看到春秋時代秦、晋文化上的某些共性。

《史記・秦本紀》記載秦武公:"二十年,武公卒,葬雍平陽。初以人從死,從死者六十六人。有子一人,名曰白,白不立,封平陽。立其弟德公。"今據秦公爲其女兒所做的媵鼎,提示秦武公與王姬尚有一女。2013年初,陝西省考古研究院在寶雞太公廟村附近勘探,發現11座古墓,其中最大的一座東西向"中"字形墓,總長106米。在大墓東南側有"凸"字形車馬坑,大墓東西兩側分別發現了疑似陵園的兆溝設施,此秦公大墓距離1978年發現青銅鐘、鎛的窖穴僅百米。根據地理位置、墓葬形制以及墓葬附近已發現的秦武公鐘、鎛的樂器坑,推測墓主人很可能就是秦武公。② 此地就應該是秦武公所葬的雍平陽。這件秦武公鼎與平陽的秦武公陵園是否有關,值得今後留意。

2019年3月12日寫成

【附記】拙文草成之後,即寄呈陳劍先生請教。陳劍先生在2019年3月16日惠賜大函曰:

> 大作主要是論"卲合皇卿"之"卿"字,但問題恐還不在於所謂大膽改《説文》。"壻"字應本係從"胥"聲,《説文》作"胥聲"是據訛形爲説,此點毫無問題(中心劉釗老師的博士生李豪,博士論文擬作《古文字的諧聲系統與相關古音問題研究》,17年開題報告上曾舉此例作爲典型例證,大家都很讚同;其意似尚未單獨寫成文發表)。但逕讀"卿"爲"壻"之説,仍覺不夠"平實"。一則"合"聲字與"胥"聲字相通,從音韵地位、有關例證看皆難稱"密合";二則也是更重要者,"壻"此詞放在此辭例中亦難稱愜當,覺其義太"專"太"實"。"卿"指其夫君、夫壻應無問題,但其所表之詞殆不待遠求,我意就是"合"。《爾雅・釋詁上》"仇、偶、妃、匹、會,合也",有關諸詞用於夫妻、君臣等,我講金文"逑"字時曾有論;作名詞用,亦即《詩・大雅・大明》"文王初載,天作之合"(注意此係雙賓語結構)、《天問》"女岐無合"(此兩例用於男女)、《離騷》"湯禹儼而求合兮"、《楚辭・九辯》"太公九十乃顯榮兮,誠未遇其匹合"(此兩例用於君臣)之"合"。金文或作動詞用於"合

---

① 山西省考古研究所編著:《侯馬鑄銅遺址》,文物出版社,1993年,第199頁,圖版一二三:3。
② 馮國、都紅剛:《陝西寶雞發現"中"字形秦公大墓主人疑爲秦武公》,新華網2014年8月21日。

射禮雙方"的場合,或作名詞即"述偶"義("皇合"猶言"大配"),從其詞的古老程度、語義色彩各方面體會,都是很合適的,更能把金文兩類用法皆統一。其字以"兩人相對"之形之"卯"爲意符,以"合"爲聲符,説爲爲此類義之{合}所造之本字、專字(後復爲"合"所兼併;其詞與"卲合"之"合"有別,故雖同見亦無所謂、不構成多大障礙;我相信"天作之合"之"合"字,當時應該也是就寫作卿的),亦最爲自然平實(田煒《古璽探研》曾改釋此類字爲"嚮",恐難信)。不知兄以爲如何?

今按:關於"堉"字本从"㠯"聲之説,我閉門造車,今知與李豪先生合轍,並非我一己之見,不敢自專,聊存備考。陳劍兄覺得此字若讀爲"堉",其義顯得太"專"太"實"。關於"皇卿"之"卿"直接就讀爲"合",我最初也考慮過。2017年11月18日,在北京大學中文系召開"重建古典學"討論會上,我發表題目爲《先秦漢語表示"匹配"、"對合"義的幾個詞族》(尚未成文),對有關概念做過系統考察。從音義關係來看,我認爲"堉"與"合"仍是同源詞,女堉之"堉"的核心詞義,應該也是"匹配"、"對合"或"配偶"這類比較"寬泛"、比較"虛"的意思。此點看法,在寄呈陳劍兄請教之際,尚未及展開來寫(參看本文頁10注②)。所以,從同源詞的角度講,暫不妨"堉"、"合"兩種讀法並存,以供學界參考。

2019年3月22日記

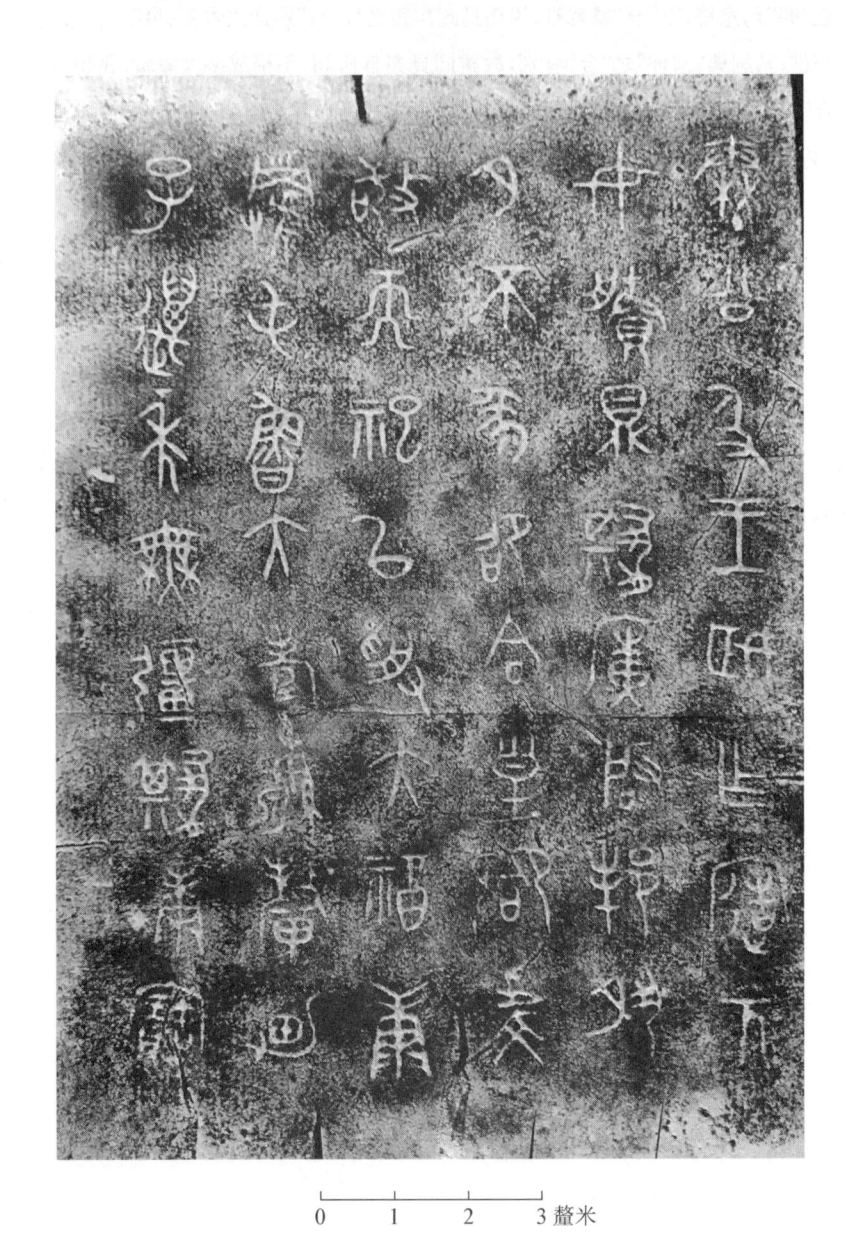

圖一　秦武公及王姬作造元女賸鼎銘文拓本

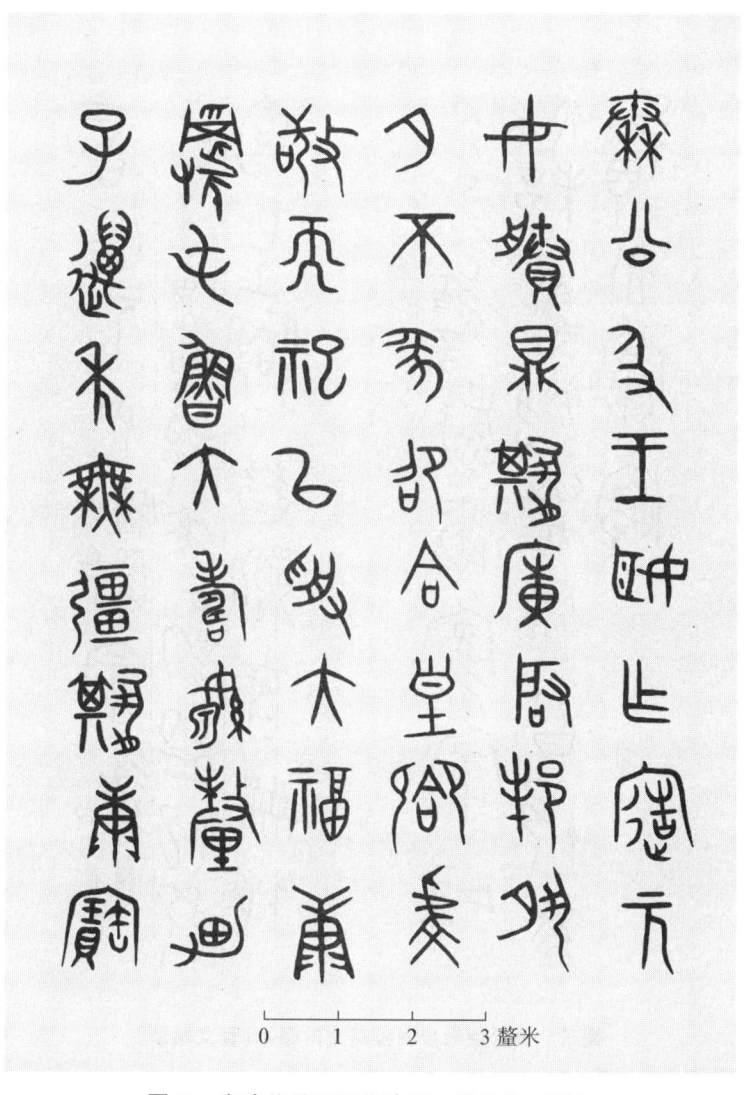

圖二　秦武公及王姬作造元女䐅鼎銘文摹本

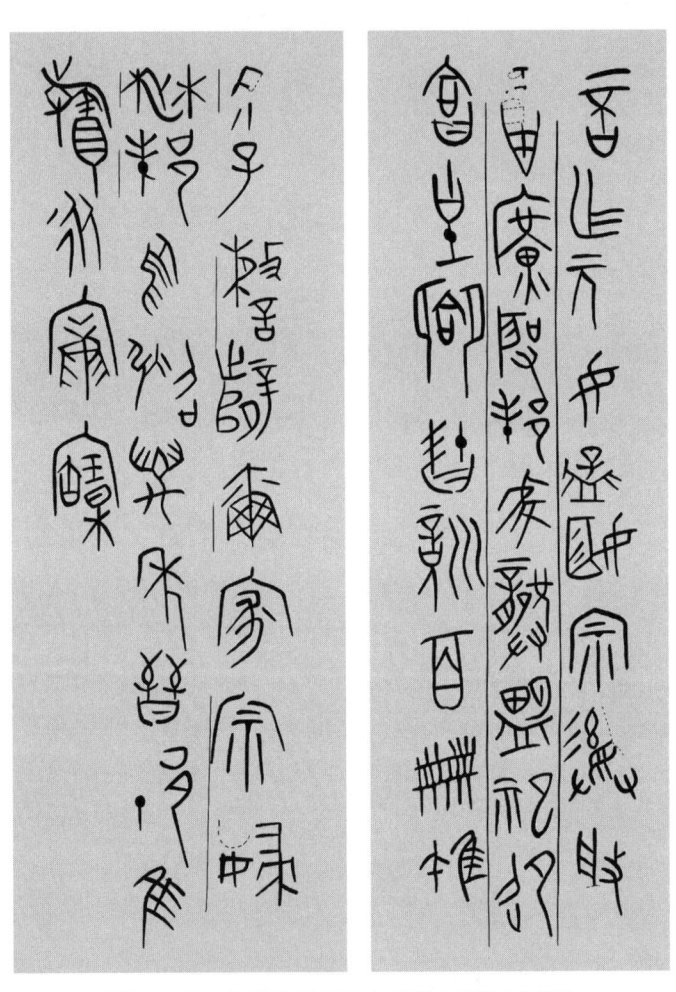

圖三　晉公盤最後兩段銘文的摹本（管文韜摹）

秦子姬簋蓋初探

珍秦齋收藏的一件秦子姬簋蓋，蓋內有三十八字鑄銘。這是最近數年所見最長的春秋早期秦銘文。下面介紹這件器物，作些考釋，並略談該器的歷史文物價值和學術意義。

此簋蓋殘，僅餘圓形捉手及周圍部分蓋頂。銘文 38 字（計 2 重文共 40 字）在蓋內（圖一、圖二）。捉手底飾團形吐舌龍紋。捉手內壁仍殘有少許紅、褐兩色漆皮痕迹。殘簋蓋面裝飾瓦紋。蓋面上另有一個"※"形刻劃符號（圖三、圖四）。

簋蓋捉手內部吐舌龍紋的綫條方折，作風類似甘肅禮縣圓頂山墓區所出銅器紋飾。圓頂山已發掘的幾座秦墓，一般認爲屬於春秋前期偏晚。裝飾瓦紋的春秋秦簋，見陝西户縣宋村三號墓，[①]一般認爲，該墓年代也是春秋早期晚段。[②]由這兩點形制上的判斷，這件秦子姬簋蓋的年代應屬春秋前期。

從殘簋蓋的弧度以及銘文行款來看，簋蓋的殘損幸未傷及銘文。蓋銘 8 行，每行 5 字，最後一行 3 字。按照原銘文行款，可以釋寫銘文如下（無法識別的字用"□"表示）：

時又虁孔嘉

保其宮外盟

共□秉□受

命□魯義其

[①] 陝西省文管會秦墓發掘組：《陝西户縣宋村春秋秦墓發掘簡報》，《文物》1975 年第 10 期，第 63 頁，圖一六。

[②] 參看李學勤：《秦國文物的新認識》，《文物》1980 年第 9 期，第 25—31 頁；陳平：《試論關中秦墓青銅容器的分期問題》（上），《考古與文物》1984 年第 3 期，第 60—61 頁。

士女秦子之

　　光卲于□三

　　方子₌孫₌秦子

　　姬□享

　　銘文很不清晰。承蕭春源先生厚意，我得以長時間觀摩原器。觀察認爲，有兩方面的原因導致銘文不清晰。1. 先天鑄造方面：範鑄不精，鑄造時曾形成許多砂眼；有些筆畫在銘文範上就已經斷缺，因此今天從原器上也觀察不到，例如"義"、"女秦"、"光卲"、"方"等字的部分筆畫；又有些筆畫在銘文範上加以筆勢延長，例如"嬰"字上部横畫的筆勢延長，製範没有修整；2. 後天鏽蝕方面：簋蓋鏽蝕得比較厲害，鏽蝕與砂眼結合，形成許多猶如蜂窩的小孔洞，孔洞的直徑、深度均與銘文筆畫粗細相仿，有時不易區分。根據對原器觀察和認識，我做了一個銘文摹本。摹本力圖忠實表現能够肯定的那些筆畫。上面的説明，是希望大家知道銘文不清晰的原因之後，對這個摹本的可信程度能有所瞭解。

一

　　原器銘應自器銘讀起，然後連接蓋銘。這與甘肅秦州出土秦公簋（《集成》04315）器銘與蓋銘連讀的情況相類似。

　　根據我的理解，銘文可斷句並釋讀如下：

　　……時。又（有）嬰（柔）孔嘉，保其宮外。盈（温）共（龏—恭）□秉，□受命□魯，義（宜）其士女。秦子之光，卲（昭）于□（夏？）三（四）方，子₌（子子）孫₌（孫孫），秦子姬□享。

　　不難看出，"時"字屬上句。其餘都是四或五字的短句，且句句有韵：嘉、外，歌部與月部陰、入通押；魯、女，魚部；秉、光、方、享，陽部；魚、陽二部陰、陽通押。雖然銘文中尚有五個字不能釋讀，但是句式的整齊及押韵的規則，可以證明這樣斷句應該不誤。

"有柔孔嘉"。"有柔",《詩經》中以"有"字開頭的詞,例如《詩·邶風·擊鼓》"憂心有忡",毛《傳》釋爲"憂心忡忡然"。準此,"有柔"即"柔柔"。"柔嘉"亦爲典籍常語,《詩·大雅·抑》"敬爾威儀,無不柔嘉",毛《傳》"柔,安;嘉,善",《正義》"使教令威儀無不安審善美";《詩·大雅·烝民》"仲山甫之德,柔嘉維則",《正義》"柔和而美善"。"有柔孔嘉"直譯即"安安然大善美",與"柔嘉"同義,是稱頌威儀德行之安善。

"保其宫外"。"保",養;"宫外",外宫,這裏當指秦子姬之舍居處。動詞"保"的賓語"其"是指代秦子本人。有關這一句話的進一步解釋,詳見下文。

"溫恭□秉"。"溫恭",溫良恭敬。東周金文有"溫恭舒遲"一語來形容人的品性,見王孫誥編鐘銘文。① "秉"字古訓爲執持、操守,銘文"秉"上之字難辨筆畫,因此未摹。猜想"溫恭□秉"一語,是讚揚器主秉性溫柔恭敬。

"□受命□魯"。"魯"上一字不清晰,曾想補爲"□受命屯(純)魯",但於字形殘畫不甚相合,僅供參考。

"義(宜)其士女"。"士女"一詞泛指男女百姓人民,例如:《詩·小雅·甫田》"以穀我士女",《書·武成》"肆予東征,綏厥士女,篚厥玄黃,昭我周王",師袁簋銘(《集成》04314)"毆(驅)孚(俘)士女羊牛"。"義(宜)其士女"意爲:宜其得民。

以上三句組成的複句,其大概意思是:(秦子姬)秉性溫恭(而受到她保育的秦子也能有美好的品行),因此受命即位秦君,宜其得民。

"秦子之光,卲(昭)于□(夏?)三(四)方"。"昭"訓爲"明",義近"光"、"顯",𩵋羌鐘銘"賞于韓宗,令于晉公,昭于天子"(《集成》00157-00161),《尚書·泰誓》"惟我文考若日月之照臨,光于四方,顯于西土"。"于"下之字的上半部分,似與前面"夒"字上半部分相像,但殘損不清,據殘畫猜想,或可能是"夏"字。

"子=(子子)孫=(孫孫),秦子姬□(是?)享"。"享"字上一字不能釋讀,或有可能是"用"字。這句話應是"子子孫孫"作主語,"秦子姬"作動詞"享"字的前置賓語。大意是秦子的子孫永遠祭祀器主秦子姬。

---

① 上海博物館藏曾子斿鼎銘也有"溫龏(恭)下(舒)遲"語(《集成》02757)。

綜觀銘文，自"有嬰"至"溫恭□秉"這三句，講的是器主德行事迹。這個器主就應是後面"享"的對象"秦子姬"。秦子姬之所以得到讚揚和隆重享祀，當然就是因爲她養育的秦子能夠"受命"、"光昭于□四方"。由此來看，這個器主"秦子姬"應該是秦子之母，"保其宫外"一句中"保"的賓語"其"，如前已述，指的也應該就是秦子本人。

據上述原因，此器可以定名爲"秦子姬簋蓋"。

二

要理解秦子姬簋蓋銘文，需要用下面這段已校正的《史記·秦本紀》的記載作爲背景：

　　［寧（憲）公］生子三人，長男武公爲太子。武公弟德公，同母。魯姬子生出子。寧（憲）公卒，大庶長弗忌、威壘、三父廢太子，而立出子爲君。出子六年，三父等復共令人賊殺出子。出子五歲立，立六年卒。三父等乃復立故太子武公。

唐張守節《史記正義》説"德公母號魯姬子"，照此解釋，《史記正義》對《秦本紀》的斷句是：

　　武公弟德公，同母魯姬子。生出子。

《史記正義》的斷句和理解都是錯誤的。1978 年，寶鷄太公廟村出土一套 8 件秦公鐘鎛（《集成》00262 - 00269），銘文有"公及王姬曰"，林劍鳴先生指出，"王姬"與"公"是母子；①王輝先生又進一步指出，"公"是秦武公，"王姬"乃是武公、德公生母。② 由此來看《秦本紀》的記載，可以發現《秦本紀》的本來意思，是説秦出子跟武公、德公是異母兄弟，出子的生母是"魯姬子"。"魯姬子"應屬下讀，《史記正義》是因斷句錯誤導致誤解。

---

① 林劍鳴：《秦史稿》，上海人民出版社，1981 年，第 53 頁。但林先生認爲"公"是秦出子，則不確。
② 王輝：《秦銅器銘文編年集釋》，三秦出版社，1990 年，第 15 頁。

據《秦本紀》和太公廟鐘鎛銘所見，秦武、德二公同母王姬，應無可疑。現在由秦子姬簋蓋銘文的發現和考釋，又可以對出子的生母"魯姬子"有所解釋。

如前所述，簋銘"秦子姬"跟"秦子"的關係應是母子。所見的"秦子"兵器，迄今有四戈一矛，①在近年流散出去的甘肅禮縣出土早期秦文物中，又有"秦子"鐘，現藏日本。② "秦子"是誰，學界有些意見分歧。王輝先生認爲，"秦子"乃是指春秋早期的秦出子。③ 我同意這個看法。據此並結合上引重新標點的《秦本紀》那段話，"秦子姬"就應該是文獻中的"魯姬子"。《秦本紀》的"魯姬子"，說明此女母家是"魯"國"姬"姓。④ 簋銘"秦子姬"的稱謂方式，應是"母以子貴"的產物，這種稱謂雖然在文獻中難以找到類例，但並不難理解。

簋銘稱頌秦子姬的言語中，也透露出秦子姬具有不尋常身份。從先秦諸侯的宮寢制度來看，簋銘所謂"保其宮外"，應暗示了"秦子"本非太子。古代諸侯燕居在後宮小寢，正夫人與媵、妾分居在小寢的不同宮室。《春秋》僖公二十年"西宮災"，根據《公羊傳》解釋，此西宮在小寢中，小寢有三宮，分別安置諸侯所娶三國之女，正夫人居中，右媵居西，左媵居東。若以此種制度爲準，"宮外"似指秦子姬不在正夫人所居的小寢中宮，這樣看來，"秦子姬"應該是秦公的媵妾，其所生秦子的身份自然是庶子。秦子雖爲庶子，但銘文說他"□受命□（屯？）魯"、"義（宜）其士女"，又竭力稱讚"秦子之光，卲（昭）于□（夏？）三（四）方"，則表明這個秦子已爲秦君。銘文"有柔孔嘉"和"溫恭□秉"乃是稱頌秦子生母之母儀美好，這又是說秦子因此受到良好的教育，從而說明他成爲秦

---

① 秦子戈四件：1. 故宮博物院藏"中辟"戈（《集成》11352）；2. 廣州市博物館藏"公族"戈（《集成》11353）；3. 1994年西安市公安局公交分局繳獲"秦子元用"戈，見吳鎮烽《秦兵新發現》，載《容庚先生百年誕辰紀念文集》，廣東人民出版社，1998年；又收入《考古文選》，科學出版社，2002年，第93頁；4. 珍秦齋藏的一件"左辟"戈，見王輝、蕭春源《新見銅器銘文考跋二則》之一"珍秦齋藏秦子戈"，《考古與文物》2003年第2期。秦子矛一件，見《集成》11547。

② 見祝中熹、李永平《青銅器》（遥望星空——甘肅考古文化叢書，敦煌文藝出版社，2004年）彩圖14"秦子甬鐘"，說明見第116頁。又見日本MIHO博物館出版圖錄《特別陳列：中國戰國時代の靈獸》第6號藏品，MIHO MUSEUM SPRING，2000。

③ 見王輝：《秦銅器銘文編年集釋》，第9頁；又王輝、程學華：《秦文字集證》，臺北藝文印書館，1999年，第13—18頁。

④ 秦漢時代后宮女官的名號有"七子"、"八子"之類，"魯姬子"之"子"，或可能是《史記》根據晚期女官的稱號來稱呼魯姬，以表明其身份。

君的合理性。

據前引《秦本紀》和太公廟鐘鎛銘文，秦武公是秦憲公太子，其生母"王姬"理應是秦公的正夫人；現結合這件秦子姬簋蓋銘文，我們又知道：秦出子（"秦子"）既然是秦憲公庶子，其生母魯姬子即簋銘"秦子姬"，必然是媵妾之屬。傳世文獻跟出土銘文材料的對讀，可以使我們得到如下的清晰觀點：秦憲公曾娶周王之女，而魯國同時以女媵嫁到秦國。周、魯同爲姬姓，這符合《左傳》成公八年所説"凡諸侯嫁女，同姓媵之"的婚姻制度。

還應指出的是：從銘文語氣可見，這件器物是秦子爲其母秦子姬所作的一件祭器。若這一點能夠成立，則魯姬子在秦子在位時就死去，器物的製作年代，不出秦出子在位（前703—前698年）這六年之間。①

文獻中關於春秋早期秦史的記載很簡略。這件秦子姬簋蓋銘文的發現和釋讀，能夠豐富我們對這段歷史的認識和理解。《左傳》桓公十八年辛伯曾説過，"並后、匹嫡、兩政、耦國"是"亂之本"，杜預注："妾如后、庶如嫡、臣擅命、都如國。"《左傳》閔公二年又引述道："昔辛伯諗周桓公云：内寵並后，外寵二政，嬖子配適，大都耦國，亂之本也。"這四點也是理解春秋史的關鍵。從銘文與《秦本紀》的對讀中，我們可以感受到，"並后"、"匹嫡"的事情或曾發生在秦憲公世，故而在憲公去世之後，纔會有秦三庶長廢太子武公而立出子的數年亂政。

珍秦齋所藏的文物中，另有器主名"伯喪"的二戈、二矛。我認爲"伯喪"是《史記》《秦本紀》、《秦始皇本紀》（後附《秦記》）所見的憲、出、武三朝權臣之首——大庶長弗忌，此人是秦武公、出子廢立事件中的重要人物。我另外爲這四件戈、矛寫了一篇考證，請讀者參閲。②

綜合上述，這件秦子姬簋蓋的發現和釋讀，不但使我們略微窺見了2700年前的一段秦國宫廷秘史，也爲學界討論已久的"秦子"諸器斷代問題又提供一項

---

① 按照當時禮制，魯姬子死後最可能被附葬於秦憲公之墓旁。《史記·秦本紀》記載憲公葬西山（即甘肅禮縣大堡子墓區）、《秦始皇本紀》後附《秦記》則説憲公葬地在衙。我以爲，《秦本紀》所見憲公葬在西山説或許正確，希望今後有更多的新發現和新研究，再有機會來回答這個問題。

② 董珊：《珍秦齋藏秦伯喪戈、矛考釋》，《珍秦齋藏金·秦銅器篇》，澳門基金會，2006年，第159—168頁。又見本書第27—46頁。

重要的研究材料,相信一定會再次引起大家研究早期秦國歷史的興趣。以上所論,只是一些不成熟、有待修正的觀點,歡迎讀者隨時指正。

2005 年 5 月 18 日初稿於北京安得廬

2005 年 9 月 21 日定稿於陝西周公廟

原刊於《故宮博物院院刊》2005 年第 6 期,第 27—32 頁

又轉載於《珍秦齋藏金·秦銅器篇》,澳門基金會,2006 年,第 147—152 頁

圖一　秦子姬簋蓋內銘文照片

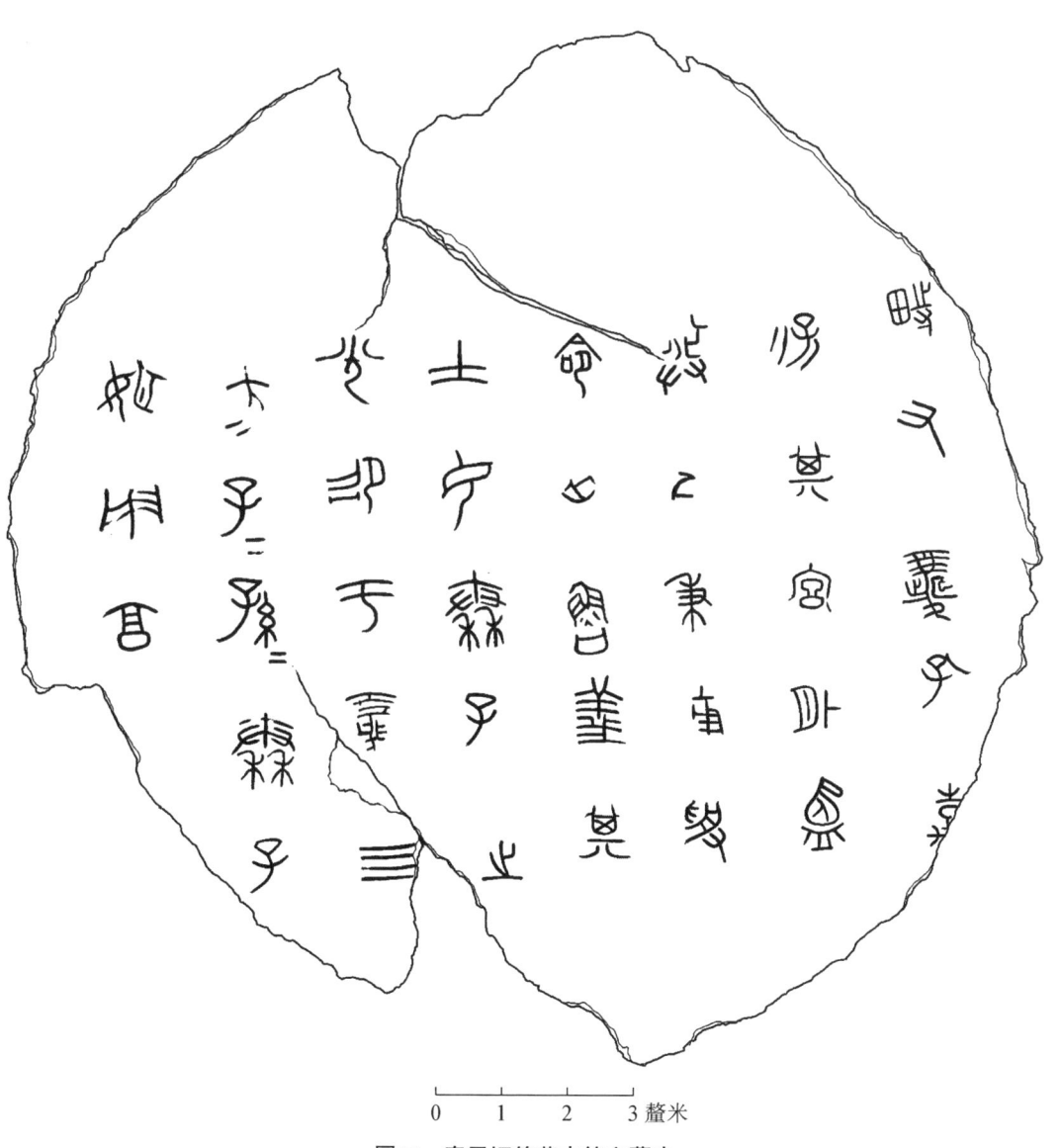

圖二　秦子姬簋蓋內銘文摹本

圖三　秦子姬簋蓋的蓋面照片

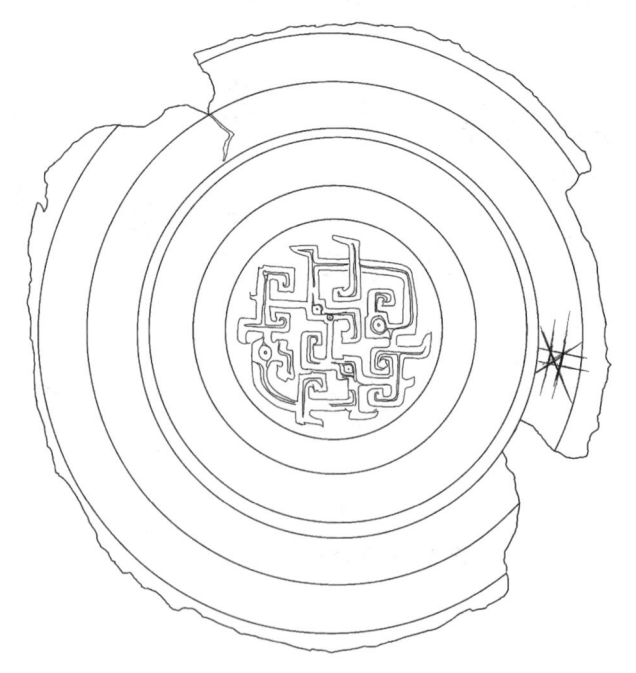

圖四　秦子姬簋蓋的蓋面摹本

珍秦齋藏秦伯喪戈、矛考釋

在珍秦齋的藏品中,有器主名爲"伯喪"的兩戈兩矛。兩件戈形制、銘文相同,戈援鋒作圭首狀,援上、下刃略微内凹,援脊隆起,援本上緣有一個長方形横穿,欄側援本的兩面有曲尺狀雙翼;中胡,胡近欄處有二長穿;窄欄,下欄齒尖端收束;長方形内,内上一長穿,内後下角缺角。戈自前鋒至内尾通長 19、高 10 釐米,内長 7、寬 2.6 釐米。兩件矛的形制、銘文也相同,都作圓骹窄葉式,銎孔延伸至矛身中部,中脊起棱,骹上近銎口處有對稱的穿孔,穿孔與矛刃位於一條直線上。通長 15.9、葉最寬 2.4、葉長 10.3、骹長 5.6、骹外徑 2.15、骹内徑 1.75 釐米。

承蒙黄錫全先生見示另外兩件秦政伯喪戈的照片,形制、銘文與珍秦齋所藏相同,惟其銘文中的"白(伯)"字寫法與珍秦齋藏戈有小別(詳後文),且其中一件戈的内後下角不缺角,但該戈内較其他三戈短約 0.5 釐米。

爲了便於稱引以上六器,我們以珍秦齋藏兩戈爲秦政伯喪戈甲、乙,兩矛爲有司伯喪矛甲、乙;另兩件秦政伯喪戈爲丙、丁。六器器形、銘文的照片及摹本,請參看附圖一至十四。

戈銘在胡,矛銘在骹,釋文如下:

戈:秦政(正)白(伯)喪,戠政西旁(方),乍(作)造(造)元戈喬黄,竃(肇)専(撫)東方,市鈺用逸宜。

矛:又(有)嗣(司)白(伯)喪之車矛。

戈銘有韵:喪、旁、黄、方,陽部。下面先對銘文的字、詞作些解釋,再來討論其年代與相關問題。

一

"秦",下从三"禾"。通常所見的"秦"字下从二"秝"(讀若"歷")。這種从三"禾"的"秦"字罕見,承劉雨先生告知,伊器(《集成》10582)"伊規賞辛事秦金"之"秦"字亦从三"禾"。

"政",可讀爲"正"。"政"與"正"都可泛指"官長",例如西周五祀衛鼎銘(《集成》2832):"正廼訊厲曰:'女(汝)賈田不(否)?'""政"、"正"又常常特指"卿"一級的官員,《左傳》桓公十八年"並后、匹嫡、兩政、耦國,亂之本也",王引之《經義述聞·左傳上》"政,正卿也"。《周禮·天官·大宰》"乃施法於官府,而建其正",鄭玄注:"正,謂冢宰、司徒、宗伯、司馬、司寇、司空也。"孫詒讓《周禮正義》:"此正,即六卿,所謂大正也。""大正"詞亦見西周金文"身邦君大正"(梁其鐘,《集成》187、188、191)、"用享大正"(弭仲瑚,《集成》4627),"大正"指正卿,典籍或作"大政",《左傳》昭公十五年,周景王譏諷晉籍談數典忘祖,説"且昔而高祖孫伯黶,司晉之典籍,以爲大政,故曰籍氏",杜預注:"孫伯黶,晉正卿,籍談九世祖。"

矛銘"又嗣"讀爲"有司"。西周銅器器主或自稱"有司",例如榮有司爯鬲、鼎(《集成》00679、02470)、師湯父有司仲柟父鬲、鼎(《集成》00746-00752、04154-04155)、南公有司愁鼎(《集成》02631)、豐仲次父其有司簡簋蓋[①]等。另外,銅器銘文習見"參(三)有嗣(司)",是司土(徒)、司馬、司工(空)(五祀衛鼎,《集成》02832;孟方尊,《集成》06013;孟方彝,《集成》09899-09900等)的總稱。《廣雅·釋詁三》:"司,主也。""司"是職掌、主持、管理的意思,"有司"泛指主管具體事務的官員。

"政(正)"、"又(有)嗣(司)"都是職官泛稱,從金文文例來看,二者所指大體相當:

  王在魯,合即(次)邦君、諸侯、正、有嗣大射。　　　　　　　　義盉(《集成》09453)
  ……有進退,雩邦人、正人、師氏人有辠有故(辜),……　　禹鼎(《集成》04469)

[①] 周曉陸:《西周中殷盨蓋、有司簡簋蓋跋》,《文物》2004年第3期,第94—96頁。

王射，有𔓐眔師氏、小子合射。	令鼎（《集成》02803）
㲋率有𔓐、師氏奔追襲戎于棫林。	㲋簋（《集成》04322）
命女（汝）攝（？）𤔲公族，雩三有𔓐、小子、師氏。	毛公鼎（《集成》02841）
唯殷邊、侯、田（甸）雩殷正、百辟。	大盂鼎（《集成》02837）

在上文例中，"有司"或"正"都處於邦君、諸侯之下，在師氏、小子之上，指的都是邦君諸侯的卿、大夫這個級别的大臣。義盉銘文所見這兩種稱呼前後相次，亦可見其等級相接近。

西周金文所見這兩個稱呼的定語經常是國族名，例如："顏有司壽商"（九年衛鼎，《集成》02831）、"厲有司"（五祀衛鼎，《集成》02832）、"殷正"（大盂鼎，《集成》02837）等。戰國包山楚簡中所見楚國地方行政的最高長官也稱"正"或"大正"，例如：

郢昜（陽）大正鄧生肱	026號簡
長沙正躬懌	059號簡

據上述可知，"正"的修飾詞能説明其所指的職官等級高低。

伯喪戈銘"秦政（正）"，説明器主是秦國正卿。至於矛銘又稱"有司"，則像是器主謙稱。《左傳》僖公十三年，周襄王以上卿之禮招待齊相管仲，管仲推辭説："臣，賤有司也。有天子之二守國、高在，若節春秋來承王命，何以禮焉？陪臣敢辭。"由此可知，伯喪矛銘以及上舉西周金文所見的自稱"有司"，詞義猶"有所執掌"，都是自我謙稱，這是伯喪戈銘所見稱謂與矛銘不同的原因。

由於"秦政"、"有司"這兩個稱謂對推定器主伯喪的身份很重要，所以我們不憚辭費，詳細討論如上。①

"白（伯）"，排行"伯仲叔季"之"伯"。珍秦齋藏戈、矛銘文"白"字是通常的寫

---

① 本文在初稿中曾經以爲：戈銘"秦政"之"政"當讀爲"嫡長子"之"嫡"（或作"適"），並把矛銘頭兩個字釋爲"政（嫡、適）𤔲（嗣）"，進而推論器主伯喪是秦君嗣子。後來據原器看，矛銘第一個字無疑是"又"字，又注意到張富海《説西周金文中的"𤔲"字》曾指出：西周金文中的"𤔲"字與"繼嗣"之"嗣"（"司"、"䛊"）字不相通假，這個用字習慣相當穩定（《北京大學古文獻研究中心集刊》第四輯，北京大學出版社，2004年）。因此，我在初稿中建立在前述那種釋讀上的一些推論就失去了依據。特此改正並説明。

法，但所見另外兩件伯喪戈銘之"伯"字都作"⊟"形，類似"目"字。"白"字的這種訛變，在古文字資料中已有先例。傳世和出土有三件魯伯大父爲媵女所作的簠，①其中媵季姬婧簠（《集成》03974）銘文的"伯"字也寫作"⊟"，可以類比。"喪"，从桑、亡聲。器主"伯喪"是誰，我們留到後面去談。

"戮政西旁（方）"。"戮"讀爲"戮力"之"戮"，字或作"勠"，《書·湯誥》"聿求元聖，與之戮力"，孔傳訓"戮力"爲"陳力"，孔穎達疏："戮力，猶勉力也，《論語》云：陳力就列。"從注疏來看，"戮"的基本意思是"施陳"，引申爲"勉"。"政"，政事、政治。"西旁（方）"，西方。"戮（勠）政西旁（方）"句義謂：在西方布政陳教。此句在語義、結構上跟述盤銘文"盥（施）政四方"②都有些類似。

"元戈喬黃"。"喬黃"作"元戈"的後置定語。《集成》11757 銘文："於取（鄒）子孜殹（鼓？）鑄鐱（？）元喬"，其器名"鐱（？）"的後面以"元喬"作爲後置定語。"喬"、③"黃"是說製作該戈所用銅、錫或鉛的質地顏色。銅器銘文往往標舉顏色以彰顯原料的質地佳善，金文或稱"鐈鋚"、"鐈鋁"、"黃鋁"，又如東周兵器銘文稱"玄鏐盧鋁之戈"，這些都是我們所熟悉的文例。

"竈（肇）專東方"。此句語法結構及"竈"字用法，可比較以下秦器銘文：

太公廟秦武公及王姬鐘、鎛"虩事蠻方"、"匍有四方"（《集成》00262－00269）

秦景公鐘"竈（肇）又下國"、"虩事蠻夏"、"匍又四方"（《集成》00270）

秦景公簋"竈（肇）囿四方宜"（《集成》04315）

秦景公磬"紹天命曰：竈（肇）專（撫）蠻夏，極事于秦，即服宜政，不廷鎮瀞（靜）……"（85 鳳南 M1：495＋549＋517＋257＋86 鳳南 M1：884 等）④

"竈"，讀爲"肇"，訓爲"始"。⑤"專"，該字據上半看似"事"字，但結合秦公磬

---

① 參看馬承源主編：《商周青銅器銘文選》第一冊，文物出版社，1988 年，第 481—483 號。
② 參看董珊《略論西周單氏家族窖藏青銅器銘文》，《中國歷史文物》2003 年第 4 期，第 43 頁注釋【9】。
③ 從語音來看，"喬"字應有"白"義。參看張永言：《論上古漢語的"五色之名"兼及漢語和台語的關係》，《語文學論集》（增訂本），語文出版社，1999 年，第 190—200 頁。
④ 王輝、程學華：《秦文字集證》，臺北藝文印書館，1999 年，第 94、113 頁，圖版 63—64、76。
⑤ 參看朱鳳瀚：《論周金文中"肇"字的字義》，《北京師範大學學報（人文社會科學版）》2000 年第 2 期，第 18—25 頁。

銘"竈(肇)尃(撫)蠻夏"的辭例來看其整體字形,此字當是"尃"的鑄範壞字。"尃"讀爲"撫",是安定鎮撫的意思。"東方",指位於秦之東方的華夏諸侯國。

"市鉣用逸宜"。"鉣",在傳世秦子三戈(《集成》11353,廣州市博物館藏;《集成》11352,故宮博物院藏;珍秦齋藏①)一矛(《集成》11547)的銘文中,跟此字地位相同的字均寫作从"魚"、从"去",可知"去"爲聲符。多數學者認爲,秦子兵器"市"形爲"師"字,"師魼"讀爲"師旅";陳平先生認爲第一個字釋爲"市","市魼"讀爲"賁旅",就是"旅賁"的倒文;李學勤先生則釋"市"爲"市",讀爲"匝夾",謂"是個聯綿詞,大意應係周圍輔衛"。②

從字形看,陳平先生釋"市(韍)"應是正確的。③ 我覺得"市鉣"似可讀爲"被甲",指被甲之士。上古音"被"、"市"都是唇音字,韵爲歌、月④對轉;"鉣"(《說文》"讀若劫")、"魼"(《集韵·業韵》"魼,迄業切")與"甲"都是見母盍部字,⑤《說文》"嗑讀若甲";1975 年江陵鳳凰山 167 號漢墓所出第 32 號遣策"大柙一枚",整理者認爲是墓中的漆扁壺,讀爲《說文》中訓爲"酒器"之"榼",⑥可證"甲"與"盍"聲系相通。"市(被)鉣(魼—甲)"應指被甲之士,典籍或稱"甲士"、"甲"。秦子戈、矛銘文之"魼"、"鉣"分別以"金"、"魚"爲意符,大概是因爲製作鎧甲用到青銅與魚皮。

秦子四器銘文所稱"左右市魼",在伯喪戈銘則省略"左右",只說"市鉣"。"左右"之義,可由下列秦器銘文推知:

秦武公及王姬鐘、鎛:"螜穌胤士,咸畜左右,趩趩允義,翼受明德。"

(《集成》00262 - 00269)

---

① 王輝、蕭春源:《新見銅器銘文考跋二則》之一"珍秦齋藏秦子戈",《考古與文物》2003 年第 2 期。
② 李學勤:《"秦子"新釋》,《文博》2003 年第 5 期,第 38 頁。
③ 陳平:《秦子戈、矛考》,《考古與文物》1986 年第 2 期,收入《燕秦文化研究——陳平學術文集》,北京燕山出版社,2003 年,第 205—209 頁。王輝先生認爲《集成》11353 號"市"字下還有一橫筆,我認爲此橫是銘文範邊緣的痕迹,並非筆畫。
④ "市"字古音學家有物部、月部兩種歸部意見,此據歸月部之說,參看鄭張尚芳:《上古音系》,上海教育出版社,2003 年,第 256 頁"月部 3"下歸字,並請參看該書 320 頁音表。
⑤ 《說文》將从"盍(或寫作盇)"聲跟从"去"聲之字分別爲不同諧聲,但從古文字來看,"盍"跟"去"字形都與器蓋有關,可視爲同一個字的繁、簡兩體。上古音"去"爲魚部,部份从"去"聲之字以及从"盍"聲之字爲盍部字,爲甚麼有兩讀,學者有不同的解釋。諧魚部字"華"聲之"燁"、"曄"、"皣"等字也是盍部字,可跟"去"聲字有魚部跟盍部兩讀類比,其語音關係有待研究。
⑥ 鳳凰山一六七號漢墓發掘整理小組:《江陵鳳凰山一六七號漢墓發掘簡報》,《文物》1976 年第 10 期,第 31—37 頁;吉林大學考古專業赴紀南城開門辦學小分隊:《鳳凰山一六七號漢墓遣策考釋》,《文物》1976 年第 10 期,第 49 頁。

秦景公簋："咸畜胤士，趩趩文武，鎮靜不庭，虔敬朕祀。"　　　　《集成》04315

秦景公鐘："咸畜百辟、胤士，趩趩文武，鎮靜不庭，燮（柔）燮百邦，于秦執事。"

《集成》00270

"左右"、"百辟"、"胤士"都作"咸畜"的賓語，其語法地位相同。與此相似，秦子戈、矛銘文"左右"跟"市鈗"應爲同位語，都作"用逸"的主語。所以，在伯喪戈銘中可省略"左右"二字。由此，可以推知"市鈗"之所指與"左右"相近，都指左右被甲衛士。

"逸"，可訓讀爲"肆"、"佾"，陳設，行列。"（左右）市（被）鈗（甲）用逸"意思是左右被甲之士用此戈矛列隊。這句話説明，戈、矛是秦子或伯喪爲其私屬護衛部隊所配置的兵器。

"宜"，常見於春秋秦器銘文之末，不僅上舉秦子諸戈、矛銘末都説"用逸宜"，1987年陝西隴縣邊家莊12號墓出土一件"卜淦□高戈"，其銘文也説："永寶用逸宜。"秦禮器銘文中也有這種用法的"宜"字（兩例），宋代著録秦景公鐘銘末"永寶宜"，秦公簋銘末"竈囿四方宜"。

過去學者們對於這些"宜"字有多種解釋，此不具引。① 從這些"宜"字都出現在器銘之末尾來看，我認爲"宜"很可能也是一個陳述句句尾語氣詞（助詞）。

傳世文獻中常見的句尾語氣詞是"也"和"兮"。出土秦文字資料中，與"也"相當的句末語氣詞多寫作"殹"，學者認爲"殹"是秦國方言字。② 這些表示語氣詞的字都是假借字，因此，在不同的時代和地域，有可能根據方言中語氣詞發音的不同，用不同的字來記録這類語氣詞。"宜"與"也"、"兮"、"殹"的語法地位相同，所以"宜"也很可能是個同類的語氣詞。

從我們對上古音的瞭解來看，"也"、"兮"、"殹"這三個語氣詞的發音都跟支、歌二部字有密切關係。"宜"是歌部字，跟這三個字的古音均有關聯。例如，"宜"與"也"都是歌部字，"宜"字以"多"爲諧聲偏旁，③ 而"虵"、"施"、"迤"與"移"字相

---

① 參看王輝、程學華：《秦文字集證》，第16—17頁。
② 參看姜允玉：《出土文獻中的語氣詞"也"》，《古文字研究》第二十四輯，中華書局，2002年，第490—493頁。
③ 《説文》小篆"宜"从"多"省聲，古文字宜从"多"聲不省。

通(例見《古字通假會典》679—681 頁),可以説明"也"與"多"聲系相通,也就間接看出"宜"、"也"二字的古音關係密切;"兮"是匣母支部字,但"兮"字以歌部字"可"(斧柯之"柯"的初文)爲諧聲偏旁,且在馬王堆帛書《老子》甲、乙本中"兮"均寫作"呵"。秦所特有的語氣助詞"殹"屬影母脂部,但"臀"爲支部字。① 《説文》"軨"字異體作"輨",輨是支部字,"宜"可以作其諧聲偏旁,亦可見"宜"與支部字的關係密切。許多學者都曾指出,上古音支、歌二韻關係極爲密切。②

據上述諧聲、通假情況來看,宜的字音也符合作爲句尾語氣詞的條件。所以秦器銘文的"宜"很可能也是個語氣詞,其讀音與其他語氣詞相關但不必相同,反映的是春秋時期秦地的特殊方音和用字習慣。

矛銘"車矛",甲矛銘文"車"、"矛"二字的中豎分開,而乙矛銘文的中豎相連,乃是鑄範缺陷所致。

二

伯喪戈、矛的年代,可以試從以下四個方面來考慮:

1. 器物形制與組合關係

目前所知春秋前期的圭首狀援的秦戈形制大體相同。依照戈的援本處是否有翼狀裝飾,這一時期的秦戈可以分爲兩式:

A 式、有翼:例如隴縣邊家莊 12 號墓卜淦□高戈、1982 年邊家莊殘戈、靈臺景家莊 1 號墓"元用"戈、珍秦齋秦子戈;

B 式、無翼:例如秦子三戈、姜城堡戈等;

伯喪戈與 A 式有翼戈形制相同,其銘"秦政"與"乍造"四字位於凸出援本的側翼上,比較特殊。

傳世或出土的這種秦戈,有的伴有矛,例如傳世秦子兵器有銘文相同的戈(《集成》11353)和矛(《集成》11547);靈臺景家莊 1 號墓也同時出土戈、矛。與戈相伴的矛,骹上都無穿繫而有一對穿孔。這種秦矛可能都不單用,而是與戈相配

---

① 鄭張尚芳:《上古音系》,第 526 頁。
② 參看虞萬里:《從古方音看歌支的關係及其演變》,《榆枋齋學術論集》,江蘇古籍出版社,2001 年,第 1—47 頁。

爲戟。所以，珍秦齋所藏伯喪四件戈、矛，原來也可能是兩件戟的組合。

陳平、李學勤二位先生都對上述這些秦戈、矛的年代作過討論。① 他們認爲，這類戈、矛屬春秋早期。從器形對比來看，伯喪戈、矛時代也大致在春秋前期，這是毫無疑問的。

2. 銘文"戮政西方"和"竈（肇）尃（撫）東方"兩項史實

從語序來看，銘文"戮政西方，作造元戈喬黃，竈（肇）尃（撫）東方"，是說已在西方爲政，作戈目的是爲了安定鎮撫東方諸侯，這是器主鑄器作銘以自勵其志。其"西方"當指秦國已據有的領土，在春秋時代，秦人所稱的"西方"和"東方"，似可以黃河河曲之處作爲大概的分界。

戈銘所見，應屬當時秦國政治方針的切實反映。據《史記·秦本紀》，春秋早至中期的秦君世次爲：襄、文、寧（據《史記·秦始皇本紀》後附《秦記》以及太公廟出土秦武公鐘銘，"寧"當爲"憲"字之訛）、出、武、德、宣、成、穆。我們下面逐個來看這九位秦公之世的政治情況，看看哪個時代更能切合這兩句戈銘。

秦自襄公受封始國，至秦文公時，卜居汧、渭之會，伐戎而收周之餘民，地至岐，"岐之東，獻之周"，此時的秦，剛能在關中站穩腳跟，還不可能有"竈（肇）尃（撫）東方"的志向。所以，伯喪戈不會是秦襄、文二公時的遺物。

到了憲公時，情況開始有所改變。《秦本紀》云："寧（憲）公二年，公徙居平陽。遣兵伐蕩社。三年，與亳戰，亳王奔戎，遂滅蕩社。……十二年，伐蕩氏，取之。"據三家《注》，蕩邑或作"湯"，其地在雍州三原，屬西戎之國。憲公滅取蕩，可以稱得上"戮政西方"。《左傳》桓公四年，秦始見於《左傳》，這年"秋，秦師侵芮，敗焉"；冬，秦會王師圍魏，"執芮伯以歸"。② 魏、芮分處河曲東、西，是秦通往東方的門戶所在。魯桓公四年相當於秦憲公八年。據此，秦國到了憲公在位時，開始有"竈（肇）尃（撫）東方"的舉措。

憲公死後，秦權臣廢長立幼，出、武、德三公是弟兄相及。出子又稱"出公"，見《史記·十二諸侯年表》、《漢書·古今人表》。《左傳》桓公十年"秦人納芮伯萬

---

① 陳平：《秦子戈、矛考》，《考古與文物》1986 年第 2 期；李學勤：《"秦子"新釋》，《文博》2003 年第 5 期。

② 事件起因在《左傳》桓公三年："芮伯萬之母芮姜惡芮伯之多寵人也，故逐之，出居于魏。"杜預注："爲明年秦侵芮張本。"

於芮", 此時是秦出子二年。出子生五歲立, 立六年卒。出子及其後的秦公, 都能承續憲公時代的光烈。

史載秦武公時代的事迹, 主要是 "元年, 伐彭戲氏, 至于華山下", "十年, 伐邽、冀戎, 初縣之。十一年, 初縣杜、鄭, 滅小虢"。武公時代秦人活動的這些地點都在 "西方", 並没有出師河曲之東的記録。武公能承前人之烈, 繼續 "戮政西方", 在這個時候作戈爲銘 "竃(肇)專(撫)東方" 而自勵其志, 當然也能合乎情理。

秦武公歿後, 其弟德公 "元年, 初居雍城大鄭宫, 以犧三百牢祠鄜畤。卜居雍, 後子孫飲馬於河。梁伯、芮伯來朝"。德公三子又是兄弟相及, 分别是宣、成、穆三公。宣公四年, "作密畤, 與晉戰河陽, 勝之"。成公元年, "梁伯、芮伯來朝"。

秦國在穆公之世, 國勢强大, "東服强晉, 西霸戎夷", 這時秦國在外交上常常干預東方諸侯政治, 此時再説 "肇撫東方" 這樣的話, 似乎未免有些落後於時代。上面也已經説過, 從器形來看, 此戈形制不會晚至春秋中期(約當秦穆公時代), 所以, 伯喪戈的年代, 似不必在穆公及更晚的時代去考慮。

綜合上述, 秦最早在憲公八年開始干預東方諸侯國政, 至德、宣、成三公之世, 東方梁、芮諸侯來朝已經習以爲常, 秦又在宣公四年戰勝晉國於河陽。因此, 戈銘 "肇撫東方" 所反映的, 應該大致是春秋早期憲、出、武、德、宣、成這六位秦公時候的秦國外政。

3. 傳聞的出土地點

伯喪戈、矛據傳出自陝西寶雞眉縣常興鎮。如果這個出土地點屬實, 可以做些推論。

據《秦本紀》, 春秋秦先後都西、平陽、雍。秦憲公、武公之前的秦公常居西, 武公之後的秦公多居雍。秦都平陽的時間, 是在憲公二年至德公元年以前。

《秦本紀》"寧(憲)公二年, 公徙居平陽", 《集解》: "徐廣曰: 郿之平陽亭。"《正義》: "按: 岐山縣有陽平鄉, 鄉内有平陽聚。《括地志》云: '平陽故城在岐州岐山縣西四十六里, 秦寧公徙都處。'" 從地理位置上看, 秦平陽在今寶雞東部渭河北岸陽平鎮, 常興鎮在其下游東約30公里渭河北岸。伯喪是秦國正卿, 其戈、矛的出土地點跟憲、出、武三位秦公所居的平陽距離最近, 似説明其製作年代範圍在憲、出、武這三位秦公時代。

4. 身份及名字

前文已經説明，從銘文所見身份"秦政"、"有司"來看，伯喪是秦國的一位執政大臣。

《史記·秦本紀》記載：

> 寧公生十歲立，立十二年卒，葬西山。生子三人，長男武公爲太子，武公弟德公，同母。魯姬子生出子。寧公卒，大庶長弗忌、威壘、三父廢太子而立出子爲君。出子六年，三父等復共令人賊殺出子。出子生五歲立，立六年卒。三父等乃復立故太子武公。武公……三年，誅三父等而夷三族，以其殺出子也。

《史記·秦始皇本紀》後附《秦記》：

> 憲公享國十二年，居西新邑，死葬衙。生武公、德公、出子。
> 出子享國六年，居西陵。庶長弗忌、威壘、参父三人，率賊賊出子鄙衍，葬衙。
> 武公享國二十年，居平陽封宫。葬宣陽聚東南。三庶長伏其罪。德公立。

以上兩種記載大體相同。根據上三方面分析所得到的時代範圍，我認爲，"伯喪"極有可能就是《史記》所見三庶長之首的大庶長弗忌。

首先，"弗忌"與"伯喪"可以構成一名一字。

"弗忌"是先秦時代常見的人名。《左傳》文公二年魯有夏父弗忌（《禮記·禮器》作"弗綦"），成公七年楚有清尹弗忌，成公十五年晉有欒弗忌。"弗忌"之"弗"是虛詞，王念孫《讀書雜志·史記第二·十二諸侯年表》："穆侯弗生元年。念孫案：穆侯本名生，或作弗生者，弗，發聲耳。"①

"伯喪"是字，這種"排行＋字"的字在先秦時代極爲常見。

《禮記·祭義》："君子有終身之喪，忌日之謂也。"可見，"忌諱"之"忌"與"喪"的字義，剛好可以相關。

其次，伯喪的正卿身份與大庶長弗忌相符。憲公死時只有22歲，他死後三

---

① 訓爲"忌諱"之"忌"是假借字，其在《説文》中的本字是"諅"，《説文》："諅，忌也。从言，其聲。《周書》曰：上不諅於凶德〔小徐本"上"作"爾尚"〕。"今本《尚書·多方》作"爾尚不忌於凶德"。

庶長能夠先廢長立幼，之後又弑幼立長，説明他們在憲公時代就已經是重權在握，當是武、德、出三兄弟的長輩，所以後來一直把握了出子之世和武公初年的秦國朝政。這種人物，當然非秦國執政大臣莫屬。

這裏還需要解釋《史記》所見"弗忌"身份是"大庶長"。[①] "庶長"是爵稱，戈、矛銘"秦政"、"有司"是器主自稱職位。《史記》筆法，有意把爵、職分爲兩套系統。例如《秦本紀》中的樗里疾，他在秦惠文王後元時稱爵"庶長疾"，但王年三戈記其職爲"上郡守疾"；昭襄王時"嚴君疾爲相"，"嚴君"屬於爵位系統，其職位"相"即所見秦戈銘文所稱"相邦疾"。理解這一點，也就可以理解傳世文獻跟出土文字材料的異同了。

據《秦本紀》，秦憲公十歲繼位，立十二年卒，憲公死時，出子、武公都還年幼，其時的秦國朝政，無疑是被三庶長把持。從我們對珍秦齋藏春秋早期秦器秦子姬簋蓋銘文的考察來看，秦子之生母"秦子姬"爲魯姬子，而寶雞太公廟出土秦公鐘鎛銘文的"秦公及王姬"，有學者認爲，應指秦武公及其生母王姬。出子、武公之世，很可能既有三庶長輔弼幼主，又先後有魯姬子、王姬二母后聽政，這種形勢，可能是造成一度亂政的根本原因。可以推測，憲公時秦、周關係密切，《左傳》桓公四年（當秦憲公八年）"冬，秦會王師圍魏"以及秦公鐘鎛王姬乃是秦憲公夫人，都可以透露一些消息；但是三庶長爲甚麽廢王姬所生之長子武公而立魯姬子所生幼子出子，目前仍然難以理解。

綜合上述，我認爲：秦伯喪戈、矛屬春秋早期，結合文獻記載進一步講，戈、矛器主"伯喪"最可能是秦憲公時代就已執政的大庶長弗忌，器物製作時間在憲公初年（元年爲前 715 年）至武公三年（前 695 年）之間。根據這個看法，伯喪戈、矛的時代與已知秦子（即秦出子）戈（四件）、矛（一件）的時代大體相當。

珍秦齋藏四件戈、矛銘文記載了春秋秦國最初向東方的發展，有特殊重要的歷史意義。近年因爲甘肅禮縣大堡子、圓頂山兩處春秋秦早期墓地的發現，學術界很注意研究早期秦史。但所見能夠説明器物時代的銘文尚少。珍秦齋向來注

---

① "庶長"詞義可能跟"嫡長"相對，指庶出長子。後來演變爲爵稱。〔日〕佐竹靖彦《佐竹靖彦史學論集》（中華書局，2006 年）中有《出子出公考》一文，認爲秦庶長是秦國庶系王族之長，可以參看。

意搶救保存秦文物,這四件伯喪戈、矛與秦子姬殘簋蓋,都有内容豐富的長銘,是研究早期秦歷史的一批重要文物。

2005 年 1 月 15 日草稿於北京安得盧

2005 年 9 月 17 日定稿於陝西周公廟

原刊於《故宫博物院院刊》2006 年第 6 期,第 105—116 頁

轉載於《珍秦齋藏金・秦銅器篇》,澳門基金會,2006 年,第 159—168 頁

圖一　秦政伯喪戈(甲)器形照片

圖二　秦政伯喪戈(乙)器形照片

圖三　秦政伯喪戈(丙)器形照片

圖四　秦政伯喪戈(丁)器形照片

圖五　有司伯喪矛(甲)器形照片　　　　　　圖六　有司伯喪矛(乙)器形照片

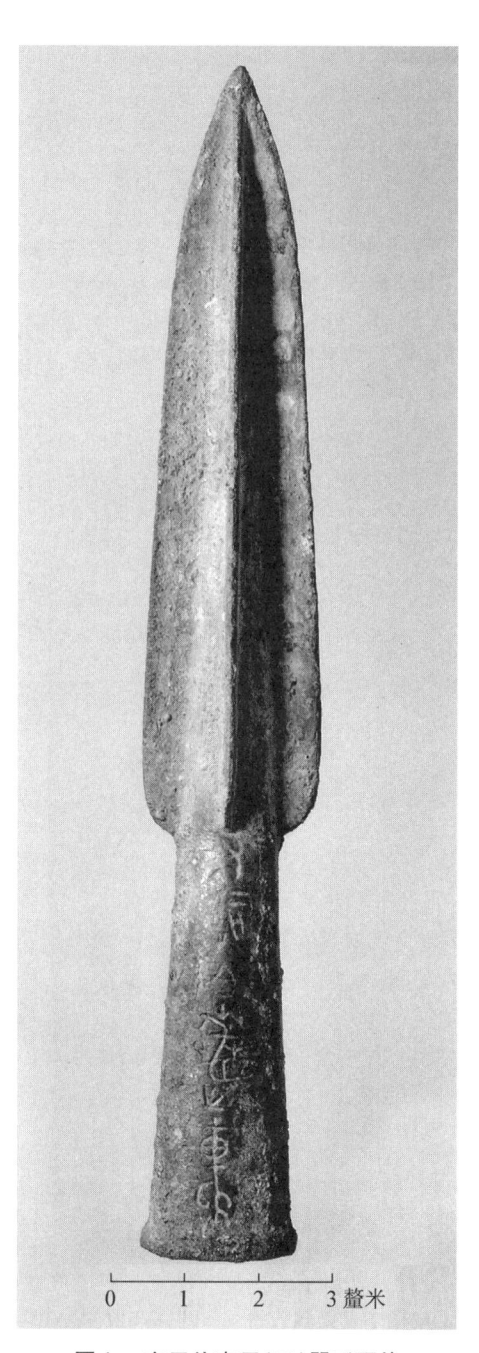

圖七　秦政伯喪戈(甲)銘文照片　　　　圖八　秦政伯喪戈(乙)銘文照片

圖九　秦政伯喪戈(甲)銘文摹本　　圖十　秦政伯喪戈(乙)銘文摹本

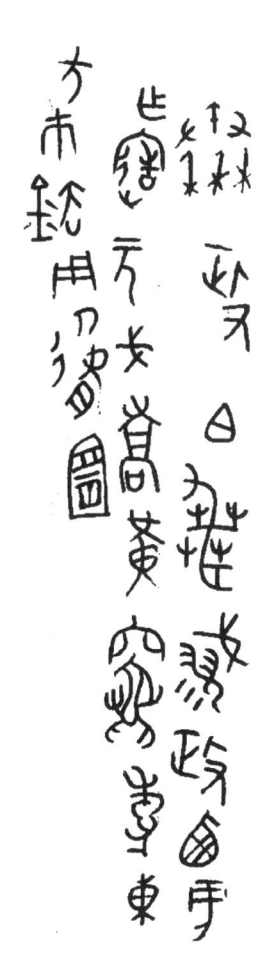

圖十一　有司伯喪矛(甲)銘文照片　　圖十二　有司伯喪矛(乙)銘文照片

圖十三　有司伯喪矛(甲)銘文摹本　　圖十四　有司伯喪矛(乙)銘文摹本

秦子車戈考釋與秦伯喪戈矛再釋

一、秦子車戈考釋

2014年，在甘肅甘谷縣毛家坪春秋中期貴族墓M2059，出土一件銘文秦戈（圖一、圖二），①兩行14字在戈胡部，可以釋寫作：

秦公乍（作）子車用。厰（嚴）龏武霝，戠畏不廷。

發掘者已經指出，子車是秦穆公時大臣，又稱"子輿"。②《詩經·秦風·黃鳥》之三良"子車奄息"、"子車仲行"、"子車鍼虎"，毛傳："子車，氏。"《正義》："《左傳》作'子輿'，輿、車字異義同。"三良皆子車族人，以"子車"爲氏。子車氏三良殉葬事，在《左傳》文公六年（公元前621年，秦穆公三十九年）："秦伯任好卒，以子車氏之三子奄息、仲行、鍼虎爲殉。"服虔注："子車，秦大夫氏也。"今本《左傳》不作"子輿"，與《毛詩正義》所見本有異。"子輿氏"見《史記·秦本紀》，謂"秦之良臣子輿氏三人"。"子輿"其人，則又見於《史記·趙世家》以及《扁鵲倉公列傳》，見後所引文。

"秦公作子車用"是爲動句式，即秦公爲"子車"製作用戈。"子車"既可以指秦大夫子車其人，也可以是族氏名稱。這種國君爲某族製作兵器的文例，尚有"秦子作造公族元用"（17208）、"秦子作造子族元用"（新見）以及"唯四年六月初吉丁亥晉公作歲之禁車戈三百"（17327）、"宋公差之所造茆族戈"（16826）、"宋公差之所造不易族戈"（16827）等。這些戈銘所見氏族，與國君的關係都比較密切，可能擔任國君的戍衛，子車氏三良從死之事，也説明了子車氏族都是秦穆公的近

---

① 子車戈圖像著録於臺北故宫博物院編：《秦嬴溯源：秦文化特展》，2016年，第220頁，編號096。
② 早期秦文化聯合考古隊：《早期秦文化研究的又一突破——2014年甘谷毛家坪遺址發掘豐富了周代秦文化内涵》，梁雲、侯紅偉執筆，《中國文物報》2014年11月14日。

臣。因此,該戈應屬於比較明確的秦穆公世兵器。

"㦰"字應分析爲从美、戎聲。《周禮·夏官·廋人》"馬八尺以上爲龍",《爾雅·釋畜》"絶有力,駥",郭璞注:"即馬高八尺。"又《爾雅·釋畜》"馬八尺爲駥",郭璞注:"《周禮》曰:馬八尺已上爲駥。"據郭璞注,可見"駥"與"龍"爲假借字,"戎"與"龍"聲系相通,所以"厰㦰"可讀爲"嚴龏"。

"武靈"之"靈"字原寫作"龗",从龍、从玉、霝聲。該字寫法複雜,多次見於秦景公磬銘:

高陽又(有)龗(靈),四方以鼏平。 （19781、19784）

厥音肅肅瑲瑲,允鯀又龗(靈)。 （19785）

上帝是眰,左(佐)以龗(靈)神。 （19786、19800）

此字又見於近出晉公盤銘(30952),盤銘"玉"旁在左,與秦銘刻小異。《說文》"靈"字本从玉、霝聲,寫作"靈",今从"巫"旁的"靈"字是《說文》或體。《說文》又有"龗"字,說解爲"龍也,从龍、霝聲"。以上春秋文字"龗"與此二字皆有關,可視爲"靈"與"龗"的糅合字。①

戈銘"嚴龏武靈"句,可比較以下文例:

曰古朕皇祖悼公,嚴𦎢(恭)天命。 （滕州莊里西村出土春秋晚期編鎛銘文,15766）

十又二公,不墜在上,嚴龏(恭)夤天命,保𤔲厥秦。 （秦公鎛,15827）

十又二公,在帝之坏,嚴龏(恭)夤天命,保𤔲厥秦,虩事蠻夏。 （秦公簋,05370）

我烈考憲公,克兀[厥]猷,彊武魯宿,□(靈—令)名不□,赫赫在上,以嚴夤𦎢(恭)天命,以𤔲朕身,[孔]靜晉邦。 （晉公盤,30952）

余嚴天之命,入城不賡。 （吳王光鐘,15369）

余陳仲產孫,𪓐叔支子,龏(恭)禋(夤)鬼神,畢龏(恭)畏忌。 （陳肪簠蓋,05187）

---

① 糅合字的討論,參看葉玉英《二十世紀以來古文字構形研究概述》中的"糅合"與"異體糅合",復旦大學出土文獻與古文字研究中心網站,2008 年 1 月 2 日。又《出土文獻與古文字研究》(第二輯),復旦大學出版社,2008 年。

位於"天命"或"鬼神"之前的謂語動詞,"嚴"與"龏"、"龔"均訓爲"敬"。"恭"與"龔"是常見的通用字。以上文例中的"龔"就讀爲"恭"或"共"。"恭"字金文或作"共"、"龏",其文例如下:

秉德共純　　　　　　　　　　　　　　　　　(善鼎銘,02487)

龏(恭)持明德　　　　　　　　　　　　　　(競孫鬲,03036)

共(恭)明德,秉威儀　　　　　　　　　　　(叔向父禹簋,05273)

明揚天則,駿共(恭)天常　　　　　　　　　(宋右師延敦,06074)

蔡侯申虔共(恭)大命　　　　　　　　(蔡侯申尊、盤,11815、14535)

叀王龏(恭)德　　　　　　　　　　　　　　(何尊,11819)

用龏(恭)義寧侯　　　　　　　　　　　　　(麥方尊,11820)

這種訓爲"敬"的"共(恭、龔)",其本義是比較實義的"秉持",後來引申爲恭敬的意思。"恭(共)"的賓語,多是"明德"、"義"、"天命"("大命")、"天常"、"鬼神"等這些比較具有觀念性、思想性的事物。

由以上的文例比較可以推理,戈銘"嚴龔武靈"的"武靈"也應是"天(命)"、"鬼神"、"祖先"等宗教性的概念,"靈"的涵義就應該是"神靈"。《詩·大雅·靈臺》"經始靈臺",毛傳:"神之精明者稱靈。"孔穎達疏:"靈是神之別名。"又《大戴禮記·曾子天圓》:"陽之精氣曰神,陰之精氣曰靈。神靈者,品物之本也,而禮樂仁義之祖也,而善否治亂所由興作也。"盧辯注:"神爲魂,靈爲魄。"此外,先秦兩漢文獻關於"靈"的論述尚多,不具引。

"靈"既訓爲神靈,又可以指神靈所賜之福佑。《經義述聞》卷十九《春秋左傳下》"寵靈"條:

今君若步玉趾,辱見寡君,寵靈楚國。……引之謹案:寵靈之靈,非威靈之謂也。《廣雅》曰:"靈,福也。"言寵楚國而賜之以福也。凡《傳》稱以君之靈、以大夫之靈者,靈皆謂福也。三十二年《傳》曰:"今我欲徼福假靈於成王。"哀二十四年《傳》曰:"寡君欲徼福於周公,願乞靈於臧氏。"靈亦福也。

由"靈"訓爲"福",又可以再引申爲"善"的意思。前引秦景公石磬銘"高陽有靈"、"佐以靈神"的"靈"都是指神靈,"允和有靈"之"靈"則可以訓爲"善"。子車戈銘"嚴龏"與"武靈"相搭配的動賓結構,可以比較《大戴禮記·公符》後附孝昭冠辭中"秉集萬福之休靈"句。

"武靈"究竟是哪一類鬼神呢?

我們知道,古人的崇拜對象可以分爲天神、地祇、人鬼三大類。在戈銘,"武靈"應解釋爲司掌武事的神靈。《周禮》中講與軍事有關的宗教活動,比較集中見於《周禮·春官宗伯》之"肆師"職、"大祝"職、"甸祝"職。

《肆師》:"凡師甸用牲于社宗,則爲位。"鄭玄注:"社,軍社也。宗,遷主也。《尚書傳》曰:'王升舟入水,鼓鍾亞,觀臺亞,將舟亞,宗廟亞。'杜子春云:'……宗謂宗廟。'"賈公彥疏:"師謂出師征伐,甸謂四時田獵。二者在外,或有祈請,皆當用牲社及宗,時皆肆師爲位祭也。……注云'社,軍社'也者,在軍不用命戮於社,又君以軍行,彼祭釁鼓,故名軍社也。鄭知遷主者,《曾子問》云:師行必以遷廟主行,載于齊車。故知遷主也。……將舟亞者,以社主主殺戮,而軍將同,故名社主爲將……宗廟亞者,宗廟則遷主也。……引之者,證在軍有社及宗之意也。"

《肆師》又云:"凡師不功,則助牽主車。"鄭玄注:"助,助大司馬也。故書功爲工。鄭司農工讀爲功。古者工與功同字。謂師無功,肆師助牽之,恐爲敵所得。"賈公彥疏:"師不功,謂戰敗。云助牽主車者,主中有二,爲社之石主,遷廟木主也。……知助,助大司馬也者,案《大司馬職》云:'若師不功,則厭而奉主車。'故知此肆師助大司馬也。若然,案《小宗伯》云'立軍社,奉主車',謂未敗時。若敗,即大司馬奉之。"

《肆師》又云:"凡四時之大甸獵,祭表貉,則爲位。"鄭玄注:"貉,師祭也。貉讀爲十百之百。於所立表之處,爲師祭,祭造軍法者,禱氣勢之增倍也。其神蓋蚩尤,或曰黃帝。"《史記·封禪書》記秦始皇東遊海上行禮祠八神,其三爲兵主,祠蚩尤,在東平陸闞鄉。《史記·高祖本紀》記載劉邦起事時,"祠黃帝,祭蚩尤於沛庭",後又"令祝官立蚩尤之祠於長安"(見《史記·封禪書》)。

又《大祝》職:"掌六祈,以同鬼神示,一曰類,二曰造,三曰襘,四曰禜,五曰攻,六曰説。"鄭玄注引鄭司農曰:"類、造、襘、禜、攻、説,皆祭名也。類,祭于上帝。《詩》曰'是類是禡'，《爾雅》曰：'是類是禡，師祭也。'又曰'乃立冢土，戎醜攸行'。《爾雅》曰：'起大事，動大衆，必先有事乎社而後出，謂之宜。故曰：大師，宜于社，造于祖，設軍社，類上帝。'《司馬法》曰：'將用師，乃告于皇天上帝、日月星辰，以禱于后土、四海神祇、山川冢社，乃造于先王，然後冢宰徵師于諸侯曰：某國爲不道，征之，以某年某月某日，師至某國。'"

又《甸祝》職："甸祝掌四時之田表貉之祝號。"鄭玄注："杜子春讀貉爲百爾所思之百，書亦或爲禡。貉，兵災也。甸以講武治兵，故有兵祭。……玄謂田者，習兵之禮，故亦禡祭，禱氣勢之十百而多獲。"

據以上引文可見，在先秦軍事行動中所要祭祀的鬼神類型繁多，天神、地祇、人鬼無所不備。① 《詩經·大雅·皇矣》"是類是禡"，是記載文王伐崇時的祭祀。《詩序·桓》："《桓》，講武類禡也。桓，武志也。"《正義》："《桓》詩者，講武類禡之樂歌也。"是田獵講武時的祭祀。《左傳》哀公二年記載晉、鄭鐵之戰，衛太子蒯聵向"皇祖文王、烈祖康叔、文祖襄公"三祖先祈禱戰爭勝利，這是軍事祭祖的實例。又《左傳》文公十二年記載秦、晉河曲之戰："秦伯以璧祈戰于河。"杜預注："禱求勝。"秦惠文王時期的詛楚文，講秦將與楚戰，向巫咸、亞駞、湫淵禱告，則是秦人向其他神靈祈禱戰爭的勝利。

由此來看子車戈的"武靈"，應該是泛指與軍事有關的種種神靈，而不是具體某一位神明。

"戮畏不廷"。"戮"的意思是殺死並陳列，梁伯戈銘（17186）："抑畏方蠻，盜（討）政（征）北旁（方）。"② 晉公盤、盆（30952）："左右武王，敀（教）畏（畏）百蠻。"上述"畏"字，通常都被破讀爲"威"。大盂鼎銘（02514）說"畏天畏（威）"，即敬畏天之威嚴。"威"與"畏"本爲一個詞義的兩個方面，用作動詞時，還是讀"畏"本字爲好。"戮畏"、"抑畏"、"教畏"皆可以理解爲連動式，分別是以殺死、控抑、教化的方式使人產生對自己的畏懼或敬畏。子車戈銘"嚴龔武靈，戮畏不廷"兩句有韵（耕部），句義是：敬秉神靈佑助戰爭勝利，利用施加武力使不來朝見的方國畏懼。

2019 年 4 月 10 日稿

---

① 參看耿雪敏：《春秋戰國時期的軍事祭祀》，《河南理工大學學報（社會科學版）》第 19 卷第 4 期，2008 年，第 83—87 頁。

② 石小力：《故宫博物院藏梁伯戈銘文新釋》，《文字·文獻·文明》，上海古籍出版社，2019 年，第 82 頁。

二、秦伯喪戈矛再釋

　　子車在《史記》中寫作"子輿",《趙世家》及《扁鵲倉公列傳》都記載秦穆公將夢譤告訴公孫支與子輿。公孫支又寫作公孫枝,字子桑,他和子輿同爲秦穆公臣。由此,可以討論舊所見秦伯喪戈矛的器主。

　　2006年,我曾撰文討論四件秦改伯喪戈(分別稱爲甲、乙、丙、丁)與兩件有司伯喪矛(甲、乙)。① 甲、乙兩戈銘文作:

　　　　秦政(正)白(伯)喪,戮政西旁(方),
　　　　乍(作)遣(造)元戈喬黃,竈(肇)專(撫)東方,
　　　　市鈜用逸宜。

　　2008年,我又看到另一件伯喪戈的拓本,可以記爲"秦政伯喪戈(戊)"(圖三、圖四)。伯喪戈(戊)銘文的行款和用字,與之前四件戈均有所不同:

　　　　秦政(正)伯喪,戮整西旁(方),乍(作)
　　　　遣(造)元戈喬黃,竈(肇)專(撫)東旁(方),
　　　　市鈜用逸宜。

　　其"白"字,在丙、丁兩戈(圖五、圖六)皆作"目",我在之前的小文中已經指出是訛變,並有舉例。"戮政"之"政",戊戈作"整";"東方"之"方",戊戈作"旁",都是常見的通假字。戊戈與之前四戈銘文行款之差異,不煩縷述。

　　我在2006年的小文中,認爲"秦政伯喪"與"有司伯喪"是秦出子時的大庶長弗忌,"弗忌"與"喪"可構成一名一字的關係。至2012年,在蘭州召開的秦文化

---

① 董珊:《珍秦齋藏秦伯喪戈、矛考釋》,《故宮博物院院刊》2006年第6期,第105—116頁。黃錫全先生《介紹新見秦駉白喪戈矛》討論了伯喪戈甲、丙、丁以及伯喪矛甲,共四器,黃先生的文章先發表在《社會科學戰線》2005年第3期,第153—157頁,後收入氏著《古文字與古貨幣文集》第181—189頁(文物出版社,2009年),並發表了丙、丁兩戈的全形拓本。

與絲綢之路的討論會上，我發表題爲《出土文獻所見秦與夷、夏、戎、蠻的關係》的報告，改變了上述看法，認爲伯喪應該是秦穆公時大夫公孫枝字子桑，同時認爲，因穆公都雍城而霸西戎，"戠政西方"與"肇撫東方"句的東方與西方，應該都是以雍城爲中心的。

上述新看法，一直没能正式成文。現在想藉討論子車戈的機會，略作闡述，以供學界參考。

首先，戈銘"伯喪"應爲字，而不是名。文獻中"子桑"之"子"，是對男子的尊稱，"桑"是字。公孫枝字子桑。"枝""桑"詞義相關，是説桑樹之枝。① 戈銘"喪"字从舛、从亡。一般所見的"喪"字从桑聲、从四口、从亡，而"桑"字从四中。喪、桑二字的關係極爲密切。戈銘該字的寫法，與舊所見"喪""桑"的寫法都不同，實介於二字之間，可以看作"喪"與"桑"的糅合字。所以，將"伯喪"看作"子桑"，在文字層面是非常直接的。

其次，"戠政/整西旁"一語與上文已述的子車戈銘"戠畏不廷"、梁伯戈銘"討政（征）北方"相對看，應讀爲"戠征西旁（方）"爲好，"戠征西旁（方）"可指秦穆公霸西戎之事。我在 2006 年的文章中説：

> 秦國在穆公之世，國勢强大，"東服强晋，西霸戎夷"，這時秦國在外交上常常干預東方諸侯政治，此時再説"肇撫東方"這樣的話，似乎未免有些落後於時代。上面也已經説過，從器形來看，此戈形制不會晚至春秋中期（約當秦穆公時代），所以，伯喪戈的年代，似不必在穆公及更晚的時代去考慮。

> 綜合上述，秦最早在憲公八年開始干預東方諸侯國政，至德、宣、成三公之世，東方梁、芮諸侯來朝已經習以爲常，秦又在宣公四年戰勝晋國於河陽。因此，戈銘"肇撫東方"所反映的，應該大致是春秋早期憲、出、武、德、宣、成這六位秦公時候的秦國外政。

現在看來，上述看法需重做檢討。春秋早中期的秦戈，器形無大變化。這五件伯喪戈，與前述子車戈形制差別不大。子車戈屬於秦穆公時代，則伯喪諸器也可以同時。伯喪戈銘所説"戠政西方"與"肇撫東方"，很可能都是秦穆公時代的

---

① 周法高《周秦名字解詁彙釋補編》卷下第 91 頁 261 條下引張澍曰"桑枝沃若也"，中華叢書編審委員會印行，不著年月。

實録,而非願景。

公孫枝是秦穆公時代非常重要的大臣。今搜求文獻,將公孫枝事迹略作編次。

1. 公孫支來自晉。《史記·李斯列傳》録李斯《諫逐客令》:

> 臣聞吏議逐客,竊以爲過矣。昔繆公求士,西取由余於戎,東得百里奚於宛,迎蹇叔於宋,來丕豹、公孫支於晉。此五子者,不産於秦,而繆公用之,并國二十,遂霸西戎。

此謂公孫支來自晉。《索隱》:"公孫支,所謂子桑也,是秦大夫,而云自晉來,亦未見所出。"《正義》引《括地志》云:"公孫支,岐州人,游晉,後歸秦。"

2. 公孫支舉百里奚。此故事有多個版本。《吕氏春秋·孝行覽·慎人》記載公孫枝進百里奚:

> 百里奚之未遇時也,亡虢而虜晉,飯牛於秦,傳鬻以五羊之皮。公孫枝得而説之,獻諸繆公,三日,請屬事焉。繆公曰:"買之五羊之皮而屬事焉,無乃天下笑乎?"公孫枝對曰:"信賢而任之,君之明也。讓賢而下之,臣之忠也。君爲明君,臣爲忠臣,彼信賢境内將服,敵國且畏,夫誰暇笑哉?"繆公遂用之。謀無不當,舉必有功,非加賢也。使百里奚雖賢,無得繆公,必無此名矣。今焉知世之無百里奚哉?故人主之欲求士者,不可不務博也。

《説苑·臣術》則説"公孫支乃致上卿以讓百里奚":

> 秦穆公使賈人載鹽於衛,徵諸賈人,賈人買百里奚以五殺羊之皮,使將車之秦。秦穆公觀鹽,見百里奚牛肥,曰:"任重,道遠以險,而牛何以肥也?"對曰:"臣飲食以時,使之不以暴;有險,先後之以身,是以肥也。"穆公知其君子也,令有司具沐浴爲衣冠與坐,公大悦。異日,與公孫支論政,公孫支大不寧,曰:"君耳目聰明,思慮審察,君其得聖人乎!"公曰:"然,吾悦夫奚之言,彼類聖人也。"公孫支遂歸,取鴈以賀曰:"君得社稷之聖臣,敢賀社稷之福。"公不辭,再拜而受,明日,公孫支乃致上卿以讓百里奚曰:"秦國處僻民陋,以愚無知,危亡之本也,臣自知不足以處其上,請以讓之。"公不許。公孫支曰:"君

不用賓相而得社稷之聖臣,君之禄也;臣見賢而讓之,臣之禄也。今君既得其禄矣,而使臣失禄,可乎？請終致之！"公不許。公孫支曰："臣不肖而處上位,是君失倫也,不肖失倫,臣之過。進賢而退不肖,君之明也。今臣處位,廢君之德,而逆臣之行也,臣將逃。"公乃受之。故百里奚爲上卿以制之,公孫支爲次卿以佐之也。

以上説公孫支舉薦百里奚,又説公孫支讓賢百里奚。《秦本紀》記載秦穆公得百里奚,事在秦穆公五年。《左傳》文公三年（公元前 624 年,秦穆公三十六年）記載王官之役秦伐晋獲勝,君子評論説："子桑之忠也,其知人也,能舉善也。"杜預注："子桑,公孫枝,舉孟明者。"孟明即百里奚之子百里孟明視。公孫支很可能先後舉薦百里奚父子,二事並不矛盾。

《吕氏春秋·不苟論·不苟》曰：

秦繆公相百里奚,晋使叔虎、齊使東郭騫如秦,公孫枝請見之。公曰："請見客,子之事歟？"對曰："非也。""相國使子乎？"對曰："不也。"公曰："然則子事非子之事也。秦國僻陋戎夷,事服其任,人事其事,猶懼爲諸侯笑。今子爲非子之事,退,將論而罪。"公孫枝出,自敷於百里氏。百里奚請之。公曰："此所聞於相國歟？枝無罪,奚請？有罪,奚請焉？"百里奚歸,辭公孫枝。公孫枝徙,自敷於街。百里奚令吏行其罪。定分官,此古人之所以爲法也。今繆公鄉之矣,其霸西戎,豈不宜哉？

此言秦穆公君臣不苟。若果有其事,似應在任用百里奚之初。又《吕氏春秋·孟夏紀·尊師》："秦穆公師百里奚、公孫枝。"又《新序·雜事》："秦穆公學百里奚、公孫支。"皆可附録於此。

3. 公孫支談晋惠公。《左傳》僖公九年（公元前 651 年,秦穆公九年）記載：

公謂公孫枝曰："夷吾其定乎？"對曰："臣聞之：'唯則定國。'《詩》曰：'不識不知,順帝之則。'文王之謂也。又曰：'不僭不賊,鮮不爲則。'無好無惡,不忌不克之謂也。今其言多忌克,難哉！"公曰："忌則多怨,又焉能克？是吾利也。"（杜預注："公孫枝,秦大夫子桑也。"）

《史記·趙世家》及《扁鵲倉公列傳》又講到公孫支記秦穆公的夢讖：①

> 趙簡子疾，五日不知人，大夫皆懼。醫扁鵲視之，出，董安于問。扁鵲曰："血脈治也，而何怪！在昔秦繆公嘗如此，七日而寤。寤之日，告公孫支與子輿曰：'我之帝所甚樂。吾所以久者，適有學也。帝告我："晉國將大亂，五世不安；其後將霸，未老而死；霸者之子且令而國男女無別。"'公孫支書而藏之，秦讖於是出矣。"

此讖講"晉國將大亂"事，是指晉獻公、惠公、懷公、文公、襄公五君之事。讖語應在事發之前。秦穆公元年相當於晉獻公十八年，秦穆公三十九年即晉襄公七年，秦穆公與晉襄公同年死。若確有秦穆公夢見天帝事，理應在秦穆公初年。

4. 公孫支建議秦賑晉饑。《左傳》僖公十三年（公元前647年，秦穆公十三年）：

> 冬，晉薦饑，使乞糴于秦。秦伯謂子桑："與諸乎？"對曰："重施而報，君將何求？重施而不報，其民必攜；攜而討焉，無衆必敗。"謂百里："與諸乎？"對曰："天災流行，國家代有，救災恤鄰，道也。行道有福。"丕鄭之子豹在秦，請伐晉。秦伯曰："其君是惡，其民何罪？"秦於是乎輸粟于晉，自雍及絳相繼，命之曰汎舟之役。

此事又見《史記·秦本紀》秦穆公之十二年：

> 晉旱，來請粟。丕豹說繆公勿與，因其饑而伐之。繆公問公孫支，支曰："饑穰更事耳，不可不與。"問百里傒，傒曰："夷吾得罪於君，其百姓何罪？"於是用百里傒、公孫支言，卒與之粟。以船漕車轉，自雍相望至絳。

---

① 秦穆公夢事，又見於《論衡·紀妖篇》和《風俗通義》卷一《皇霸》。王利器《風俗通義校注》："公孫支，字子桑。子輿即子車。《莊子·大宗師》有'子輿與子桑友'之說。《論語·雍也》有"仲弓問子桑伯子"的子桑伯子，《論語正義》："鄭以《左傳》秦有公孫枝字子桑，則以此爲秦大夫，恐非。"按，錢穆《先秦諸子繫年考辨·孔子弟子通考》："《莊子》云：'子桑戶、孟子反、子琴張三人相與友。子桑戶死，孔子使子貢往侍事。'桑戶《山木篇》作桑雽，《楚辭·涉江》作桑扈，云：'接輿髡首，桑扈贏行。'或謂即《論語》之子桑伯子，所謂太簡者也。《說苑·修文》記其不衣冠而處，即《涉江》所云贏行也。"已指出子桑伯子是桑扈（伯與扈/戶/雽爲通假字，我曾指出上博四《柬大王泊旱》之"泊"讀爲求雨雩祭之"雩"，《說文》云"扈，讀若阡陌之陌。從糸、戶聲"，皆是其證），與子輿爲友的子桑，以事迹看也可能是子桑扈，皆與秦大夫公孫支字子桑者無涉。

5. 公孫支與韓原之戰。《左傳》僖公十五年(公元前 645 年,秦穆公十五年)秦晉韓原之戰前,晉惠公使韓簡請戰:

> 秦伯使公孫枝對曰:"君之未入,寡人懼之;入而未定列,猶吾憂也。苟列定矣,敢不承命?"韓簡退曰:"吾幸而得囚。"

《左傳》僖公十五年(公元前 645 年,秦穆公十五年)記韓原之戰秦獲晉惠公,秦君臣議論如何處置晉惠公:

> 子桑曰:"歸之而質其太子,必得大成。晉未可滅,而殺其君,祇以成惡。且史佚有言曰:'無始禍,無怙亂,無重怒。'重怒難任,陵人不祥。"乃許晉平。

6. 子桑最後一次見於《左傳》,是在《左傳》文公三年(公元前 624 年,秦穆公三十六年):

> 秦伯伐晉,濟河焚舟,取王官及郊。晉人不出,遂自茅津濟,封殽尸而還。遂霸西戎,用孟明也。君子是以知秦穆公之爲君也,舉人之周也,與人之壹也。孟明之臣也,其不解也,能懼思也。子桑之忠也,其知人也,能舉善也。《詩》曰:"于以采蘩?于沼于沚。于以用之?公侯之事。"秦穆有焉。"夙夜匪解,以事一人",孟明有焉。"詒厥孫謀,以燕翼子",子桑有焉。(杜預注:"子桑,公孫枝,舉孟明者。")

綜合上述,公孫支的活動基本與秦穆公相始終,他應該看到了秦穆公霸西戎之盛況(《秦本紀》:"三十七年,秦用由余謀伐戎王,益國十二,開地千里,遂霸西戎。天子使召公過賀繆公以金鼓。"),因此戈銘可以説"戮政西方"。在内政方面,公孫枝能夠舉讓賢人,在對晉外交事務上他也發揮了重要的作用,所以戈銘又説"肇撫東方"。銘文概括了秦穆公世"東服强晉,西霸戎夷"的局勢,説明器主不是普通貴族,他又在銘文中以"秦政"與"有司"這種普通的稱號來自稱,實際上公孫支的地位,應與百里奚不相上下,所以,這應是身居高位而自我謙稱。

2019 年 4 月 29 日稿

原刊於《國學學刊》2019 年第 3 期,第 40—47 頁

0 1 2 3 釐米

圖一　甘肅甘谷毛家坪 M2059 號墓出土秦子車戈器形照片

0　1　2　3 釐米

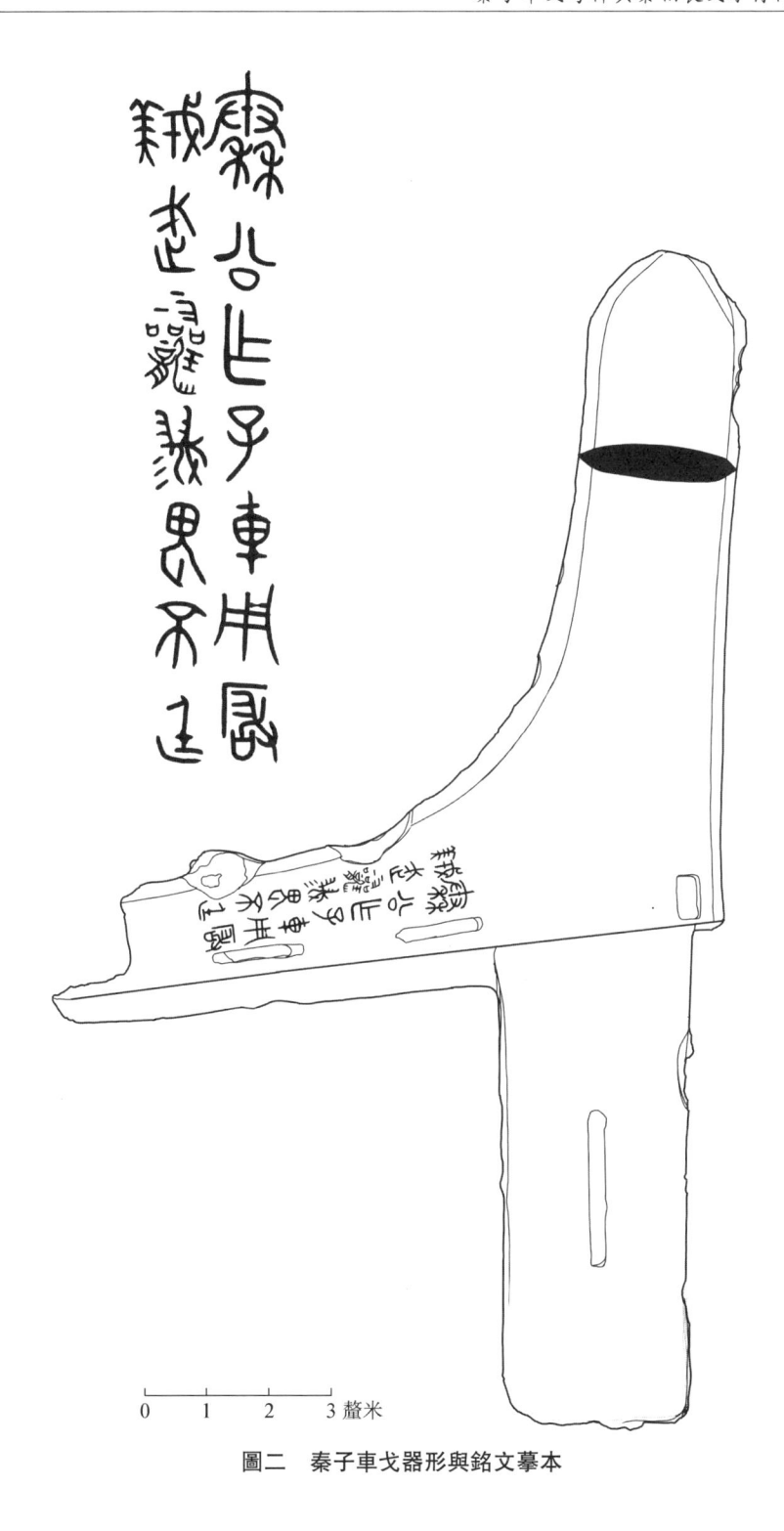

圖二　秦子車戈器形與銘文摹本

0 1 2 3 厘米

圖三　秦政伯喪戈(戊)器形與銘文拓本

圖四　秦政伯喪戈(戊)器形與銘文摹本

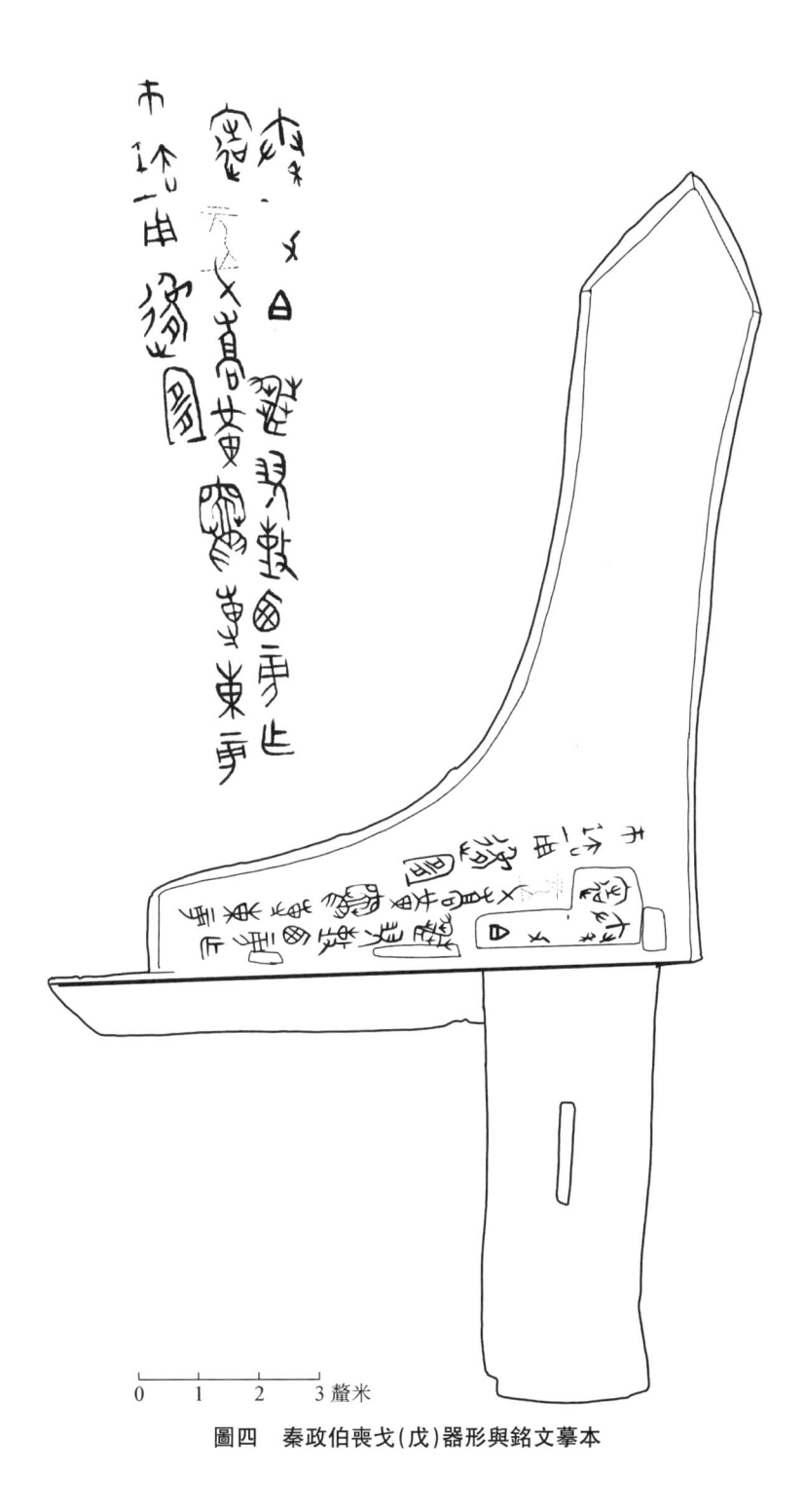

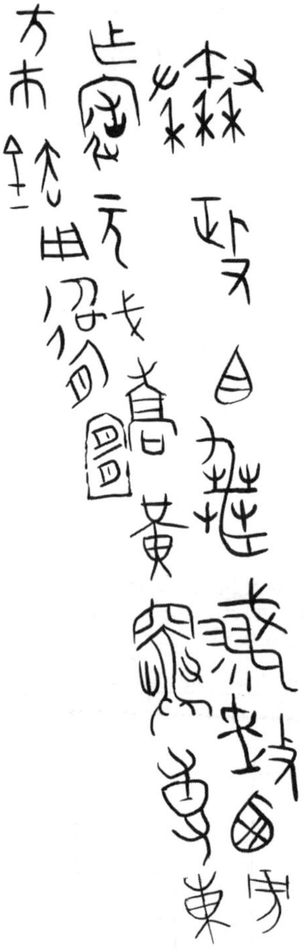

圖五　秦政伯喪戈（丙）銘文摹本 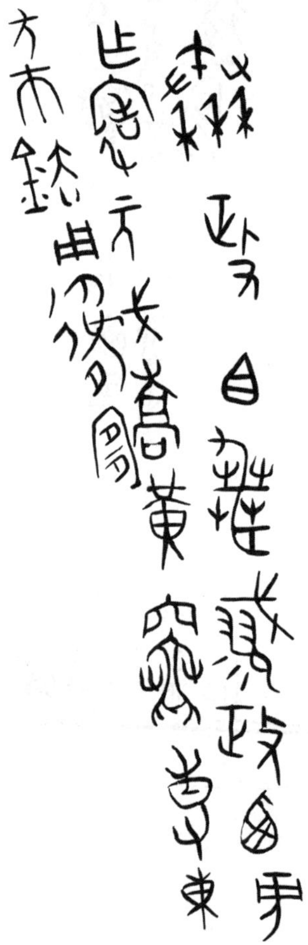　　圖六　秦政伯喪戈（丁）銘文摹本

石 鼓 文 考 證

緣起：讀《石鼓文整理研究》

最近拿到徐寶貴先生贈閲《石鼓文整理研究》(中華書局，2008年)一部，非常感動。我自從1992年在吉林大學隨劉釗先生、何琳儀先生學習，就在他們那裏得知有這麽一位徐先生，甘貧樂道幾十年，對於學術研究矢志不移，孜孜不倦，樂而忘憂。後來老師們便介紹我與徐先生相識。我曾和徐先生一同出差到北京，送《甲骨文字詁林》書稿至中華書局，事後又同去拜訪裘錫圭先生；後來徐先生和我又有過多次懇談。現在回憶起來，許多場景仍歷歷在目。轉眼已十餘年過去，徐先生無論境遇順逆，都十分樂觀，這也深深感染了我，總是激勵我在學術研究的道路上，要向徐先生看齊，不必去計較個人得失，只要專心從事自己的工作就好了。

自從認識徐先生那時起，就知道他是石鼓文研究專家，積稿盈篋，著述等身，但因生活的顛沛、社會的偏見等種種原因，未能及時出版，就正於學術界的機會也不多。現在，徐先生以堅忍不拔的毅力，終於完成了手中部分稿件的整理，由中華書局出版爲煌煌兩巨册，這真是一件有益學術的大好事。

我迫不及待地瀏覽了一遍徐先生這部大著。書前所列裘錫圭先生賜序，説：

> 我向讀者鄭重推薦這部專著。我當然不敢保證此書中所有的意見全都正確無誤(恐怕這樣的專著世上未必會有)，但我敢說這是迄今爲止關於石鼓文的最全面、最深入的一部研究著作。凡是學習和研究石鼓文的人，都應該閱讀、參考這部著作。

這已是很高的評價。在此，我想再次以我的閱讀體會，向大家介紹這部書。

其上册"研究篇"，就石鼓文版本方面的種種問題，做了極爲詳盡的考察，他在這方面所下功夫之細緻程度，恐怕在很長一段時間之内，難有人能出其右。這種研究在某些人看來，似瑣碎而無謂，我認爲其實不然。許多問題的解決需要依靠版本之校勘，徐先生犧牲了自己的時間，以最誠懇、平實的態度，提出他的真知灼見，爲我們今後的研究廓清了許多障礙和迷霧，以後的研究者都將從徐先生的這些基礎工作中受益匪淺。

徐先生對石鼓文的年代、次序、内容、價值等諸方面研究的見地，在該書的第七、八、九章得到充分的表現。例如關於石鼓文的製作年代，目前大家多傾向於在春秋戰國之間（或表述爲春秋晚期，或具體說爲秦景公之時）的看法，這固然因爲有馬幾道、陳昭容、王輝等先生討論在先，但最終能論定，很大程度上是得益於徐先生所製石鼓文字形與其他時代秦系文字的對照表。

尤其值得向讀者推薦的是該書第十章"石鼓文字考釋"。該章從前人浩繁的研究中，綜括其正確的、有道理的說法，又常常出以新意，其所談諸問題，能夠切中肯綮，要言不煩；又能多聞闕疑，時有"某說法優於其他說法"之類的話，而不做武斷定評，其態度謹慎，可以說是目前最好的考釋石鼓文之作。

不能免俗，也指出該書的兩個缺點。

下册"資料篇"第一"歷代有關石鼓文研究資料、論著目錄及引書目錄"中，臚列一些抄本甚至稿本等副本稀少的善本書，但有些沒有標注文獻收藏地點，這就讓想看此書的人很難找尋。此外，還有少部分出版物的著録格式不甚統一，也較難索引。我想，這恐怕與徐先生做研究歷時太久有關，許多文獻已較難回溯。

該書上半部分是徐先生自己多年研究的心得結晶，其重點介紹他認爲正確的或有道理的講法，第十章"石鼓文字考釋"不太涉及或較少介紹不同的意見。這固然是一種簡便的做法，但我覺得，這對於不瞭解石鼓文學術史的學者來說，是不大方便的。因爲如何裁剪衆說，隨個人的見解高低而不同，也可能不自覺地就包括了不客觀的好惡在裏面。爲了學術能有良好發展來考慮，總結前代各家之說仍是必要的。從資料篇的"論著目録"來看，徐先生已經編纂《石鼓文詁林》（國家社會科學基金項目），希望能夠儘快看到這部大書的問世，以解決上述問題。

從我對徐寶貴先生其人其書的瞭解來看，我認爲，這部書充分體現了"書如其人"這句古訓。不但字如其人，著述亦如其人。不是徐先生這樣性格誠懇的人,實難完成這樣一部豐富扎實的大書。

我近年在閱讀石鼓文時,曾積累過一些想法。由於各自奔忙,我與徐寶貴先生已經多年未曾謀面,這些想法也就一直没有機會請他當面賜教。今讀徐先生大著,又給了我不少啓發。所以,我一鼓作氣把這些想法改寫出來,謹向徐先生及學界請益。

首先説明幾點:1. 十鼓的次序、行款、缺字及斷句,徐寶貴先生用力最勤,所論都比較合理,本文以其所論爲准;2. 本文寫作目的是通讀十鼓,並提出一些新看法,對於没有什麽意見的字詞或徐先生已經做出正確按斷的,大致據徐先生所按斷來括注,不多涉及;3. 本文引述各家説法,已見於徐先生所著書的,皆不出注,請參看徐書;4. 石鼓文研究文獻浩瀚,而我所見甚少,這裏所談的某些看法,或許前人已有類似的觀點而我未讀到,歡迎大家爲我指出,也原諒我的孤陋寡聞。

一、《而　師》

□□□□,□□□□。□□□□,□□而師(次),弓矢孔庶,□□□□,□□□以。左驂□□,滔滔是戡。□□□不(否),具舊□復,□具肝來。□□其寫,小大具□。□□來樂,天子□來。嗣王始□,古(故)我來□。

"滔滔是戡":徐寶貴先生釋"戡"爲"試",讀作"滔滔實試(熾)"。我以爲,字釋爲"試"可從,此句是"戡是滔滔"的句式之變,"是"作爲代詞,指示"滔滔"作"試"之前置賓語。與《大雅·嵩高》"南國是式"句式又作"式是南邦"相比類,《而師》此句即"試是滔滔"之倒。《詩·大雅·江漢》有"武夫滔滔"及"武夫洸洸"句,《正義》:

《傳》以"洸洸"爲"武貌",則此言"滔滔,廣大"者,亦謂武夫之多大,故侯苞云:"衆至大也。"

疑石鼓"滔滔"亦與《江漢》同指武夫之衆多且大,"試是滔滔"意即習試武夫,古代田獵多具有軍事演習的性質,疑即此意。

"具舊□復,□具肝來,□□其寫,小大具□":三"具"字皆讀爲"俱",訓"皆"。"具舊□復"句意似某種舊有的事物得到恢復。徐寶貴先生認爲後三句"是描寫人的",我同意此説。"肝來"從强運開説,讀與《吕刑》"王曰吁來"之"吁來"同,我認爲"□具肝來"意思是周王將某種人都招唤來。

"寫",當從章樵説讀爲"卸",《説文》:"卸,舍車解馬也。從卩、止、午(小徐本作:午聲)。讀若汝南人寫書之寫。"石鼓文"寫"字凡三見,均是止車税駕的意思,參看下《田車》鼓"宫車其寫"、《鑾車》"四馬其寫"句。

按此石雖然殘泐較甚,但其中有"天子□來"、"嗣王始□"句,提到周天子,而刻石屬秦,"天子□來"很可能是指周天子來至關中之地,參加這次游獵。"古(故)我來□",似總説石鼓文所記事件的起因。這對於判斷石鼓文年代、性質很重要。

二、《汧殹》

汧殹沔₌(沔沔),丞(承)皮(彼)淖(沼)淵。鰋鯉處之,君子漁之。溝又(有)小魚,其斿(游)趨₌(珊珊、汕汕)。帛(白)魚鱳(鱳鱳),其籃(盗—罩)氐(低、底、致)鮮。黄白其鯾(鯾、鮋),有鰺有鮊。其□(類)孔庶。饗之朢₌(迫迫),汪₌(瀚瀚)趨₌(溥溥)。其魚隹(唯)可(何)? 隹(唯)鱮隹(唯)鯉。可(何)以橐(苞)之? 隹(唯)楊及柳。

此章講在汧水下籠致魚。

"丞皮(彼)淖淵":"淖淵"可讀爲"沼淵",見《荀子·王制》:"汙池淵沼川澤,謹其時禁,故魚鼈優多而百姓有餘用也。"石鼓"淵沼"爲押韵而倒文作"淖(沼)淵"。"丞"讀"承",謂汧河上游承接淵沼。

"其籃氐(低)鮮":"籃"字從竹、盗聲,應從張政烺先生讀爲"篧"(定母宵部)或"罩"(定母宵部)。《爾雅·釋器》"篧謂之罩"郭注:"魚籠也。"邢昺疏:"李巡云,篧,編細竹以爲罩。"《詩·小雅·南有嘉魚》"南有嘉魚,烝然罩罩",毛《傳》:"罩罩,篧也。"鄭玄《箋》:"言南方水中有善魚,人將久如而俱罩之。"《釋文》:"罩,《字林》竹卓反,云捕魚器也。篧,助角反,郭云:捕魚籠也。"

"氐"字徐寶貴先生指出竪畫上有三横筆,這很正確。"氐鮮"可以與害簋銘(《集成》04258-04260)"官嗣(司)尸(夷)僕、小射、𠂤魚"之"𠂤魚"相對看。陳夢家云:"𠂤魚是刺魚、射魚之職。"① 今按:"𠂤"諧"氏"聲,與"底"、"致"均音近義通,可訓爲致、止、待,基本詞義是使行者止(參看《故訓匯纂》209頁)。"鮮"即生魚,爲求押韵而變字。"氐鮮"與"𠂤魚"同義,是致魚、捕魚的意思。

　　"其埶孔庶":"埶"可从"立"聲而讀爲"類"。古文字"立"及其諧聲字有"立"(來母緝部字)、"位"(匣母物部字)二音;類,來母物部字,與"立"聲同韵異,與"位"韵同聲異。《説文》:"埭,臨也。从立、从隶(小徐本:从隶聲)。""埭"即古書中"苙"、"涖"字之《説文》正體。而"苙"、"涖"从"立"爲基本聲符。"埭(苙、涖)"是來母物部字,與"類"字聲、韵皆同。由此可見,"埶"可讀爲"類"。"其埶(類)孔庶"是説魚的種類很多,本篇前後提到:鰋、鯉、小魚、帛(白)魚、鱮、鰟、鮊、鰅、鯉,計約八種。

　　"欂之㒸＝(迫迫)":"欂"字似可讀爲"攔",指將捕獲的魚放在水中圍欄中。

　　"汓＝(瀚瀚)趄＝(溥溥)",指圍欄中魚多的樣子。

三、《靈雨》

　　□□□癸(?),霝雨□＝。流迄滂滂,盈淋(海)濟濟。君子即涉,涉馬□流。汧殹洀洀,䓕＝(萋萋)□□,舫舟囪(從)逮。□□自廊(盧),徒馭湯湯,隹(維)舟以衍(行),或陰或陽。极(楫)深以□(檠?),□于水一方。勿□□止,其奔其敬,□□其事。

此篇講在汧水中行船濟渡。

"流迄":"迄"即"迄"字異體,可讀"溉","流溉"謂雨水周流灌注。

"淋"字从"某"聲,以"梅"或作"楳"例之,"淋"可讀爲"海",指大池或大湖。《漢書·蘇武傳》:"〔匈奴〕乃徙武北海上無人處,使牧羝。"《説郛》卷五二引宋程大昌《北邊備對·四海》:"若夫西北二虜,有西海、柏海、青海、蒲類海、蒲菖海、居延海、白亭海、鮮水海,皆嘗並海立稱矣。然要其實致,則衆水鍾爲大澤,如洞

---

① 陳夢家:《西周銅器斷代》上册,中華書局,2004年,第226頁。

庭、彭蠡之類,故借海以名之,非真海也。"程大昌雖據宋代遼金而言,實則大湖池應先稱"海",後來引申爲海洋。"盈海"謂靈雨致使水漲,盈湖溢池。

"君子即涉,涉馬□流":謂君子來至渡口,用某種方式渡馬過河。

"𦷺＝□□":"𦷺"可視爲"萋"與"淒"二字合體,《説文》:"淒,雲雨起也。从水、妻聲。《詩》曰：有渰淒淒。"今本《毛詩·小雅·大田》作"萋萋",《傳》:"萋萋,雲行貌。"

"舫舟囪(從)逮":"舫舟",《爾雅·釋言》"舫,舟也",又《爾雅·釋水》"天子造舟,諸侯維舟,大夫方舟,士特舟,庶人乘泭"。"方舟"即"舫舟",郭璞注皆謂"幷兩船"。"囪(囪)逮"之"囪"讀爲"從",《禮記·檀弓上》"喪事欲其縱縱爾",鄭玄注:"縱讀如總領之總。""逮"訓爲"及","從逮",從行而及。

"徒馭湯湯,隹(維)舟以衍(行),或陰或陽":似謂衆多徒馭在兩岸維繫牽引舟船而行。"極深以□"末一字,諸學者以入韻字猜測爲"槳"字,似可信。"極",當據鄭樵、郭沫若說讀爲"楫",意思是划水。《詩·大雅·棫樸》:"淠彼涇舟,烝徒楫之。"高亨《詩經今注》:"楫,划船。"①《詩經·秦風·蒹葭》"所謂伊人,在水一方",毛《傳》:"一方,難至矣。"鄭玄《箋》:"在大水之一邊。"《正義》:"喻其遠而難至。"《靈雨》"□于水一方"亦是此意。句意似謂：至河水深闊之處,徒馭已不能牽引,則用槳划水以艱難擺渡到遙遠的對岸。"其奔其敢"似是説徒馭追趕行船,時奔時止的狀態。

"鄜"字地名,兩見石鼓,又《鑾車》云"徒馭孔庶,鄜□宣搏"。張政烺、唐蘭、許莊説此地名讀爲《史記·秦本紀》"文公十年,初爲鄜畤"之"鄜",《集解》引徐廣云:"鄜縣屬馮翊。"後人多信從此説。今按此説實不可信。首先,"鄜"與"鄜"難以相通,"鄜"字《説文》正篆作"鄜",云:"鄜,左馮翊縣。从邑、䳓聲。""鄜(鄜)"是脣音宵部字,與來母魚部字"鄜"的聲、韵都不同。其次,漢之左馮翊鄜縣,即今陝西延安之富縣(原稱鄜縣,1964年改稱),其地相距汧河過於遙遠,不可能是石鼓文所記之地。

我以爲"鄜"當讀爲《漢書·地理志》安定郡屬縣之"鹵",《説文》:"虜,廡也。从广、虜聲。讀若鹵。"

《地理志》云"安定郡,武帝元鼎三年置"下屬縣二十一,有"鹵,濯(一作濯)水

---

① 高亨：《詩經今注》,上海古籍出版社,1980年,第383頁。

出西"。在置安定郡前,鹵縣當屬秦時已設的北地郡。張家山 M247 漢簡《二年律令》簡 451 列舉縣、道名"武城、翟道、烏氏、朝那、陰密、郁郅、薗(鹵)、楬邑、歸德(德)、昫(朐)衍、義渠道、略畔道、朐衍道"。其中"薗"即安定郡之"鹵"。

"鹵"之地望在過去不可考。1985 年春至 1987 年冬,甘肅崇信縣在錦屏、九功、赤城、銅城等鄉鎮徵集到一批鈐印有"鹵市"、"市"、"亭"字樣的戰國秦陶器,舉例如下:

甘肅崇信出土戰國秦"鹵市"陶文

據簡報介紹,這批陶器多數出自當地墓葬,時代上限爲戰國中期,下限可晚至秦統一。① 據此,《漢書·地理志》安定郡之"鹵"就應該位於此地。甘肅崇信縣毗鄰陝西隴縣(秦汧邑)、距千(汧)陽、寶雞均不甚遠,因此,石鼓文之"𨟃"必讀爲安定郡之"鹵"無疑。

四、《馬薦》

□=□=,□天□虹,□皮□走。驕=(濟濟)馬䔟(薦),葦=茾=。微=雉□,□心其一。□□□□□□□□□□之。

此篇殘甚,但"虹"(東部)與"走"(屋部)或可能爲韵腳,陽、入通押。又"䔟(薦)",文部;"茾",真部;"一",質部,真、文合韵,真、質通押。

五、《乍原》

□□□猷,乍邍(原)乍□。□=□=,道𨒌(遄—就)我䤈(始)。□□□除,帥皮(彼)

---

① 陶榮:《甘肅崇信出土的秦戳記陶器》,《文物》1991 年第 5 期,第 90—94 頁。

阪□。□□茻（草），爲卅（三十）里。□□微，徵=（秩秩）㯱（卤　攸　所）罟。□□□栗，柞棫其□。□□橪（棕）楷，甹=（祇祇）鳴□。□=□□，亞箸其華。□=□□，爲所斿（遊）毄（累）。□□䱉道，二日尌（樹）□，□□五日。

此章講除道和在各種樹木之間設網捕鳥這兩方面的內容。

徐寶貴先生認爲，該篇"叙述整治原野，疏通河流，治理道路，栽植樹木等情況"，其"除道"是爲田獵做準備。

"乍邍（原）乍□"：兩"乍"字可解作虛詞，訓爲"暫"，①謂行路中地形多變，"原"與"□"交替短暫出現。

"道遲我嗣"："遲"字作爲偏旁，又見於秦公簋，這兩個字寫作：

（《乍原》）　　（秦公簋）

簋銘增從"尤"旁，"尤"應是疊加聲符。我認爲，"辵"、"尤"旁以外的部分，應該是"帚"字之省體。"帚"與"彗"字形相關，彗從兩個"帚"之省形，可見省去下半部分的"帚"仍可作爲偏旁存在。石鼓《乍原》該字可隸定爲"遉"。"帚"與"就"聲音相近：埽，心母幽部，帚，章母幽部；就，從母幽部，尤，匣母之部（肘，端紐幽部）。《說文》"就"亦應從"尤"爲聲。秦公簋銘讀"以卲（昭）皇祖，其嚴就各（格），以受純魯多釐"，"就"訓至、來、即，與"各（格）"義近並列。

《乍原》"道遲我嗣"可讀作"道就我始"，結合上下文，其句義謂：因地形多變，此處本無道路，由我秦人才開始除道。下文"□□□除，帥皮（彼）阪□。□□□茻（草），爲卅（三十）里"，即講除道。珍秦齋藏越王差徐戈銘："戉（越）邦之先王未得居乍（胥—蘇）金（陰），就（由）差邾（徐）之爲王，司（始）得居乍（胥、蘇）金（陰）。"我曾指出，"就"可讀爲"由"，《呂氏春秋·下賢》"就就乎其不肯自是"高誘注："就就，讀如由與之由。"②"由……始……"是古漢語常見的結構：

---

① 《說文》"乍，止也。一曰：亡也。从亡、从一。"小徐本作："從亡、一。一，有所礙也。"徐鍇曰："出亡得一則止，暫止也。"

② 按："由與"即"猶豫"，《孟子·萬章下》："與鄉人處，由由然不忍去也。"

鄭伯由是始惡于王。　　　　　　　　　　　　（《左傳》莊公二十一年）
庭燎之百，由齊桓公始也。大夫之奏《肆夏》也，由趙文子始也。（《禮記·郊特牲》）
故梁楚之歡，由宋就始。　　　（《新序卷四·雜事第四》"梁有大夫宋就者"章）

差徐戈銘文是說：越邦之先王不曾（未嘗）居"乍金"這個地方，由"差徐"爲王之世，開始能居於"乍金"。① 上述例句均與《乍原》"道迊（就）我嗣（始）"結構相類，可支持本文的讀法。

"徲=（秩秩）亶（卣—攸—所）罟"：應爲"所罟秩秩"的倒文，"所罟"是指鳥，"徲="讀"秩秩"或"喈喈"，形容鳥鳴。

"爲所斿（遊）埶（累）"："所斿（游）"即遊樂之處所，末字"埶"從"圣"聲，讀"累"（"圣"字考釋另詳），句意謂飛鳥被所遊樂的花草樹木牽累，以致誤入羅網。

六、《吾　水》

遯（吾）水既瀞（清），遯（吾）道既平。遯（吾）□既止，嘉尌（樹）則里（理），天子永寧（寧）。日隹（唯）丙申，昱=薪=。遯（吾）其周道，□馬既迪（陳）。敖□康康，駕弇（六）鑾□。左驂□□，右驂騝=。□□□□，母（毋）不□□，四輪（翰）霝=（霝霝），□□□□。公謂大□：金（今）及如□□，害（曷）不余䜌（友）？

此章先述在田獵前的環境、日期，再講參獵兩方組織隊伍人馬。這與《詩·小雅·車攻》"之子于苗，選徒囂囂。建旐設旄，搏獸于敖"之"選徒"相類。

"敖□康康，駕弇（六）鑾□。左驂□□，右驂騝騝"："敖"字，徐寶貴先生指出中權本所存字形較爲完整，其右下有"又"旁，左下所從不清晰。今按：該字上半部分可與秦封宗邑瓦書"大田佐敖童曰未"之"敖"字寫法相比較：

（《吾水》）　　　　（秦封宗邑瓦書）

可見該字似從"敖"聲，但其寫法與《鑾車》之"鶩"的"敖"旁不同。似可讀"勢"，

---

① 參看董珊：《越王差徐戈考》，《故宮博物院院刊》2008 年第 4 期。

《説文》:"勢,健也。从力、敖聲。讀若豪。"

"駕奔盦□"之"奔"與《鑾車》篇之"趚趚奔馬"之"奔"字寫法相接近:

（《吾水》）　　（《鑾車》）

《吾水》該字殘勒較甚,但整體形態與《鑾車》"奔"字相類,筆勢有小變,摹本中間之小圈應爲石花。《説文》:"奔,兩手盛也。从収、屶聲。"从"屶(先)"爲聲,而"先"从"六"爲基本聲符,故"奔"字可以讀爲"六"。《鑾車》篇"六轡"之"六"作一般寫法,與此"奔"字不同,其猶"敖"字、"余"字皆有兩類寫法。

"駕六"或"六馬"是指六馬駕車。《毛詩·干旄》《正義》引許慎《五經異義》：

> 天子駕數,《易》孟、京,《春秋公羊》説天子駕六。《毛詩》説天子至大夫同駕四,士駕二。《詩》云"四牡彭彭",武王所乘;"龍旗承祀;六轡耳耳",魯僖所乘;"四牡騤騤,周道倭遲",大夫所乘。謹案,《禮·王度記》曰：天子駕六,諸侯與卿同駕四,大夫駕三,士駕二,庶人駕一。"説與《易》、《春秋》同。

此説天子駕六,諸侯駕四。先秦馬車多爲四馬,在曾侯乙墓遣策中,有一車駕四馬與駕六馬兩種情況。東周時代禮制僭越情況嚴重,駕六已並非周天子的專利。但在石鼓文中,由於本篇及《而師》出現"天子"、"嗣王"與"公"這兩類稱謂,我認爲駕四、駕六所反映的禮制適可成立,石鼓文是記載秦公與周天子同獵之事,所以出現天子之"駕六",以指代周天子。駕"四轆(翰)"的則是秦公。

此篇未出現任何開始田獵的詞句,應是講兩方正在組織田獵隊伍,挑選、邀請各自人員的情況。"公謂大□,金(今)及如□□,害(曷)不余魯":"魯"讀"友","害(曷)不余友"即秦公向周天子的臣屬"大□"發出邀請：何不作我的友僚？

"余魯"二字均據徐寶貴先生所釋。此種寫法的"余"尚見於如下兩器:

（《吾水》）　　（《集成》02766）

（《集成》01502）

其中《集成》02766 鼎銘"余"字形有三種寫法,適可與石鼓"余"也有兩種寫法相比,説明"余"字筆勢之多變。

七、《田車》

田車孔安,鋚勒馬_,四(駟)介既簡。左驂旛旛,右驂騝騝,避(吾)以陸(躋)于邍(原)。避(吾)戎止陕(顛),宫車其寫(卸)。秀(抽)弓寺(待)射,麋豕孔庶,麀鹿雉兔。其趫又(有)斾,其□奔亦。□出各亞,□□吴□(初?),執而勿射。多庶趯_(躍躍),君子直(卣—攸—所)樂。

此石記圍獵之始。

承上《吾水》石所記選擇人馬,此篇先講選車(田車)及其裝備(鋚勒、四介)。"介"從徐寶貴先生説,指馬甲。但"四(駟)介既簡"之"簡"當讀爲"揀",是説駕車的四馬之甲既已簡擇。

"避(吾)以陸(躋)于邍(原)":"陸"原從"片"(析)聲,《説文》:"躋,登也。從足、齊聲。《商書》曰:予顛躋。"今本《微子》作"予顛隮"。該字亦見於述盤:"雪朕皇考龏叔,穆穆趩趩,龢(和)訽(均)于政,明陸(濟)于德,享辟屬王。""原"指關中常見的黄土臺地。

"避(吾)戎止陕(顛)":"陕"字應視爲從"阜"、"矢"聲(書母脂部),是"山巔"之"巔"(定母真部)的異體,在此句用爲"巔頂"義。句意謂我乘田車登於高原,我的戎車止於獵場最高處。這都是爲了便於觀覽並指揮控制全局。

《毛詩正義·駟驖》云:"若君所乘者,則謂之田車。"又《周禮·春官·車僕》"掌戎路之萃",鄭玄注:"此五者皆兵車,所設五戎也。戎路,王在軍所乘。"田車與戎並見,乘車者似是兩種不同身份。"宫車其寫(卸)"之"寫"與前文"避(吾)戎止陕(顛)"之"止"同義對文,可證明"寫(卸)"的詞義就是"止"。這句是説觀獵者所乘的宫車也停在此處。

"秀(抽)弓寺(待)射":"秀(抽)"從馬叙倫説,"寺(待)"與下文"弓兹以寺(待)"同讀,從吴廣霈説讀爲"待"。

"其趫又(有)斾,其□奔亦,□出各亞":"其趫又(有)斾"爲"其趫斾斾"句式之變,徐寶貴先生言之已詳。"趡"讀爲"擄"或"虜",訓爲"獲","旂旂"讀"陳陳",指所獲獵物相互枕藉陳列之貌。"其□奔亦":"亦"讀爲"舍",訓爲"止",似説圍獵中尚未被射殺的動物或奔或止;"□出各亞"之"亞"應是指隨從之武官,即古文獻、古文字資料所見的掌管軍旅的武官名稱(參看《甲骨文詁林》2898 頁"亞"字頭下)。句意謂捕獲獵物已經不少,而獵圍中的動物或奔或止,有的正在出逃,跑向周圍的武官。

"多庶趩₌":郭沫若認爲是指從獵衆庶之欣欣然喜悦。觀上下文,似"趩₌"可讀"躍躍",指衆多被活捉的獵物關在牢中,踴躍掙扎的狀態,此爲君子所樂於看到之事,所以上文説"執而勿射",就爲了看這些動物的活蹦亂跳。

八、《車 工》

避(吾)車既工,避(吾)馬既同,避(吾)車既好,避(吾)馬既駐。君子員(云)避(獵),員(云)避(獵)員(云)斿(遊)。麀鹿速速,君子之求。觲₌(觲觲)角弓,弓兹以寺(持)。避(吾)毆其特,其來趩趩。趩₌(趩趩)㲋(㲋),即邀(御)即時(塒)。麀鹿越越,其來亦次。避(吾)毆其樸,其來遺₌,射其貐(豻)蜀(獨)。

這篇是講另一場圍獵,但被圍獵的動物是鹿群,不包括其他。

"君子員(云)避(獵),員(云)避(獵)員(云)斿(游)":"云 A 云 B"的句式,又見於 1959 年 12 月安徽淮南市八公山區蔡家崗趙家孤堆戰國墓出土工吳太子姑發劍銘文(M2.18.6,《集成》11718)"云用云獲"。

"麀鹿速速,君子之求":"速"讀爲《爾雅·釋獸》"鹿,其迹速"之"速",《釋文》作"䗬",云:"本又作速。"《説文》:"䗬,鹿迹也。从鹿、速聲。""之"當訓爲"所",古文字資料中有許多"主語+之+謂語+賓語"的句式,①與此例同。

這句話是説行進中看到鹿迹,這正是君子所尋的獵物。其重點求獵麀鹿即母鹿,爲活捉母鹿,下文講到驅趕領頭的雄鹿"特"、"樸",並持弓待射離群的雄鹿"貐蜀",以防其引誘入圍的母鹿離開。

---

① 參看趙平安《試論銘文中"主語+之+謂語+器名"的句式》,《古漢語研究》1994 年第 2 期,第 46—48 轉 88 頁。但趙先生不同意"之"訓"所"的看法。這個問題涉及語法史,比較複雜,另詳。

"弓茲以寺"與前"秀弓寺射"兩"寺"字統一解釋，讀爲"待"。

"麀鹿趚趚"之"趚"讀爲"趑"，从"朿"聲字每每與諧"次"聲字相通假，《說文》："趚，蒼卒也。从走、朿聲。讀若資。"又："趑，趑趄，行不進也。从走、次聲。"

"麀鹿趚趚，其來亦次"：亦，原釋爲"大"，各拓本"大"字形兩腋下皆有小點，從前被認爲是石花，今結合文意看，當改釋爲"亦"字。句意謂母鹿雖不願前進，但跟隨領頭雄鹿，亦次序而來。

"避（吾）歐其樸，其來遺＝"："遺遺"似可以讀爲《說文》"項，頭項項，謹皃。从頁、玉聲"之"項項"，指被驅趕的雄鹿謹慎不前的樣子。①

九、《鑾車》

□□鑾車，秦㹂真□，□弓孔碩，彤矢□□。四馬其寫（卸），六轡驁（沃）箸（若）。徒馭孔庶，廓（鹵）□宣搏。旹（輕）車犚（載）行，□徒如章，邍（原）濕（隰）陰陽。趚趚奔（六）馬，射之䠧＝（秩秩）。赶（序）□如虎，獸（狩）鹿如□。□□多賢，迪（陳）禽□□，避（吾）隻（獲）允異。

這一章講圍獵的最後場景。

"秦㹂真□"："秦㹂"讀"述次"，詞見陳劍先生曾討論過的如下兩篇西周金文，寫作"述即"：②

交鼎（《集成》02459）：交從䚘（戰），述即（次）王，錫貝，用作寶彝。

長由盉（《集成》09455）：唯三月初吉丁亥，穆王在下減應，穆王饗醴，即井伯、大祝射，穆王蔑長由以述即（次）井伯，井伯氏（視）孶（引）不姦，長由蔑曆，敢對揚天子不杯休，用肇作尊彝。

交鼎是講戰爭時器主交隨從出戰，因周師分爲左、中、右幾列，交在王所率的

---

① 參看董珊：《新蔡楚簡所見的"顓頊"和"雎漳"》，簡帛研究網（http://www.bamboosilk.org/admin3/html/dongshan01.htm, 2003/12/07）。

② 陳劍：《據郭店簡釋讀西周金文一例》，原刊《北京大學古文獻研究中心集刊》第2輯，北京燕山出版社，2001年；後收入氏著《甲骨金文考釋論集》，綫裝書局，2007年，第20—38頁。

那支隊伍,與周王相配伍比次。長由盉則是說射禮時,王委派長由與井伯一方爲伍。"逑次"是在行列中相配合、比次的意思。①《鑾車》鼓"犇欪真□"承上句"□□鑾車",其主語應即"鑾車",是說衆多鑾車比次的狀態。

古之田獵,有"驅逆之車",負責將野獸趕向君主,讓君主活捉。《車工》說"避(吾)毆其特,……避(吾)毆其樸","毆"、"驅"古本同字,皆指駕車驅獸。爲使野獸不出獵圍,各車之間有分工合作關係,此應即《鑾車》"□□鑾車,犇欪真□"的含義。

本章所提到車,有"鑾車"、"甹(輕)車"兩種,車所配備的馬有四馬"四馬其寫(卸),六轡沃若",和六馬"趍趍六馬"兩種,反映有主、賓兩方。"甹(輕)車"亦見九年衛鼎銘(《集成02831》),似皆可讀爲"輕車"。甹,心母耕部;輕,溪母耕部。根據匽伯聖匜(《集成》10201)之"聖"字有加注"生"聲的寫法,歟鐘、鎛銘文(《新收》482-498)"磬"字寫作从"声"、"聖"兩個聲符來看,"磬(籀文作殸)"字亦應該从"生"聲爲諧聲偏旁。《詩·大雅·雲漢》"有嘒其星",《說文·言部》引作"有謑其聲","星"、"聲"相通假,亦可證明"生"可作爲"磬"之聲符。而"馨"、"磬(古文作硜)"與"輕"均屬曉母耕部,可證"甹"、"輕"音近。

"鑾車"、"甹(輕)車"在田獵中並爲驅逆之車。《秦風·駟驖》"輶車鸞鑣,載獫歇驕",毛《傳》:"輶,輕也。"鄭《箋》:"輕車,驅逆之車也。置鸞於鑣,異於乘車也。"《正義》曰:"《夏官·田僕》:掌設驅逆之車,注云:驅,驅禽使前趍(趨)獲;逆,御還之,使不出圍。然則田僕掌田,而設驅逆之車,故知輕車即驅逆之車也。若君所乘者,則謂之田車,不宜以輶輕爲名。"

《周禮·春官·車僕》:"掌戎路之萃,廣車之萃,闕車之萃,苹車之萃,輕車之萃。"鄭玄注:"此五者皆兵車,所設五戎也。戎路,王在軍所乘也。廣車,橫陣之車也。闕車,所用補闕之車也。苹猶屏也,所用對敵自蔽隱之車也。輕車,所用馳敵致師之車也。"

"六轡鶩(沃)箬(若)":語見《詩經·小雅·皇皇者華》,《文選》卷四十謝玄輝《拜中軍記室辭隋王箋》"駕騫之乘,希沃若而中疲",李軌注:"《詩》曰:我馬維

---

① 陳劍先生此文還討論了義盉蓋銘(集成09453):"唯十又一月既生霸甲申,王在魯,卿(合)即(次)邦君、諸侯、正、有司大射,義蔑曆,罘于王述,義錫貝十朋,對揚王休,用作寶尊盉,子子孫其永寶。"其注釋引用金美京的意見,釋"卿(合)即(次)"之"次"意爲"比次"(第21頁注釋3)。可從。

駱,六轡沃若。沃若,調柔也。"

"徒馭孔庶,廓(鹵)□宣搏":"宣"訓爲"徧","搏"即《詩·小雅·車攻》"搏獸于敖"之"搏"。"宣搏"謂徒馭在廓(鹵)地獵場與野獸四處搏鬥。

《鑾車》前半部分對驅逆之車、君主之車、徒馭各涉及兩次,似分別描寫兩個場景:

"□□鑾車,萃欶真□,□弓孔碩,彤矢□□。四馬其寫(卸),六轡鷟(沃)箬(若)。徒馭孔庶,廓(鹵)□宣搏":以鑾車代表驅逆之車,是說秦公一方開始清理獵場,君主開始止車卸馬休息,其徒卒四處與野獸搏鬥。

"眚(輕)車靦(載)行,□徒如章,邍(原)溼(隰)陰陽。趯趯奔(六)馬,射之䇂₌(秩秩)":以輕車表示驅逆之車,是說駕六馬的周天子一方的君臣車馬徒馭,仍在到處射搏野獸。

"□□多賢,迪(陳)禽□□,避(吾)隻(獲)允異":其中"多賢"一詞,爲並列複合結構,清王紹蘭《說文段注訂補》"賢"字下解釋石鼓文說:"尋其上下文,理當爲獲獸衆多之義。"這有道理。① 還可參看陳劍先生論柞伯簋銘讀爲"敬有賢則獲"之"賢"字詞義:②

> "賢"在古代有"多於"、"勝過"一類的意思。如《呂氏春秋·順民》"則賢於千里之地"高誘注:"賢猶多也。"《小爾雅·廣詁》:"賢,多也。"《論語·陽貨》"爲之,猶賢乎己"皇侃疏:"賢猶勝也。"《淮南子·說山》:"無以歲賢昔,日愈昨也。"高誘注:"賢、愈,猶勝也。"……材料很多,不具引。"多於"和"勝過"在意義上有相通之處,勝過的具體表現往往就是在某一方面多於相比較的對象。這種用法的賢字,在古書中有關射禮和相類的投壺禮的記載中屢次出現。……(引者按:諸例不具引)……射禮起源於田獵,而田獵是以射中禽獸爲"獲"的,因此射禮中射中目標也叫"獲"(原注:參看楊寬先生《古史新探·"射禮"新探》,中華書局,1965年10月)。

古代有所謂"獵較"之禮俗,《孟子·萬章下》講到孔子隨魯人"獵較",趙岐

---

① 參看楊寬:《西周史》,上海人民出版社,1999年,第738頁。
② 陳劍:《柞伯簋銘補釋》,原刊於《傳統文化與現代化》1999年第1期;後收入氏著《甲骨金文考釋論集》,第2—3頁。

注:"獵較者,田獵相較奪禽獸,得之以祭,時俗所尚,以爲吉祥。孔子不違而從之,所以小同於世也。"所謂獵較,是在田獵結束時比較獵物好壞多寡。這種有競技性的田獵活動,應視爲射禮的起源。① 焦循《孟子正義》轉引周氏柄中《辯正》引楊文采曰:"《周禮》:獲禽者取左耳,及弊田,植虞旌,致禽而珥焉。言致禽於旗下,取耳以較所獲之多少,則獵而較獲,正禮之所有,不得爲弊俗。"②

以上三句,是指爲了比較兩隊孰爲殊勝,因此在田獵之後陳列擒獲之獵物,加以清點,結果是我方所獲比較優異。

《鑾車》是描寫主、賓雙方田獵相競技之事。作這樣的理解,可與前文所論"四馬"、"六馬"暗示有兩位等級不同的君主參加田獵相呼應。駕六馬者是周天子,四馬者即秦公。

十、《吴 人》

吴(虞)人憐(憐—慎)亟,朝夕敬□。戠(載)西戠(載)北,勿窨(召)勿代。□而出□,□獻用□。□□□□,□□大祝。□曾受其章,□□鞊(設)寓逢(篷)。中囿孔□,□鹿□□。避(吾)其□□,□□釂_(申申),大□□□,□□□□。求又□□□□□□是。

此章殘泐較多,觀其大意,似田獵後對於有功者如虞人等官員論功行賞之事。

"吴(虞)人憐(憐—慎)亟":"憐"可讀爲"慎",有陳劍先生多年前指點給我的一個例子爲證:馬王堆帛書《春秋事語》"吴伐越"章"刑不粦",整理者讀爲"刑不慎"。③ 據此,金文所見"庶有粦"(四十三年逑鼎、毛公鼎、牧簋、趞簋等)即《書·立政》"庶獄庶慎"之"庶慎"。④

"載"爲虛詞,意思是"暫"。"勿窨(召)勿代",句謂:因虞人極爲謹慎敬業,

---

① 參看董珊:《晋侯墓出土楚公逆鐘銘文新探》,《中國歷史文物》2006年第6期,67—74頁。
② 焦循:《孟子正義》,中華書局,1987年沈文倬點校本,第702頁。
③ 參看《馬王堆漢墓帛書[三]》18頁注[四],文物出版社,1983年。
④ 見董珊:《略論西周單氏家族窖藏青銅器銘文》注釋19,《中國歷史文物》2003年4期。

到處奔忙，一會兒在西，一會兒在北，所以秦君示意任他去忙，不召其來朝見，也不廢替其職。

"□曾受其章(庸)，□□軗(設)寓逢(篷)"：句意大概是虞人在野外爲秦君設立臨時寄寓的帳篷，即軍旅之帳舍，因此秦君增授其功庸，可能委派大祝前去虞人之處，有所賞賜。

徐寶貴先生認爲該篇"章"、"逢"、"鬴"皆押東部韵。今按："鬴"字之"東"旁爲意符，其聲符是"田"，在古文字中皆讀"申"類音(真部)，未聞有東部讀音。因此徐說以"鬴"與"章"、"逢"爲韵，根據不足。

結語：石鼓文的年代

綜合上述，本文所論與前人不同之處，是指出石鼓文提到六馬與四馬兩個等級的車制，認爲參加者田獵有周天子和秦公兩方。下面想綜述十鼓之內容，來討論石鼓文的年代。

裘錫圭先生認爲："從字體上看，石鼓文似乎不會早於春秋晚期，也不會晚於戰國早期，大體上可以看作春秋戰國間的秦文字。"又指出："按照石鼓文稱天子、嗣王等內容來看，其年代必須合乎兩個條件：一、在當時秦與周應有相當密切的關係。二、當時的周王應該剛剛即位不久。郭沫若主要就是根據這兩點把石鼓文的年代定爲襄公八年的。"裘先生因爲同意石鼓文的字體晚而內容早至襄公，所以倡導羅君惕所提出的"石鼓文所刻之詩是早於石鼓文時代的作品"的想法，以調合石鼓文"內容與字體的矛盾"。①

按照裘先生的看法，石鼓文內容的年代與字體的年代，應該分作兩個不同的問題來研究。這一點我完全同意。所謂內容的年代，仍可再分爲兩個問題：1. 所記事件發生的年代，這關涉到歷史事實；2. 作詩的年代，這關涉到詩作所反映的語言和詞彙。所謂字體年代，是指刻石年代。以上三者的發生順序依次是：游獵、作詩、刻石。

學界的研究現狀，可按這三方面倒過來說。刻石年代，從馬幾道、陳昭容、王

---

① 裘錫圭：《關於石鼓文的時代問題》，《傳統文化與現代化》1995年第1期，第47頁。

輝、徐寶貴等先生所列石鼓文與各時代秦文字字體對照表來看,已經基本可以肯定爲春秋晚期,這是游獵和作詩的時間下限;詩作的語言和詞彙,有唐蘭先生指出其中第一人稱代詞"吾"以及語助詞"殹"的時代特徵較晚,王輝先生根據唐蘭説"吾"已屬較晚的語言現象,又指出石鼓文中的稱謂"公"應指刻石之時的秦公,難以指秦襄公;①石鼓文所記這場游獵的年代,在研究者中間尚未達成一致,裘錫圭先生主張内容與字體時代相分離,其所記事件時代從郭沫若説定爲襄公;而王輝先生則主張内容與字體的時代相統一,其所記事件的年代最可能在秦景公時。

王輝先生認爲,《而師》"天子□來"是指周天子來秦,石鼓所記是秦公與周王同獵。這一事件雖然不見於文獻記載,但他舉出了秦公一號大墓出土編磬銘文中的"天子匽喜、共桓是嗣"句及紀年"四年八月初吉甲申",證明當時秦景公曾燕喜來秦的周天子。我同意王輝先生的意見。下面按照我的理解,列舉出石鼓文自身的證據,將王先生的部分看法重新論證一遍。

首先説田獵的地點。石鼓文中所提到地名"汧"(今千河下游)與"鄜(鹵,今甘肅崇信縣)"都是秦地。《霝雨》"汧殹泪泪,蒸=(姜姜)□□,舫舟囟(從)逮。□□自鄜(鹵)",説明鄜(鹵)邑與汧河相聯繫,與《汧殹》鼓所講"汧殹沔沔,承彼沼淵"、《鑾車》"徒馭孔庶,鄜(鹵)□宣搏"合觀,説明漁於汧河上游,而獵於相去不遠的鄜(鹵)地。

學者都認爲,十鼓是有一定次序的長篇叙事詩。人們早就注意到石鼓文中出現"天子"、"嗣王"這些不尋常的稱謂,但除了王輝先生以外,研究者似乎都認爲,在石鼓文所叙事件中,"天子"、"嗣王"僅僅是因爲受到尊敬、祝福而被提及的稱號,並不是就在"汧"、與"鄜(鹵)"這現場參與田獵的人物。這種看法,從本文釋出"駕六"和"六馬"這兩個詞來看,似乎已經動摇。

先從《鑾車》説起:"□□多賢,迪(陳)禽□□,邋(吾)隻(獲)允異。""多賢"與射禮用詞相同,説明這次田獵有競技性,既是競技,必有主、賓兩方。

次談《吾水》:"公謂大□: 金(今)及如□□,害(曷)不余睪(友)?"照我們的

---

① 王輝:《由"天子""嗣王""公"三種稱謂説到石鼓文的年代》,《中國文字》新二十期,臺北藝文印書館,1995年,第135—166頁。以下引用王輝先生説,均出自該文。

解釋,是秦公向"大□"發出結伴邀請。從其語氣可以看出,"大□"不是秦國官員。

《吾水》篇先講"避(吾)水既瀞(清),避(吾)導(道)既平。避(吾)□既止,嘉樹(樹)則里,天子永寍(寧)",然後叙述獵前準備。這其中的"天子",若非這次事件的直接參與者,則"天子永寍(寧)"一語就顯得過於突兀。但照我們的看法,該篇下文出現"駕六"一詞,則正與前文所稱"天子永寍(寧)"意義相應,說明天子直接參與了田獵活動。

最後說"四馬"和"六馬"。表示"四馬"的詞,在文中出現三次:《吾水》"四駢霋霋"、《田車》"四介既簡"、《鑾車》"四馬其寫",而表示"六馬"的詞出現兩次:《吾水》"駕逩(六)盒□"、《鑾車》"趍趍逩(六)馬"。在石鼓文現存的文字中(據徐寶貴先生統計,石鼓全文原應至少有 717 字,今綜合各種拓本最多見存 551 字),這兩類詞的相對比例不能不算高。這恰可說明參獵者身份分爲兩等,分別對應周天子和秦公。

上述情況,均可與《而師》"天子□來"句以及秦公磬銘文"天子晏喜"句相比而觀。此外,秦公一號大墓出土編磬銘文中的曆日"四年八月初吉甲申",可以與《吾水》"日唯丙申"對觀,由甲申至丙申歷 12 日,時間很可能是相接的。這都是周天子曾來至秦地並參與這次田獵活動的證據。所以,雖然傳世文獻没記載這件事情,但石鼓文與秦公磬這兩種出土秦文字資料的記事,可以互相證明周天子在場,這已經足以構成證據鏈,說明在秦景公四年周天子來秦這一事件確實存在。

這個周天子是誰? 王輝先生指出,秦景公五年(公元前 572 年),周簡王崩,子靈王泄心立。秦景公三十二年(公元前 545 年),周靈王崩,子景王即位。靈王或景王即位前,都有被稱爲"嗣王"的可能。因此,他傾向於把石鼓文的年代定爲秦景公四年至三十二年之間(他還提出"可能性很小"的秦厲共公元年至八年對應周元王、周貞定王說。本文對此說不作討論)。王輝先生說:"周靈王在秦景公四年,即靈王在即位的前一年,有可能被人稱做'嗣王'。退一步說,即使没有這種可能,靈王在秦景公五年即王位後總可稱嗣王,而此時的周秦關係肯定還是好的,靈王可以來秦游獵。"

我認爲,"天子"與"嗣王"是同一人,據秦景公四年磬銘,均宜定爲周靈王泄心，並不需要作游移不定之論。

　　黃奇逸先生認爲，"天子"與"嗣王"對文，説明"天子"與"嗣王"不是同一人。① 王輝先生不同意黃奇逸此説，他舉出中山王方壺銘文"以儆嗣王"句，此爲太子可稱嗣王之證。此外，《尚書》中多篇提到"嗣王"，多指剛即位的時王，又《禮記·曲禮下》説"外事曰嗣王某"，是已即位仍可稱嗣王之證。

　　不過，我覺得黃奇逸想區分這兩種稱謂的看法仍是有啓發性的。此處仍需區分事件、作詩、刻石三者之間的時間先後關係。泄心在秦景公四年來秦參加慶典並游獵，此時尚未即王位，可被稱爲"嗣王"即太子。他代表了周天子而來，因此可使用周天子之駕六車馬。第二年靈王即位，因去年靈王至秦曾共同宴樂游獵，秦人甚感榮寵，所以寫作磬銘、石鼓詩並刻石以爲紀念。詩作於靈王即位之後，爲追述前事，在《而師》鼓交待了泄心來秦時之身份仍爲"嗣王"，在其他各鼓，則使用作詩時的稱謂"天子"。這類根據後來的稱謂以記叙前事的記事手法，在史書中是很常見的。

　　上面已經證明周天子（嗣王）靈王泄心肯定來過秦地。在這個前提下，才可以討論他爲什麽來秦。王輝先生據秦公磬銘"共桓是嗣"、"……宜政"句認爲，靈王泄心來秦目的是賀秦景公之冠禮。我覺得這是很有道理的。從禮制來説，石鼓文隆重記載周天子與秦公在秦地同獵競技，還可能賦予了此事一些巡狩的色彩。

《尚書正義·舜典》：

　　《孟子》稱晏子對齊景公云："天子適諸侯曰巡守。② 巡守者，巡所守也。"是言天子巡守主謂巡行諸侯，故言諸侯爲天子守土，故稱守，而往巡行之。定四年《左傳》祝鮀言衛國"取相土之東都，以會王之東蒐"，"蒐"是獵之名也。王者因巡諸侯，或亦獵以教戰。其"守"皆作"狩"。

---

① 黃奇逸：《石鼓文年代及其相關諸問題》，《古文字研究論文集》，《四川大學學報叢刊》第十輯，1982年。

② 按"天子適諸侯曰巡守"語見《孟子·梁惠王下》、《孟子·告子下》、《晏子春秋·卷四·內篇問下第四》"景公問何修則夫先王之游晏子對以省耕實第一"。

傳世文獻也没記載過春秋時代的周天子有過巡狩至秦的事情。這可能是周靈王來獵時身份尚爲嗣王，秦人稱頌此事，只是他們當代史上大事，從長時段來看就不是那麽重要，所以史書闕載。

本文對於石鼓文的時代並未做出什麽獨到的論斷，只是因爲從語言文字的角度出發去尋繹文意，結果剛好能爲王輝先生所説"周天子來秦游獵"的看法提供證據，所以爲之補論如上。照王輝先生和我的看法，石鼓所記游獵事件、作石鼓詩、刻石鼓文三者的年代是很接近的，屬於同一時代，不存在内容與字體年代相矛盾的問題。王輝先生對他自己所説石鼓文作於秦景公五年至三十二年説法的評價："這在目前仍然只能看作一種合乎情理的推測，而不能看作最終的結論。"這對於本文同樣適用。有關問題的解決，仍有待今後。

據徐寶貴先生所考，石鼓文最遲發現於唐代初年。在過去的一千多年裏，歷朝歷代著録、評論、研究石鼓文的著述真可以"汗牛充棟"來形容。本文所論，自知難免武斷謬誤，不能像徐寶貴先生那樣審慎而多聞闕疑，但若還有些許能靠得住的看法或有建設性的意見，庶幾能免於有識之士贈以"添亂"之譏諷，則於願已足。

2008 年 6 月 16 至 18 日修改

2009 年 4 月 20 日修改

首次發表於復旦大學出土文獻與古文字研究中心網站，2009 年 4 月 29 日

收録於《出土文獻與古文字研究》第三輯，

復旦大學出版社，2010 年，第 117—136 頁

【補記】本文認爲石鼓文、秦景公墓出土石磬銘文中所提到的"嗣王"與"天子"是指即位前後的周靈王泄心，刻石的目的，是因周靈王在尚爲太子時曾至秦共同宴樂游獵，秦人甚感榮寵，所以在周靈王即位後寫作磬銘、石鼓詩並刻石以爲紀念。這裏還可以舉出一個旁證。《左傳》昭公二十六年王子朝之亂時，王子朝告於諸侯，其中引到一段秦人的"妖言"：

在定王六年，秦人降妖，曰："周其有鸜王，亦克能修其職。諸侯服享，二世共職。王

室其有閒王位,諸侯不圖,而受其亂災。"至于靈王,生而有頾,王甚神聖,無惡於諸侯。靈王、景王,克終其世。

秦人爲周靈王編撰這種讖語,可見當時秦人對周靈王有某種莫名其妙的好感。在這種心理之下,爲之作詩刻石就不那麼難以理解了。

戰 國 秦

四十八年上郡假守䵲戈考

讀珍秦齋藏秦銅器札記

論陽城之戰與秦上郡戈的斷代

秦郝氏印箴言款考釋

西安閻良發現秦銘刻石新考

四十八年上郡假守蕞戈考

承蒙澳門收藏家蕭春源先生見示一件秦戈,又囑我就此戈做些考證,因此我將一些意見寫出來,請蕭先生及讀者指正。

此戈戈援已經殘去,中胡三穿,内上一穿,胡、殘援的上緣及内的三面均有刃,戈内近欄處有縛過戈柲的磨痕。經測量殘長 14.5 釐米,欄高 17 釐米,内長 10.3 釐米,内寬 3.8 釐米,援寬 4 釐米。

戈内兩面均有刻銘,可以分成五處隸寫如下(照片、摹本見圖一~四):

　　正面:1. 二
　　　　 2. 四十八年,上郡叚守蕞造,漆工平,丞冠屖,工駔。
　　背面:3. 上武
　　　　 4. 郡庫
　　　　 5. 廣武

正面長銘和背面"郡庫"的文字筆畫斷續頓挫,是一點一點鏨刻而成,刀痕很深。背面"上武"二字刻、劃兼備,刀痕較淺。"廣武"二字刻在"上郡武庫"的下面,刀痕連貫且淺,而在"上武"的"上"字位置上也有四個一樣的刀痕。

這幾處刻銘的先後次序,本文目前認爲正面的"二"字大約是生產時的編號,爲最早;長銘次之,是產品經過檢驗後所刻。背面"上武"又次之,是入庫時所刻;"郡庫"二字的用刀特徵雖然同於正面的長銘,但是實際的刻成時間應該在"上武"之後,理由詳見下文。"上武"的"上"字位置上的四個刀痕和"廣武"二字是最後加刻置用地名。以下本文就按照這個次序來討論。

一、正面銘文

從紀年來看,此戈無疑是秦昭王四十八年時所製。秦昭王在位 56 年(前 306—前 251 年),在目前所知的秦兵器中,此戈所記昭王的年數較高。①

戈銘最引人注目之處,是監造者稱"上郡叚(假)守"。"叚"字寫法同於秦簡文字。② 在過去發現的秦兵器銘文中,"叚守"曾見於兩件三年相邦吕不韋矛,其中 1983 年出土於内蒙古清水河縣拐子上古城的一件,③銘文爲"三年相邦吕不韋,上郡叚守定,高工龠,丞申,工地",原報導誤釋"叚守"字爲"尉守",後來經黄盛璋先生校正爲"叚(假)守";④1993 年出土於遼寧撫順的另一件三年相邦吕不韋矛,⑤其一面骹上的銘文与上一件略同,惟"上郡叚守定"作"上郡叚定",省去了"守"字。

典籍中有"假守"的記載。《史記·秦始皇本紀》"十六年九月,發卒受地韓南陽假守騰",又"十七年,内史騰攻韓,得韓王安,盡納其地,以其地爲郡,命曰潁川"。此"南陽假守騰"即下一年的"内史騰",亦即睡虎地秦墓竹簡《語書》所記秦王正二十年的"南郡守騰",此人在短短幾年之内,經歷三職。⑥《史記·項羽本紀》記秦二世元年有"會稽守通",《集解》"楚漢春秋曰:會稽假守殷通",在《漢書·項籍傳》中也稱此人爲"會稽假守通"。

"假守",《史記正義》"言假者,兼攝之也",趙翼《陔餘叢考》卷二十六有"假守"一條,説:"秦漢時,官吏攝事者皆曰假,蓋言借也。"⑦黄盛璋先生解釋"假守"

---

① 目前知道張光裕、吴振武《武陵新見古兵三十六器集録》(載於香港中文大學《中國文化研究所學報》1997 年新第 6 期,第 335—382 頁)披露的一件五十年詔事戈(第 36 號),是記秦昭王年數最多的。除此以外,便是本文所討論的這一件了。
② 張守中:《睡虎地秦簡文字編》三·七,文物出版社,1994 年。
③ 烏蘭察布盟文物工作站:《内蒙古清水河縣拐子上古城發現秦兵器》,《文物》1987 年第 8 期,第 63 頁圖二:1,圖三:1,第 64 頁圖六。
④ 黄盛璋:《新出秦兵器銘刻新探》之三"清水河拐子上古城出土秦上郡等兵器",《文博》1988 年 6 期,第 42 頁。
⑤ 《遼寧撫順市發現戰國青銅兵器》圖一,《考古》1996 年第 3 期,第 86 頁。
⑥ 馬非百先生曾認爲此人即《秦始皇本紀》記載秦王政二十年與王翦攻燕的將軍"辛騰"(《秦集史》,中華書局,1982 年,第 911 頁)。但他所謂的"辛騰"《秦始皇本紀》原文作"辛勝",恐非同一人。
⑦ 見樂保群、吕宗力校點本《陔餘叢考》,河北人民出版社,1990 年,第 451 頁。

爲"非真除,而是代理、署守"的郡守。綜合上述説法,戰國秦漢官制中的"假",是某一官吏保留原有職位的情况下,臨時代理另一尚無合適人選的職位,也就是"兼官"。①

戈銘所記"上郡假守"之名爲"䵻","上郡假守䵻"不見於典籍記載。下面試作一些推測。

從相關的字音、職官和年代三方面考慮,此人有可能是《史記·秦本紀》、《穰侯列傳》記載的秦客卿竈。《戰國策·秦策三》有"秦客卿造謂穰侯"章,②此人名作"造",上古音"竈"與"造"聲母都是精系,韵部爲幽、覺對轉,是常見的通假。戈銘"䵻"字《説文》"讀若朝","䵻"與"朝"都是端母宵部字,也常常通假。③"朝"字據《説文》分析是"从倝、舟聲",而"造"字古文字或作"艁",是在"告"上加注"舟"聲。由於"朝"跟"造"都可以从"舟"得聲,所以"朝"的通假字"䵻"與"竈"、"造"二字也可以構成通假關係。

戰國時各國都有"客卿",這是專爲安排自他國來仕者而設立的一種特殊職位,戰國史上不少著名人物,如張儀、蔡澤、范雎、李斯等,都曾做過秦的客卿,並進而爲秦相邦或丞相,由此可見客卿地位尊崇。④ 據《史記·白起列傳》記載,魏人司馬錯曾爲秦昭王客卿;陳平先生指出傳世二十七年上守趞戈(《集成》11374)的"上守趞"就是司馬錯,他在秦昭王二十七年爲上郡守。⑤ 我認爲陳先生此説可信。以此例之,客卿竈的職位和身份也符合出任上郡假守的條件。

客卿竈的活動時代與此戈的鑄造時間大略相當。他的主要事跡,是在秦昭王三十七年時與秦相邦穰侯魏冉合謀伐齊,並親自率兵取得齊國的剛、壽兩地,擴大了魏冉在陶地的封邑。⑥ 由於這次戰役是越過三晋而遠征攻齊,並且多半

---

① 《史記·南越列傳》:"嚣死,佗即移檄告横浦、陽山、湟溪關曰:'盜兵且至,急絶道聚兵自守!'因稍以法誅秦所置長吏,以其黨爲假守。"此"假守"《漢書·西南夷兩粤朝鮮傳》作"守假","守"跟"假"是同義連用,都有臨時代理的意思,跟兵器銘文"假守"含義不同。有關戰國秦漢官制中的"守"、"假"制度,詳見另文。

② 馬王堆帛書《戰國縱橫家書》亦有此章,但不記客卿造之名。

③ 參看高亨、董治安:《古字通假會典》,齊魯書社,1989年,第755、727頁。

④ 參看馬非百:《秦集史》,第941頁"客卿表"。

⑤ 陳平:《試論戰國型秦兵的年代及有關問題》,載《中國考古學研究論集——紀念夏鼐先生考古五十週年》,三秦出版社,1987年,第322頁。

⑥ 客卿竈攻齊的年代,《史記·秦本紀》記載是在秦昭王三十六年,梁玉繩《史記質疑》根據《田敬仲完世家》及《六國年表》説當在三十七年。睡虎地秦簡《秦記》亦記此事在卅七年,可證成梁説。

出於權臣魏冉的私利，所以魏人范雎趁此機會在秦昭王面前説魏冉的壞話，"譏穰侯之伐齊"，"昭王於是用范雎。范雎言宣太后專制，穰侯擅權於諸侯，涇陽君、高陵君之屬太侈，富於王室。於是秦昭王悟，乃免相國，令涇陽之屬皆出關，就封邑。穰侯出關，輜車千乘有餘"（見《史記·穰侯列傳》）。據《秦本紀》，魏冉"免相出之陶"時在秦昭王四十二年，如果這件戈銘的上郡假守鼂就是客卿竈的話，那麼客卿竈並没有因爲曾是魏冉的同黨也遭到罷免或驅逐，至少他在秦昭王四十八年的時候，還出任了上郡假守。當然，上述僅僅是一種可能性，仍有待今後新材料的檢驗。

"漆工"是漆垣工師的簡稱，此人名"平"，工師之丞名"冠屖"，工名"駔"，此戈銘所見的"鼂"、"平"、"屖"、"駔"都是秦人常用名，都見於秦系私名印。①

二、背面銘文

前文已經從刻痕特徵上把"上武"和"郡庫"分作先後兩次刻銘。"郡庫"二字的位置已貼近内刃，不若"上武"二字地位寬綽。從"上武"和"郡庫"的排列位置來看，這兩處銘文應該可以連讀爲"上郡武庫"。在已經發現的秦上郡兵器刻銘中，上郡武庫往往可以簡稱爲"上"或"上武"，例如：

  1. 二十五年上郡守厝戈（《集成》11406）：此戈内背的"上"字爲鑄出的陽文，位置在内上穿孔的右側，"上"字右側有加刻的"武"字，在穿孔的上、下還分別刻有"郡庫"二字，字體和"武"不同，是後來又加刻的；

  2. 上郡武庫矛（《集成》11501）："上武"二字位置在骹部偏上，基本上正對矛的中脊，而"郡庫"二字在"上武"左側，地位狹小，筆畫局促，字體也不同，顯然是後來加刻，這和本文所討論的戈背銘情況相類；

  3. 廣衍矛（《集成》11509）：銘文爲"上武·廣衍·□陽"，未加刻"郡庫"。

---

  ① 人名"鼂"字，參看許雄志：《秦印文字彙編》，河南美術出版社，2002年，第257頁；"平"，同上書第86頁；"屖"字寫法見於張守中《睡虎地秦簡文字編》八·六，此字作爲人名的用例，見《珍秦齋藏印（秦印篇）》115、118號私印，臨時澳門市政局文化康體部出版，2000年；人名"駔"字，見《珍秦齋藏印（秦印篇）》235號私印"任駔"以及《秦印文字彙編》第195頁。

以上幾個例子都可以説明本銘"郡庫"的刻成時間當在"上武"之後。

最後一處刻銘"廣武"很耐人尋味。前面已經交待，"廣武"二字刻在"上郡武庫"的下面，刀痕疾淺，而在"上武"的"上"字位置上也有四個特徵相同的刀痕。這裏的原因，可能是當時刻字工人貪圖省力，本來想把"上"字改刻成"廣"字，而借用"上武"的"武"字，這樣可以少刻一個字，但是剛剛刻了幾筆，就發現這個位置不夠刻下"廣"字的其餘筆畫，所以只好又按照常規把"廣武"刻在無字的地方。

"廣武"是此戈的置用地。古書記載以"廣武"爲名的地點有三個：

1.《史記·范雎蔡澤列傳》："昭王四十三年，秦攻韓汾、陘，拔之，因城河上廣武。"《索隱》："陘音刑，陘蓋在韓之西界，與汾相近也。劉氏云：'此河上蓋近河之地，本屬韓，今秦得而城。'"《正義》："按：陘庭故城在絳州曲沃縣西北二十里汾水之陽。"秦城廣武事又見於《韓世家》和《六國年表》韓桓惠王九年"秦拔我陘，城汾旁"。此廣武臨近汾水、陘庭故城，今地不可考。①

2.《史記·衛將軍驃騎列傳》："將軍荀彘，太原廣武人。"《韓信列傳》和《劉敬列傳》記載，漢高祖七年冬，韓信反，"及冒頓謀攻漢，匈奴使左右賢王將萬餘騎與王黃等屯廣武以南"，劉邦親自率兵反擊，居晉陽，不聽從劉敬不可追擊匈奴的建議，反而把劉敬械繫於廣武，起兵追擊至平城，遂有白登之圍。此廣武在晉陽至平城中途，故城在今山西代縣西五十里處。

3.《史記·項羽本紀》："漢王則引兵渡河，復取成皋，軍廣武，就敖倉食。項王已定東海來，西，與漢俱臨廣武而軍，相守數月。"《集解》："孟康曰：'於滎陽築兩城相對爲廣武，在敖倉西三皇山上。'"《正義》："《括地志》云：'東廣武、西廣武在鄭州滎陽縣西二十里。戴延之《西征記》云三皇山上有二城，東曰東廣武，西曰西廣武，各在一山頭，相去百步。汴水從廣澗中東南流，今涸無水。城各有三面，在敖倉西。郭緣生《述征記》云一澗橫絶上過，名曰廣武。相對皆立城壘，遂號東、西廣武。'"此廣武地在今河南河陰縣北五里。

由於無法確定戈銘"廣武"的刻成時間，因此這個"廣武"相當於上述的哪一個，也

---

① 從上下文看，此"廣武"決不是下文所引在河南省境內的"東、西廣武"的"廣武"，以往有的學者，例如錢穆《史記地名考》（商務印書館，2001年）上冊第721—722頁曾將二者混爲一談，是不對的。

不易確定。此戈銘"廣武"字體不會晚於秦統一之際。從上引文獻記載史事的年代來看，後兩個廣武年代較晚，只有汾、陘附近的廣武能肯定是戰國時代已有的地名，因此本文傾向認爲，上述的第一個廣武是這件四十八年上郡假守鼂戈的置用地點。

綜上所述，戈内正面銘文記載了此戈的監造者（上郡假守鼂）、主造者（漆垣工師平、丞冠屍）和製造者（工駔），背面記載其收藏位置（上郡武庫）和置用地點（廣武）。這件四十八年上郡假守鼂戈的年代明確，雖然戈援殘缺是其美中不足，但仍然可以視爲秦昭王時代的一件標準兵器。

2001 年 3 月 8 日初稿
2003 年 7 月 11 日改定

原刊於《珍秦齋藏金・秦銅器篇》，澳門基金會，2006 年，第 207—212 頁

四十八年上郡假守曎戈考 93

圖一 四十八年上郡假守曎戈正面照片

0　1　2　3釐米

圖二　四十八年上郡假守矗戈背面照片

四十八年上郡假守𠭇戈考　95

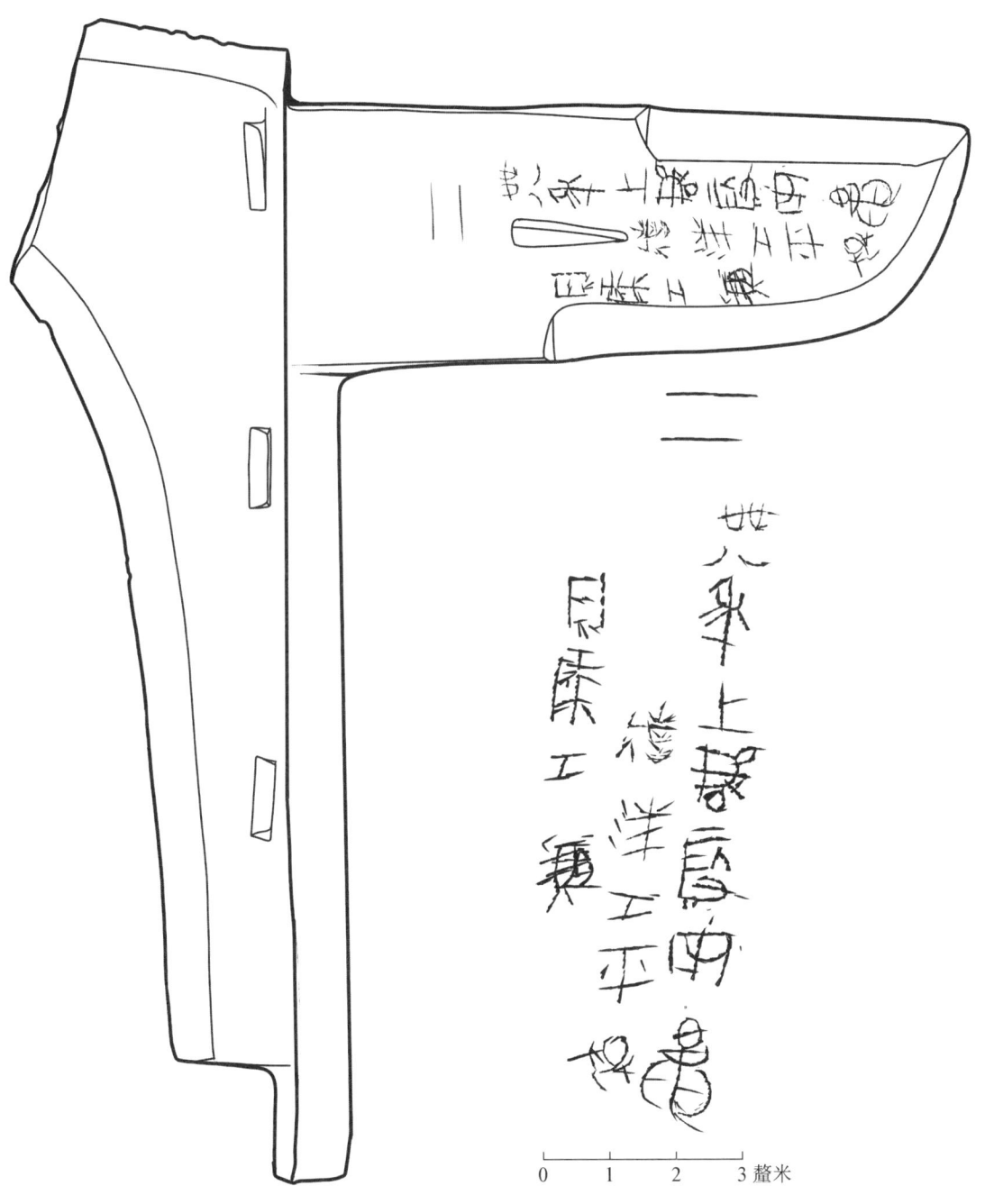

圖三　四十八年上郡假守𠭇戈正面器形與銘文摹本

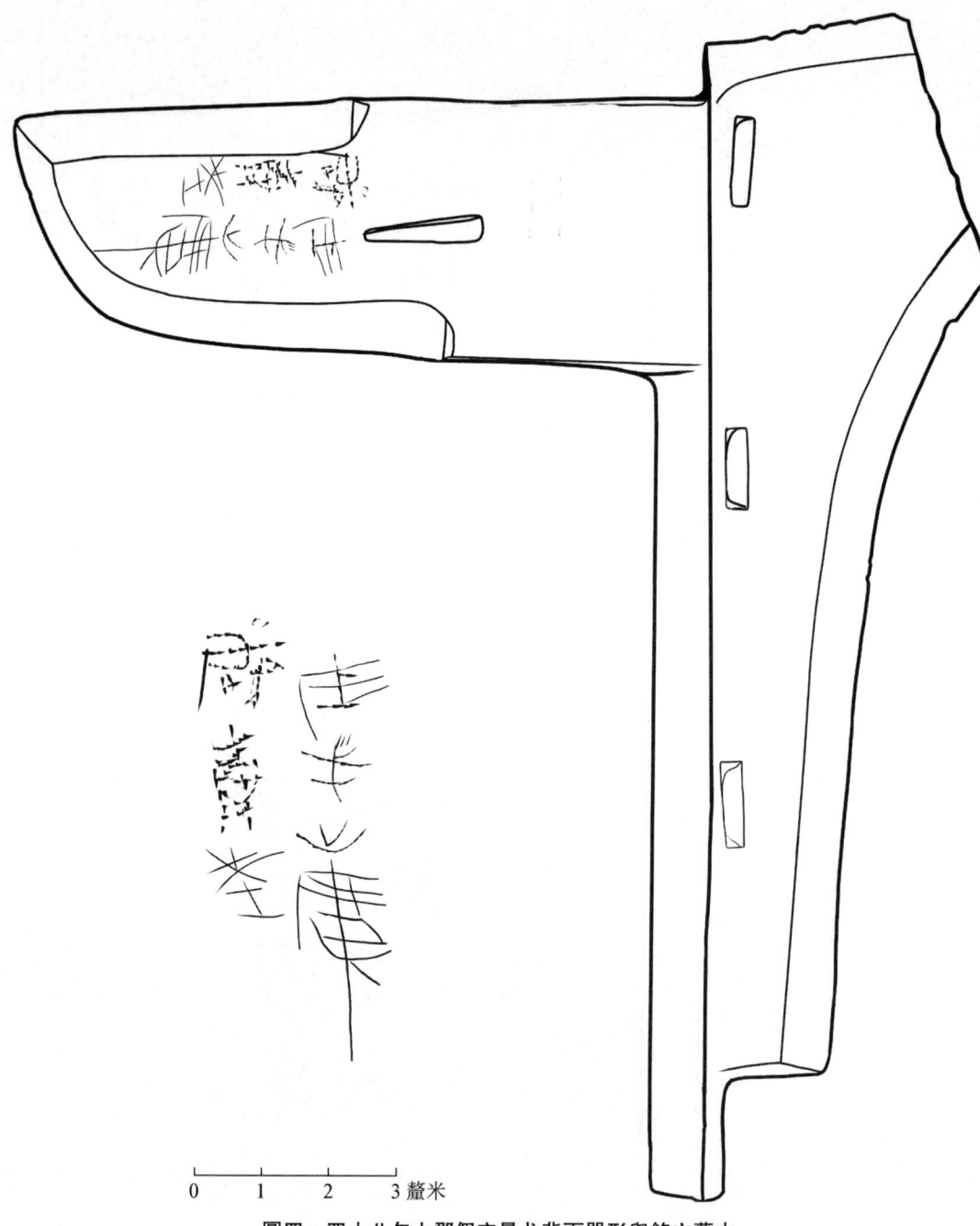

圖四　四十八年上郡假守䵮戈背面器形與銘文摹本

讀珍秦齋藏秦銅器札記

珍秦齋收藏的秦國文物宏富，前幾年有珍秦齋藏秦璽印專集出版，迅即享譽學術、篆刻兩界。現在蕭先生又把齋中珍藏的一批秦國銅器結集出版，又一次令我們大開了眼界，必然會燃起同好研究的熱情。

珍秦齋藏春秋早期的秦子姬簋蓋、秦伯喪戈與矛，是這本圖錄的重中之重，我已專門寫了兩篇小文來討論這兩種器物。另一件珍秦齋藏四十八年假守黽戈，我先前看過，承蕭先生之命，在幾年前為之寫過一篇短文。這裏是讀珍秦齋所藏其他銅器（包括秦銅器以及有秦刻銘的三晉兵器）的一些零碎札記，雖是木屑竹頭，也不免有獺祭獻曝之想，敢請方家指正。

一、王八年內史戈（圖一）

王八年內史操、㝵之造，□（櫟？）陽工幸（内）‧三（胡）

秦惠文王八年器。南粤王墓所出張義戈銘云"王四年相邦張義、内史郚（？）、操之造"，張義戈銘"内史"原誤釋作"庶長"，①王輝、蕭春源二位先生已根據珍秦齋藏戈銘撰文改正。② 兩銘比較，可知惠文王四年的"内史"是"郚（？）"、"操"二人；至八年，是"操"、"㝵"二人。這種官名後接兩個人名的文例，還可以舉出：

十七年丞相啓、狀造　　　　十七年丞相啓、狀戈③

---

① 李學勤：《秦孝公、惠文王時期銘文研究》，《中國社會科學院研究生院學報》1992年第5期；又《綴古集》，上海古籍出版社，1998年，第139頁。
② 王輝、蕭春源：《珍秦齋藏王八年内史操戈考》，《故宫博物院院刊》2005年第3期，49—55頁。
③ 《集成》11379。田鳳嶺、陳雍：《新發現的"十七年丞相啓狀"戈》，《文物》1986年第3期，第42—43頁。

　　　　廿六年丞相狀、綰　　　　秦始皇二十六年詔書

　　十七年的右丞相"狀",在廿六年已是左丞相。内史操的升遷與之相似。
　　内史分爲左、右,據《漢書·百官公卿表》記載,是在景帝二年。上述兩件秦戈銘文所見,則已表明早在秦惠文王時已有類似設置。
　　"幸"字从"犬"旁、从"倒矢"形,與秦漢文字同。陳劍先生近釋上博簡《昭王毀室》"不幸"之"幸",構形成分也相同,不同之處僅是"倒矢"旁與"犬"旁左右並列。① 請參看。

二、十四年□平匽氏戈(圖二、圖三)

　　十四年□平/匽氏造戟(内正)·平陸(内背)

　　"匽氏"亦見青川木牘所記秦武王二年《更修爲田律》:

　　二年十一月己酉朔朔日,王命丞相戊(茂)、内史匽氏、臂更脩爲田律:……(正面)
　　四年十二月不除道者:……(背面)

　　木牘"氏"字,有的學者釋爲"民",黄文傑先生曾撰文詳辨,定爲"氏"字。② 從前有學者讀木牘,以"匽氏臂"爲一人,現據前述秦惠文王時期兩件戈銘的"内史都(?)、操"、"内史操、吴"之文例,木牘所記内史可能是"匽氏"與"臂"兩人,這樣能夠跟珍秦齋所藏的這件十四年匽氏戈銘相互印證。
　　據秦兵刻辭文例,"□平"爲職官名。木牘與戈銘"匽氏"是同一個人,這説明"匽氏"其人先在"□平"的職位上,到秦武王二年時,又得到遷升,官至内史。據此,十四年匽氏戈的年代,應定在秦惠文君後元十四年。秦惠文君後元十四年的下一年就是秦武王即位元年。可見,這也是一件能夠確定年代的秦戈。

---

　　① 陳劍:《釋上博竹書〈昭王毀室〉的"幸"字》,中國文字學會、河北大學漢字研究中心編:《漢字研究》(第一輯),學苑出版社,2005年,第456—463頁。
　　② 黄文傑:《秦系簡牘文字譯釋商榷》,《中山大學學報(社會科學版)》1996年第3期。

秦戈銘文多不記器名，此戈自名爲"戟"，與商鞅戟、張義戈同。可以類推，這種內上有刃的戈都是戟的一部分，即新鄭兵器銘文所見與"戟刺"相對稱的所謂"戟刃"。

三、廿一年相邦冉戈（圖四）

廿一年相邦冉造，雕工師葉，工秦(?)（內正）・武（內背）

"工秦(?)"二字刻劃極爲輕淺。內背"武"字乃收藏地點"武庫"之省稱。此器可與《集成》11342 對看：

廿一年相邦冉造雕工師葉，□（工）□・雕・懷德。

這兩件戈銘中，雕工師的名字相同。《集成》11341 拓本看不見工名，比照珍秦齋藏的這一件，知道工名可能是刻劃過於疾淺，拓本無法表現。

"相邦冉"即魏冉。據《史記・穰侯列傳》，魏冉爲秦昭王母宣太后的異父長弟，乃昭王的親舅父。自秦惠文王、武王時就任職用事。武王卒，諸弟爭立，魏冉立昭王，誅滅異黨。昭王始立時尚年少未冠（《秦本紀》："（昭王）三年，王冠。"），宣太后垂簾聽政，任用魏冉爲政。魏冉事迹複雜，《史記索隱・述贊》總結說他"四登相位，再列封疆"。魏冉的"四登相位"究竟是哪四次呢？爲了對相邦冉戈的年代做出正確判斷，也爲了後面討論的方便，我們結合《穰侯列傳》和《秦本紀》等的記載，把秦昭王時代置相的情況開列如下表：

年　代	置　相	有關記載出處
九年	孟嘗君薛文來相秦	《秦本紀》
十年	薛文以金受免①	《秦本紀》
	樓緩爲丞相	

---

① 《史記正義》"金受，秦丞相名"；另一說"金受"當爲"受金"之誤倒，謂孟嘗君因接受賄賂而被罷免。

續　表

年　代	置　相	有關記載出處
十二年	樓緩免,穰侯魏冉爲相	《秦本紀》
十五年	魏冉謝病免相	《穰侯列傳》
	以客卿壽燭爲相	
十六年	燭免,復相冉	《穰侯列傳》
	封冉於穰,號穰侯	
	冉免,封魏冉陶,爲諸侯	《秦本紀》
十九年	魏冉復相秦	《穰侯列傳》
廿四年	六歲而免	《穰侯列傳》
	魏冉免相	《秦本紀》
廿六年	魏冉來相趙①	《趙世家》（惠文王十八年）
	免二歲,復相秦	《穰侯列傳》
	侯冉復相	《秦本紀》
卅二年	穰侯爲相國,將兵攻魏	《穰侯列傳》
卅二年	九月,穰侯出之陶	《秦本紀》

　　此表需要略作説明。1.《穰侯列傳》只記昭王十六年冉復相不記免,《秦本紀》只記冉免相不記復,二者並非矛盾。楊寬先生《戰國史料編年輯證》説:"蓋十六年燭壽免相,冉復相,爲時甚短。《穰侯列傳》稱十五②年'又取楚之宛、葉,魏冉謝病免相',則魏冉一再謝病免相,當因秦攻楚之故。"所以魏冉十六年的復相,僅爲時不到一年。2.《穰侯列傳》記載昭王十九年魏冉復相,六歲而免,而《秦本紀》記載這次免相是在二十四年,《列傳》的"六歲而免"應是指跨越了六個年份。

---

①　《戰國史料編年輯證》(上海人民出版社,2001年)第831頁引梁玉繩謂:"冉復爲秦相,安得相趙之事哉,誤矣。《大事記》謂相趙未幾復相秦,非也。"楊寬先生説:"此説當是。是時秦、趙正不合,魏冉無緣爲趙相,更不能兼爲秦、趙之相。"珊按:梁、楊二説均未諦審。《史記》言之鑿鑿,無從否定。綜合來看,正當如《大事記》所謂"相趙未幾復相秦"。

②　《編年輯證》原文作"十六",據《穰侯列傳》:"昭王十四年,魏冉舉白起,使代向壽將而攻韓、魏,敗之伊闕,斬首二十四萬,虜魏將公孫喜。明年,又取楚之宛、葉,魏冉謝病免相。"則魏冉謝病免相事在昭王十五年。《編年輯證》此處蓋是一時手誤。我們的引文直接改正爲"十五"。

由上表可知，《史記索隱·述贊》所稱魏冉的"再列封疆"是指昭王十六年先後受封"穰"與"陶"；"四登相位"分別是在昭王12—15年、16年、19—24年、26—42年這四個時間段內。傳世與出土品中，有十四年相邦冉戈①製造於魏冉的第一次任相期間；又有廿年相邦冉戈②及上述廿一年相邦冉戈，與珍秦齋藏這件廿一年相邦冉戈，都是魏冉第三次任相邦時的製品；河南博物院藏卅三年相邦冉戈、③珍秦齋藏卅二年相邦冉戈則是在魏冉最後一次任相時期的產品。因爲魏冉第二次任相爲時甚短，同年他又兩次忙於封侯之事，所以目前還沒見到他在這一年監造的兵器。

四、王廿三年家丞戈（圖五）

王廿三年，家丞禺（？）造，左工丞闌，工老。

該戈內上無刃，銘文當於納柲處，在內穿上、內上緣，由欄右向內後援方向刻劃。在這種位置的戈銘很少見。王輝、蕭春源二位先生合作撰文已經指出，戈的絕對年代爲秦昭王廿三年，他們還指出"王二十三年戈的發現説明紀年前加王字的習慣'在惠文王去世后'並未完全廢止"，具體到這件戈銘的"王"字，"其原因可能是：表明這是封君作器"，並進而推定爲穰侯魏冉家造。④

誠如王、蕭二位先生所論，戈銘"家丞"是封君家丞，戈爲昭王廿三年秦國封君家造。現所知秦器銘文"左工"，例如臨淄商王墓地出土銀耳杯"四十年左工，重一斤十二兩十四朱·名曰三"、⑤西漢齊王墓出土銀盤秦刻銘"卅三（？）年左工疾（？）"，⑥其器物多爲奢侈品，機構分左、右，監造題名常常簡化爲一級，都表明"左工"是不屬於秦國家製造機構，而是貴族家內工官。"左工"似"左工師"的省

---

① 于省吾：《雙劍誃古器物圖錄》上48，中華書局，2009年。
② 《集成》11359。《湖南考古輯刊》第一輯圖版十四：13，1971年發現於湖南岳陽城陵磯。
③ 1989年上蔡馮莊采集，見《河南省博物館藏青銅器選》148，香港攝影藝術出版社，1999年。
④ 王輝、蕭春源：《珍秦齋藏王二十三年秦戈考》，《故宮博物院院刊》2004年第4期，第68—75頁。
⑤ 1992年臨淄商王墓地M1出土，圖像及銘文見：《臨淄商王墓地》，齊魯書社，1997年，第47頁，圖三八，圖版三八；173頁圖一、圖二。
⑥ 黃展岳：《西漢齊王墓器物坑出土器銘考釋》，《中國考古學研究——夏鼐先生考古五十年紀念文集》，文物出版社，1986年，第228頁，圖六：1。

稱,"左工丞"是其副手。

我們知道,戰國秦漢的某些封君有自己的紀年。換個角度來看,王廿三年戈的發現和釋讀,能暗示我們這位秦封君亦有不同於秦王朝紀年的獨立的封君紀年。秦惠文王時期紀年前有"王"的刻銘兵器,都是屬於國家製造機構的製品,"王"的意義應在於這個時期秦稱王未久。但王廿三年戈"王"字的意義,則是强調説明此紀年用秦王朝紀年,而非封君紀年,對於有自己紀年的封君家所造器物來説,標明這一點是有必要的。

五、卅二年相邦冉戈(圖六、圖七、圖八)

卅三年相邦冉造,雝工師齒,工兒(内正)·武·北武北必(?内背)·延·行延阿□(胡背,以上秦戈刻銘)

廿三年得(?)工冶鎦。廿二。(鳥狀錯銀柲冒下部,趙刻)

從銹色、形制觀察,此柲冒與戈確是原配。戈的紀年如上已述,乃秦昭王三十三年(前274)。需要討論的是柲冒國別和紀年。

柲冒刻銘不是秦文字,而是三晋中的趙國文字。根據目前研究,工官"得(?)工"大量見於趙國銘文,兩周地區刻銘也略有所見(如《集成》11271,七年得工戟),但爲數極少,且"得(?)"字寫法與趙不同。"年"、"冶"字寫法也跟趙銘文一致,因此柲冒刻銘屬趙,應無疑問。

柲冒既然屬趙,那麼是哪一位趙君紀年呢?我認爲是趙惠文王的二十三年。戰國中後期趙君紀年數超過23年的,只有趙武靈王(27年)和趙惠文王(33年)。趙惠文王二十三年(前276年)跟戈銘秦昭王三十三年(前274)只相差兩年,並且目前發現趙工官"得工"都早不到惠文王以前。因此最可能是戰國時趙國所製柲冒就已經與秦戈相配爲用。

"得(?)工"是趙國宫内工官,"得(?)"字有繁、簡兩种,有時還與"工"字合文。此字釋讀意見分歧,一直懸而未决。這件柲冒銘文"得(?)"字寫法簡率,有些類似"百"字,我曾根據柲冒銘文,猜想簡體的寫法釋"百工",較繁的那种寫法是"貊(百)工"。這種看法還有待研究。

六、元年上郡假守暨戈(圖九)

元年上郡假守暨造,漆工壯,丞圂,工隸臣黃(?)(内正)·上武·平陸(内背)·九(胡正)·中陽(胡背)

此戈的釋讀,可以參考《集成》新刊 11362 二年上郡假守戈:

二年上郡守□造,漆工疾(?),丞圂,隸臣□。①

這兩件戈的形制、銘文風格完全類似,且丞名都是"圂",可以說明其年代相次。

林清源先生指出,《集成》新刊出的二年上郡戈銘:"二年,既有可能指昭王,也有可能指莊襄王而言。"他最後推論爲昭王。② 我曾認爲,新刊二年戈跟《集成》11399、11369 兩件上郡守冰戈形制相同,都屬秦莊襄王。下面是當時的論述:

我們注意到,這件新出上郡戈的形制,放到上郡戈的序列裏,其特點可以概括爲:援、内、胡均稍寬,因此顯得整體比例相對勻稱,不是那麼狹長的類型;内與援形成一個夾角,而早期的秦戈多作直援直内,夾角不顯著;另外,早期秦戈有不少是内上無穿的,到了晚期,常見一種略呈狹長梯形的穿;還有,戈援作扁平狀,上無中脊或不明顯,截面呈六邊形,似乎是早期特徵,晚期多起中脊,截面略似菱形。以上所說,只是我們的一種印象,還不好提出具體的數據。或者說,以上所謂的"早"與"晚"實際上可以代表兩種不同的秦戈類型。此件上郡戈,比較接近於"晚"的那種類型,跟四十年上郡守起戈比較,二者的形制是一樣的。此外,昭王初年的秦戈銘文,用詞以"之造"居多,而這三件上郡戈銘都祇用"造"。因此,基於對准格爾旗納林出土的二年上郡戈和這件新刊布秦戈的形制分析,我們比較傾向於把這三件戈都放到比較晚期的莊襄王或秦王政的二年,而以莊襄王時代的可能性爲大。

---

① 《集成》11362。新刊布拓本。
② 林清源:《〈殷周金文集成〉新收戰國秦戈考釋》之二"二年上郡守戈",《于省吾教授百年誕辰紀念文集》,吉林大學出版社,1996年,第99—100頁。

上述意見移來這裏,也可以作爲珍秦齋藏這件元年上郡假守暨戈時代的說明。

七、□年相邦吕不韋戈(圖十)

□年相邦吕不韋造,[寺工]讋,丞義,工豫(内正刻款)·寺工(内背鑄款)

此戈紀年殘去。但其年代範圍,可以由下列秦王政時期寺工製造及吕不韋監造的秦兵器銘文來推定:

1. 戟:二年寺工讋,金("丞"字誤摹)角·寺工。①
2. 戟:三年相邦吕[不韋]造,寺工…………·寺工。②
3. 戟:三年相邦吕不韋造,寺工讋,丞義,工寫(内正)·寺工　左(内背)·寺工(矛骹)。③
4. 戟(磨内):四年相邦吕不[韋造],寺工讋,丞[義,工嘉](内正)·寺工(内背)。④
5. 殘戟内:四年相邦吕不韋造,寺工讋,丞義,工嘉(内正)·寺工(内背)。⑤
6. 戟:四年相邦吕不韋造,寺工讋,丞我(義),工可戟(内正)·寺工　文(内背)·寺工(矛骹)。⑥
7. 戟:五年相邦吕不韋造,寺工讋,丞義,工成(戌?)(内正)·寺工　午(内背)·寺工(矛骹)。⑦
8. 戟:七年相邦吕不韋造,寺工周,丞義,工競(内正)·寺工　壬(内背)·寺工(矛骹)。⑧

---

① 《集成》11250。殘内。
② 《秦始皇陵兵馬俑一號坑發掘報告(1974—1984)》,文物出版社,1998年,上册圖一五三:4,出土號:T19G11:0924。
③ 《秦始皇陵兵馬俑一號坑發掘報告(1974—1984)》上册圖一五三:2,出土號:T19G8:0710。
④ 《集成》11308·1、2,《考古》1959年第9期457頁圖二。1958年長沙左家塘秦代木椁室出土。
⑤ 北京私人收藏。
⑥ 《秦始皇陵兵馬俑一號坑發掘報告(1974—1984)》第258頁。
⑦ 《秦始皇陵兵馬俑一號坑發掘報告(1974—1984)》上册第257頁圖一五二:3,出土號爲T20G10:01392的一件,無銘文照片或摹本。《考古與文物》1983年第4期王學理文有此戈一較差的照片。此外未見銘文資料。
⑧ 《秦始皇陵兵馬俑一號坑發掘報告(1974—1984)》上册第258頁圖一五三:2,出土號T19G8:0710。

可以看到，"寺工聾丞義"的組合出現在秦王政三至五年，至七年，"寺工"已由"聾"改爲"周"。由於六年寺工兵器還未發現，目前保守一點説，珍秦齋藏這件呂不韋戈的年代，應在秦王政三至六年之間。

八、少府戈與高奴戈(圖十一)

十六年少府戈(圖十二)：少府(内穿上)·十六年少府工師乙，工毋(内穿左)

廿三年少府戈(圖十三)：少府(内穿上)·廿三年少工爲(内穿左)

少府戈(圖十四)：少府(内穿上)。戌。(戌? 内穿左)

高奴戈(圖十五)：高奴(内上、下，後緣兩面有花紋)

以上四戈，都是内上無刃，從形制上説，大體屬於同一種類型。内上無刃的秦戈，在過去罕有發現。但在最近幾年公佈的資料中，形制與上述珍秦齋收藏五戈同類的，還有如下幾件：

1. 在洛陽宜陽發現的一件少府戈，銘文爲"少府"、"杏陵"(圖十六)；①

2. 2001—2002 年，在湖北襄陽王坡 M61 發現一件少府戈及鐏(M61∶5)，戈内刻銘"少府"、"卅四年少工樽"，鐏銘"少府"、"去"(圖十七)；②

3. 民間收藏的一件少府戈，形制、銘文都與宜陽發現的那件極類似，但又兩次增刻置用地點"阿"、"阿"(圖十八)。此件已著録於《銘圖》16662；

4. 《銘圖》16661 著録少府工師尹戈(圖十九)；

5. 又見一件"少府"、"杏陵"銘文戈，也與宜陽那件相似(圖二十)。

1987 年，陳平先生發表《試論戰國型秦兵的年代及有關問題》③一文詳論戰國秦兵器類型，但當時這種無内刃類型的秦戈材料連一件也沒有公佈過，因此陳文没有討論。下面就珍秦齋所藏以及上文所列舉的材料，略談一下有關這類秦

---

① 劉餘力、褚衛紅：《洛陽宜陽縣城角村發現戰國有銘銅戈》，《文物》2004 年第 9 期，第 88—89 頁。該文公布戈的照片與綫圖微有不符，此輯用綫圖。

② 湖北省文物考古研究所、襄樊市考古隊、襄陽區文物管理處：《襄陽王坡東周秦漢墓》，科學出版社，2005 年，第 165 頁，圖 3、圖 4；圖版四三∶2。

③ 載《中國考古學研究論集——紀念夏鼐先生考古五十週年》，三秦出版社，1987 年，第 310—335 頁。

戈的性質、年代、鑄造機構和使用問題，以補陳文所未及。

以往發現的戰國式秦戈，絕大多數都內上有刃。今見這種內上有刃的戈，應當是戟而非戈。這方面的證據有二：1. 所見秦張義戈、商鞅戟以及珍秦齋藏十四年屬氏戈，都有自名"戟"，形制上都是內上有刃的類型；2. 新鄭白廟范出土鄭韓兵器銘文中，內上有刃的，自名"戟刃"；無刃的，自名爲"戈"。由此看來，以往所見內上有刃的秦戈，都應屬於戟；這裏所論列的內上無刃類型的秦戈，才真正是戈。

已知這種類型的9件秦戈，8件都明確標明其製造機構是"少府"。這類戈的製造年代，跟秦少府機構的設置年代相關。

從戰國其他國家和漢代制度來看，少府本是王室私府。《漢書·百官公卿表》"少府，秦官，掌山海池澤之稅，以給共養"，應劭曰："名曰禁錢，以給私養，自別爲藏。少者，小也，故稱少府。"師古曰："大司農供軍國之用，少府以養天子也。""少府"在秦題銘中出現較晚，目前所見戰國東方國家的韓、趙、魏等國都有"少府"題銘，且有些年代要早過秦。因此，秦的少府有可能是向東方諸侯國官府學習而設置。

過去所見秦少府兵器，都是戟刃和戟刺：

1. 戟：二年，少府。□。①
2. 戟：少府（內上鑄銘）·邦之（?）□（胡上刻銘）②
3. 戟：五年相邦呂不韋造，少府工室阾，丞冉，工九。武庫（戈內正面刻銘）·少府（戈內背面鑄銘）。（圖二十一、圖二十二）③
4. 矛：十三年，少府工儋。武庫受屬邦。④
5. 矛：少府·武庫受屬邦。⑤

其中，1979年太原揀選的五年相邦呂不韋戈的年代是明確的。從目前所見

---

① 《河北省出土文物選集》一四六。《古文字研究》第7輯第138頁有摹本。
② 《集成》11106。藏故宫。
③ 張頷：《揀選古文物秦漢二器考釋》之一"秦呂不韋'少府'戈"，《山西大學學報》（哲社版）1979年第1期。又載於《張頷學術文集》，第130—136頁。此戈來自太原電解銅廠揀選自陝西運來的廢銅。
④ 王輝：《秦銅器銘文編年集釋》，圖七十三。
⑤ 《燕下都》，文物出版社，1996年，第830頁，圖四七九：1、2、3、4。易縣武陽臺村采集品。原書誤定爲燕式矛。

材料看，沒有任何證據能夠説明秦少府之設置能夠早到秦昭王在位的前期。《史記》之《秦始皇本紀》、《陳涉世家》記載秦二世時有"少府章邯"，章邯應是少府令，秦九卿之一。所以，目前我們認爲，上面論列的這些少府兵器，恐怕都是秦莊襄王、秦王政時代的少府產品。莊襄王只有三年，因此紀年爲十三、十六、廿三、卅四的少府戈、矛，只能屬於秦王政時。①

綜合幾件少府戈、矛銘，我們知道：秦少府製造器物的機關全稱"少府工室"，機構內設"少府工師"，工師有"丞"，具體製造者稱"工"。在題銘中，單獨的鑄銘"少府"（只見于戟）跟刻銘"少府"（見於戈、戟刺），都是製造機構"少府工室"的簡稱；題銘中"少府工室"或用簡稱"少"，如廿三年少府戈的"少工"即"少府工"，多數題銘都要記出工匠名，而"工師"或"丞"這兩級監造者，有時簡省不記。

少府製造的兵器，與其他秦戈一樣，先入武庫，再由武庫頒授給使用單位，例如兩件少府矛銘"武庫受屬邦"，武庫是中央武庫，屬邦是秦中央直屬機構。洛陽發現與民間收藏的那兩件少府戈，置用地點爲"杏陵"，"杏"似可讀爲"永"，上古音"永"、"杏"皆爲匣母陽部字，永陵是秦悼武王墓所在，在咸陽西，見《秦始皇本紀》所附《秦記》記載。② 若此不誤，則這兩件"杏陵"銘文的少府戈，是爲秦武王守陵軍隊配置。

珍秦齋藏"高奴"戈之"高奴"是指置用地還是製造地點，仍需要再研究。但這件"高奴"戈內部兩面都有花紋裝飾，字體大書深刻，也不像是爲普通軍隊配置的武器。

綜上所述，這9件無內刃秦戈的發現，爲戰國式秦兵增加了一個新的類型。從銘文看，其年代都偏晚，主要由秦王政時代的少府製造，這類戈的置用地點多在秦中央內史之地。

少府在秦漢時位列九卿之一，地位重要。少府諸戈的發現，爲研究秦少府機構的起源和功能提供了實物。

---

① 《襄陽王坡東周秦漢墓》第四章結語認爲M61所出卅四年少府戈屬於秦昭王，理由是："戰國晚期在位超過三十四年的只有秦昭襄王。"按：此根據不確。秦王政二十六年改稱始皇帝，但未改元，其紀年數通前，有三十七年。因此戰國晚期在位超過三十四年的秦君不僅有秦昭襄王，還有秦王政（始皇帝）。

② 《秦本紀集解》引《皇覽》"秦武王冢在扶風安陵縣西北，畢陌中大冢是也"，《正義》引《括地志》："悼武王陵在雍州咸陽縣西北十五里。"《秦記集解》引皇甫謐説"葬畢"，"今按陵西畢陌"；《秦記正義》引《括地志》"悼武王陵在雍州咸陽縣西十里，俗名周武王陵，非也"，與《秦本紀》所記稍異。

九、信宫罍(圖二十三)

罍銘分在肩、底兩處：

1. 四斗。(肩上第一次刻)
2. 古(故,肩上第二次刻)西共左(肩上第一次刻)。今左般(肩上第二次刻)。
3. 信宫左般(肩上第二次刻)。
4. 西廿(共)左。十九斤(罍底第一次刻)。

肩上三行銘文可以據字體、刀法的不同,分爲先後兩次所刻。"四斗"、"西共左"與罍底刻銘"西廿(共)左。十九斤"字迹相同,皆屬於秦文字,是第一次刻。"西"指該器置用於西縣;"共",底銘簡省作"廿",讀爲"供給"之"供","供"是供給食物的官署;"左",此官署分左右。西縣是秦早期宗廟重地,祭祀不輟,所以這件罍最早是屬於秦西縣宗廟祭祀官署。

肩上第二行加刻字與第一次刻連讀,爲"古(故)西共左,今左般",指此罍由"西共左"轉至"左般"官署。"左般"之"般"訓爲"樂",《左傳》襄公十二年"(季武子)取其鐘以爲公盤","盤"與"般"通,特指侑食之樂。西漢齊王墓器物坑銅器銘文又有官署"齊大官右般","大官"職掌君王飲食,右般屬於大官,可説明左、右般官署與飲食娛樂有關。①

"信宫左般",指此左般機構在信宫内。"信宫"之"信"義爲"再宿",見《左傳》莊公三年釋《春秋》經"公次于滑"云:"凡師,一宿爲舍,再宿爲信,過信爲次。"《正義》:"信者,住經再宿,得相信問也。"《左傳》哀公二十五年:"揮出,信,弗内。"《詩經·周頌·有客》"有客宿宿,有客信信。"《左傳》襄公十八年:"子庚門于純門,信于城下而還。"據此,"信宫"詞義是再宿行宫。

文獻記載秦有信宫在渭南。《史記·秦始皇本紀》二十七年:"焉作信宫渭南,已更命信宫爲極廟,像天極。"趙國也有信宫,《史記·趙世家》武靈王元年"韓

---

① 黄展岳:《西漢齊王墓器物坑出土器銘考釋》,《中國考古學研究——夏鼐先生考古五十年紀念文集》,文物出版社,1986年。

宣王與太子倉來朝信宮"，《正義》"在洺州臨洺縣"，又武靈王十九年"大朝信宮"。漢代稱帝太后所居宮爲長信宮、永信宮。這些"信宮"都不僅僅是"再宿"，其詞義有所引申。

如上所說，第一次刻"西共左"諸銘屬於秦刻，應無疑問。那第二次刻"信宮左般"諸銘能晚到什麼時候？從字體看，第二次刻銘字體最晚也晚不過西漢初期，仍有可能還是秦刻。若此，罍銘"信宮"大概就只能是秦始皇三十七年所作之渭南信宮。當然，這個看法還需要繼續深入研究銘文字體之後再作定論。

十、廿一年舌或戈（圖二十四、圖二十五）

廿一年舌（？）或下庫工師既，工□（內正）·襄雙（內背）·義陽（援本近胡）

此戈援殘斷，有加寬欄，欄右有缺，形制與銘文字體都說明這是一件典型的戰國魏戈。其地名"舌（？）或"待考。

內背秦刻"襄雙"，應讀爲《左傳》僖公二十八年、襄公十年所見之衛國地名"襄牛"。① 此即《漢書·地理志》陳留郡之"襄邑"，莽曰"襄平"，應劭曰："《春秋傳》曰'師于襄牛'是也。"顏師古曰："圈稱云：襄邑宋地，本承匡襄陵鄉也。宋襄公所葬，故曰襄陵。秦始皇以承匡卑溼，故徙縣於襄陵，謂之襄邑，縣西三十里有承匡城。然則應說以爲襄牛，誤也。"《水經注疏·淮水》"又東逕襄邑縣故城南"楊守敬引用應、圈、顏三說之後判斷"據應說則所見《漢志》必爲襄牛"。今珍秦齋藏戈秦刻"襄雙"，可證應劭說確有根據，楊守敬判斷亦不誤。

援本近胡處"義陽"二字刻劃極淺。歷代史志記載漢武帝時有"義陽侯"，魏晉有"義陽郡"，地在今湖北隨州。觀此戈銘可知，"義陽"之名源自秦。

十一、卅一年鄭令戈（圖二十六）

卅一年鄭命（令）郭涫，司寇肖它，往庫工師皮耴，冶屠（內正）。三（四）年春成左庫

---

① 也有可能文獻原本就作"襄雙"，今本"襄牛"之"牛"是"雙"的殘字。

(内背穿後)。雝(雍)(内背穿下)。

此戈正面銘文先是鑄出，鑄後打磨修整，造成内上正面銘文已經極不清晰，所以後來又補刻在鑄銘之上。這種情況也屢見於新鄭兵器銘文，根據原器，可以很清楚地觀察到這個現象。

據新鄭兵器銘文，"鄭命郭活"紀年數有三十一、三十二、三十三、三十四、元、二、三年，按戰國晚期韓桓惠王在位三十四年，"三十一"至"三十四"諸紀年應屬韓桓惠王，其後是最後一代韓君韓王安，韓王安有九年，低紀年數的"鄭命郭活"諸器即屬韓王安。

戈内背"四年春成左庫"亦爲韓刻。韓有名號爲"春成"的封君，先稱"春成君"，後稱"春成侯"。此"四年"刻銘是收藏地點加刻，應晚於韓桓惠王三十一年，最有可能是韓王安四年（前235年），而不是春成封君紀年。

内背穿上刻銘"雍"，可知該戈曾經置用於秦雍城。從上述兩個韓國紀年所屬韓王世已經很晚來看，這件戈落入秦人之手的時候，已經到了戰國最晚期、秦統一之際。

2005年5月7日起草於澳門
2005年9月26日定稿於北京
原刊於《珍秦齋藏金·秦銅器篇》，澳門基金會，2006年，第213—226頁

讀珍秦齋藏秦銅器札記　111

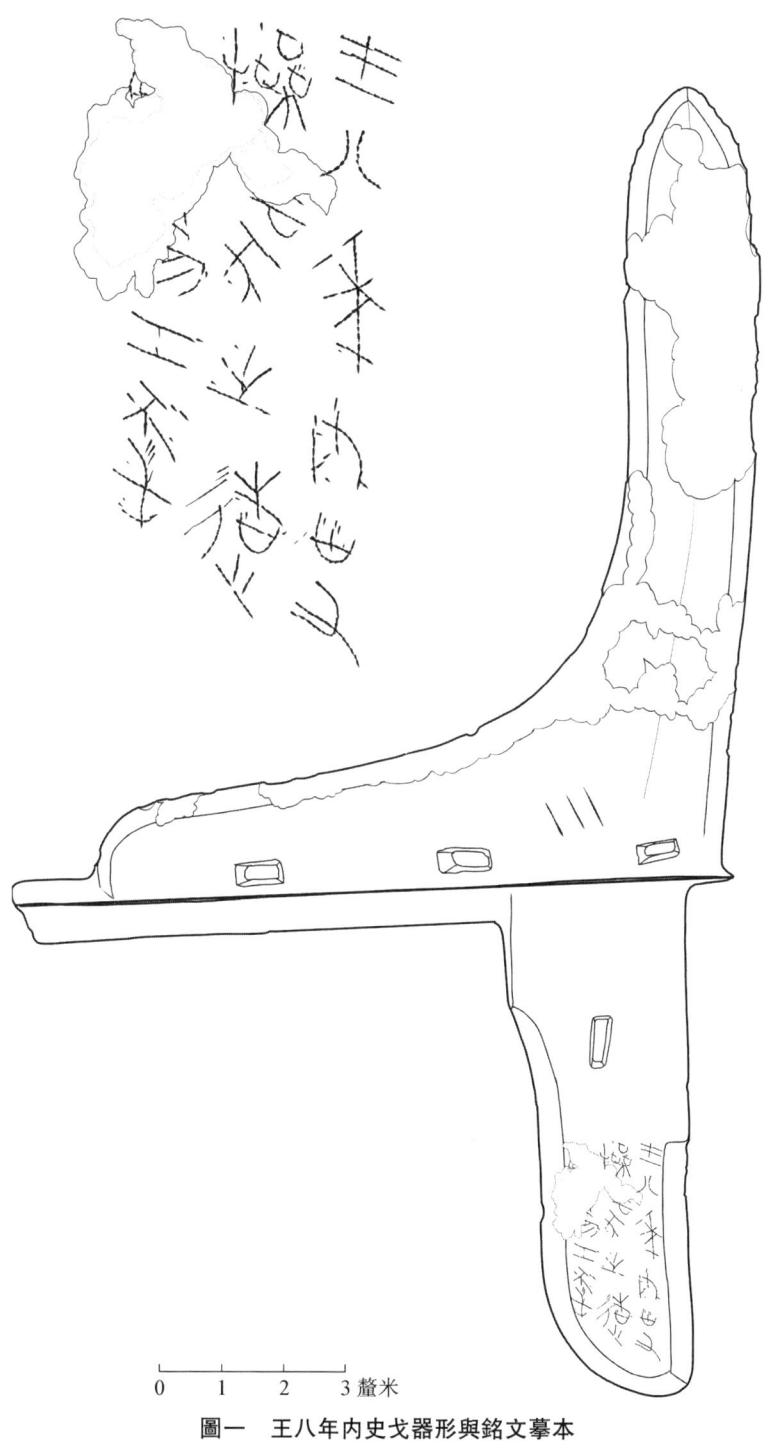

0　1　2　3 釐米

圖一　王八年內史戈器形與銘文摹本

圖二　十四年匽氏戈正面器形與銘文摹本

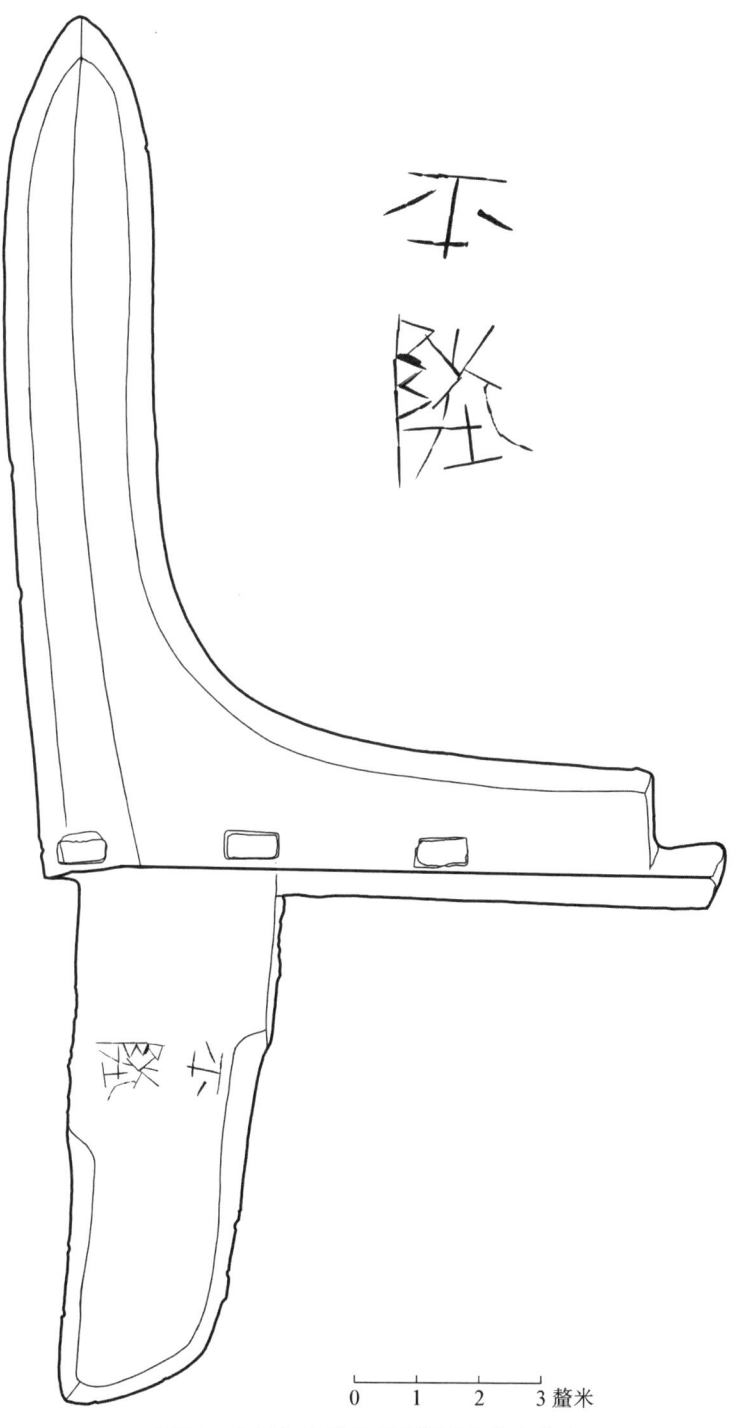

圖三　十四年匽氏戈背面器形與銘文摹本

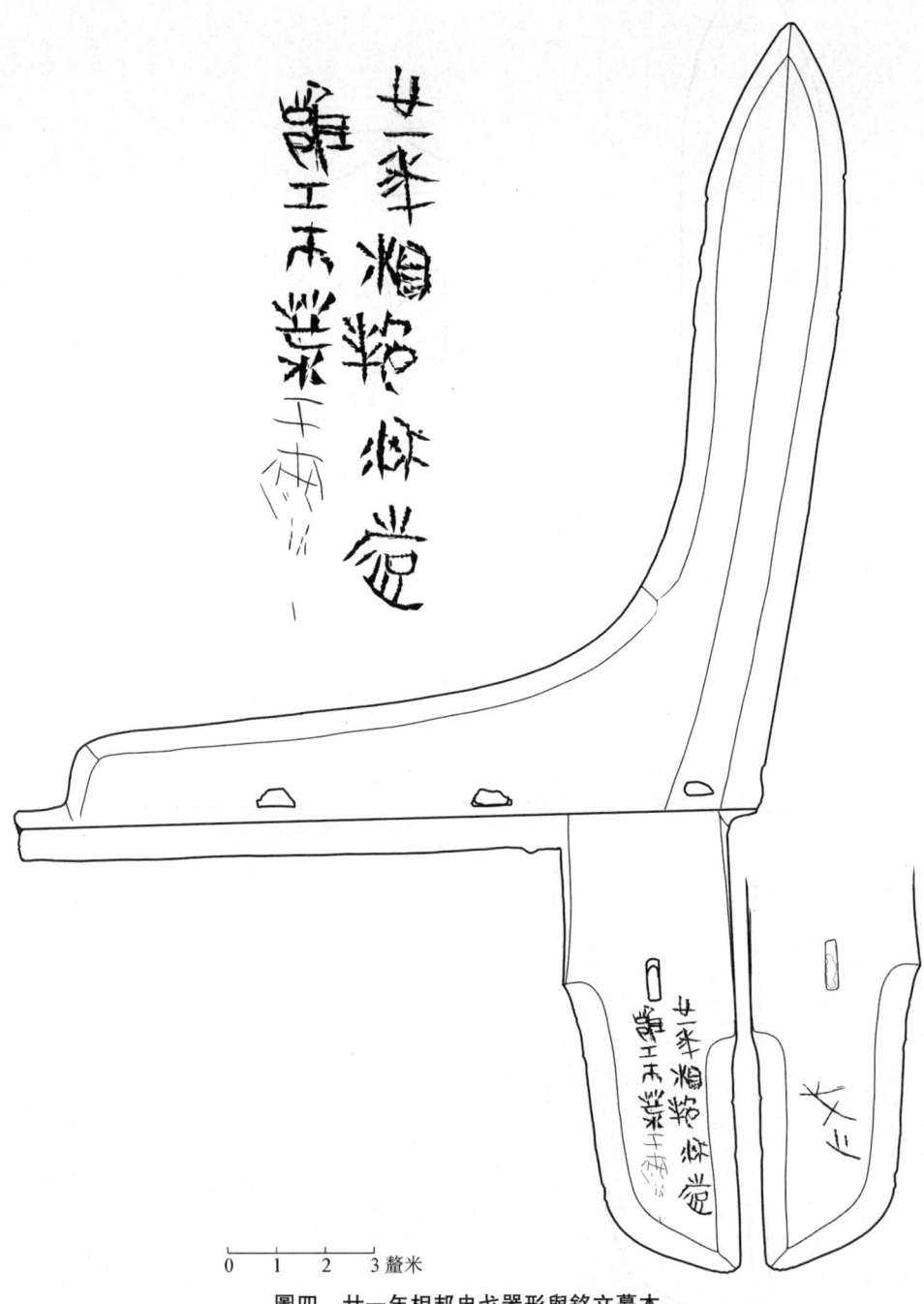

圖四　廿一年相邦冉戈器形與銘文摹本

讀珍秦齋藏秦銅器札記 115

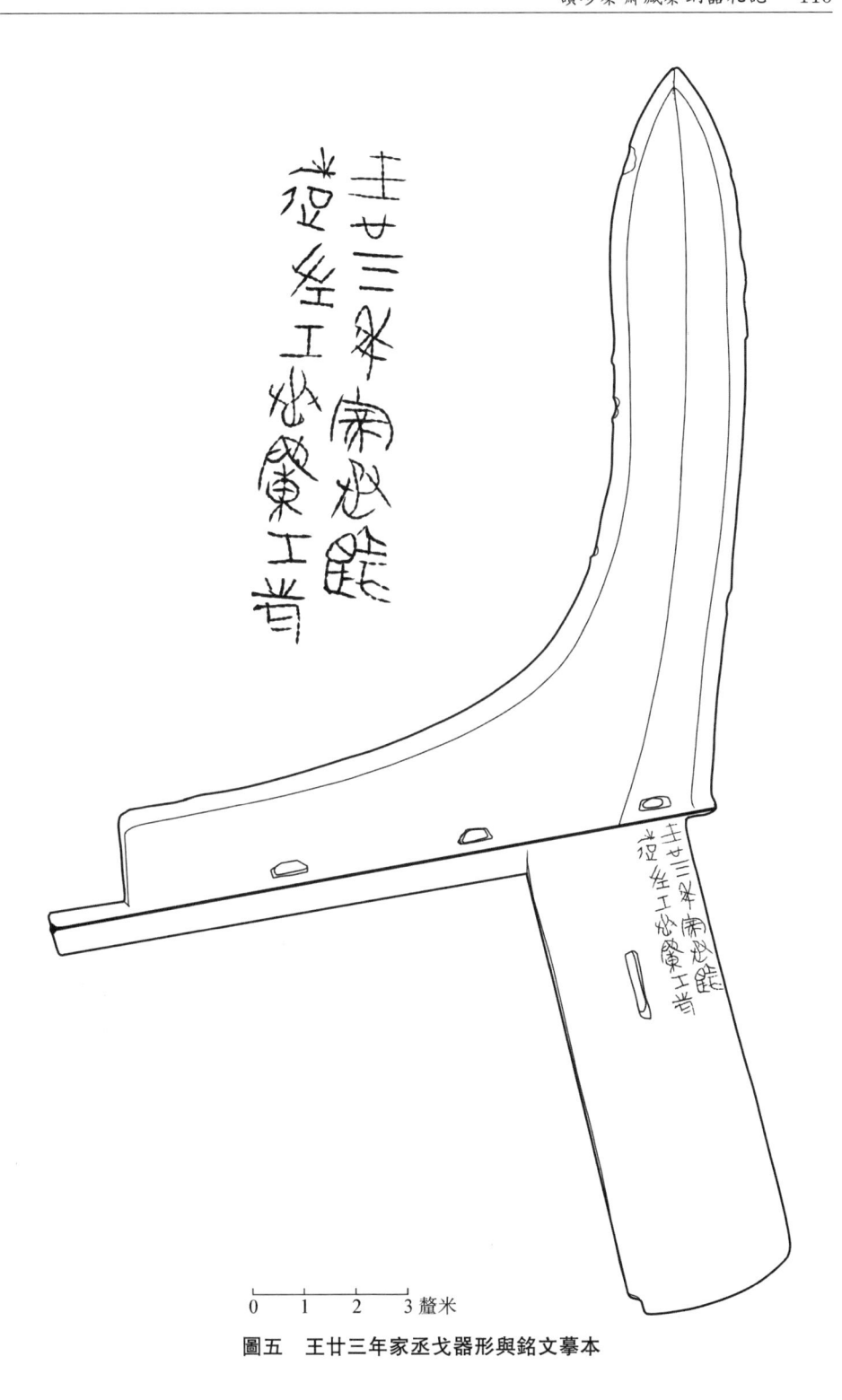

圖五　王廿三年家丞戈器形與銘文摹本

116　秦漢銘刻叢考

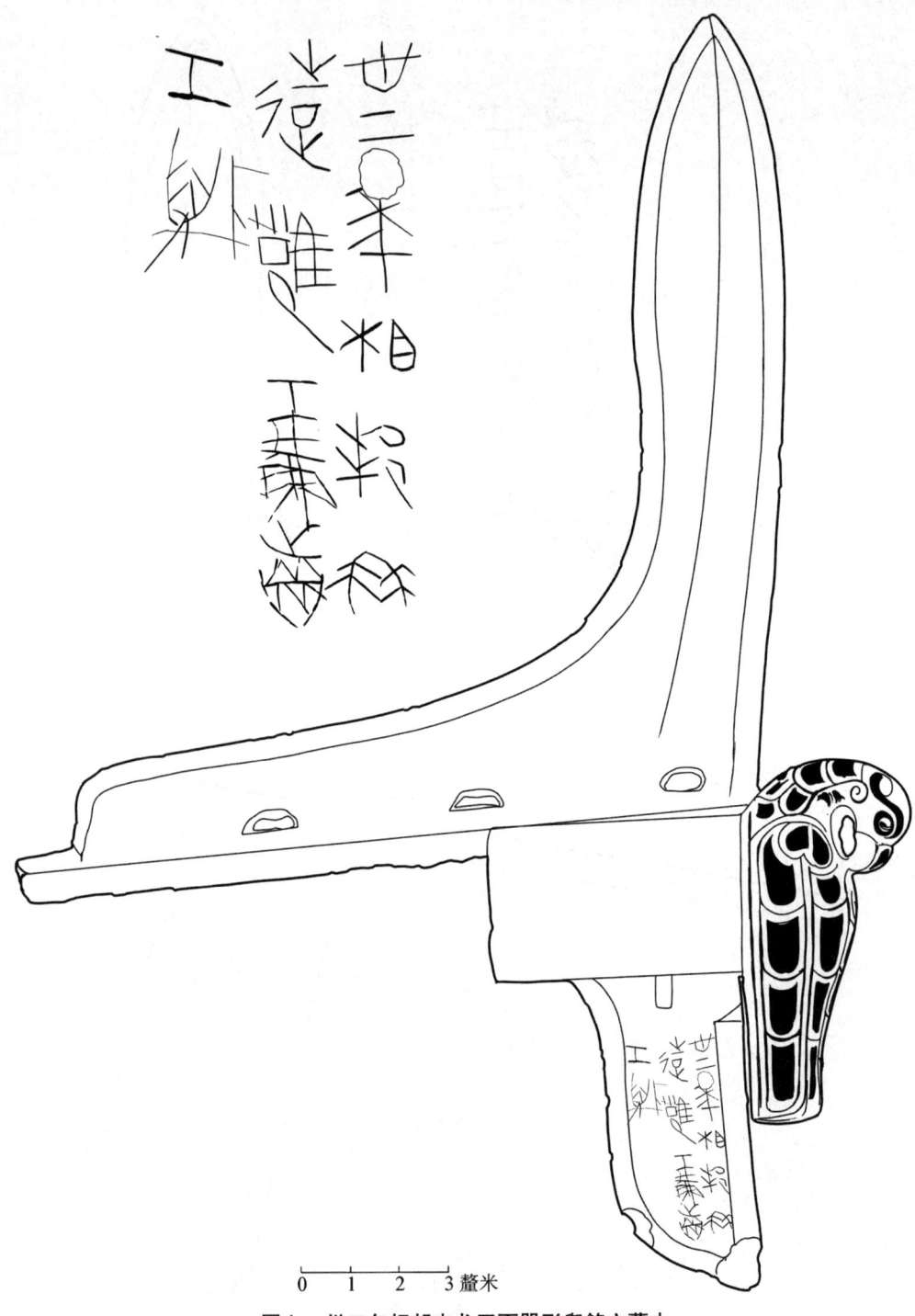

圖六　卅二年相邦冉戈正面器形與銘文摹本

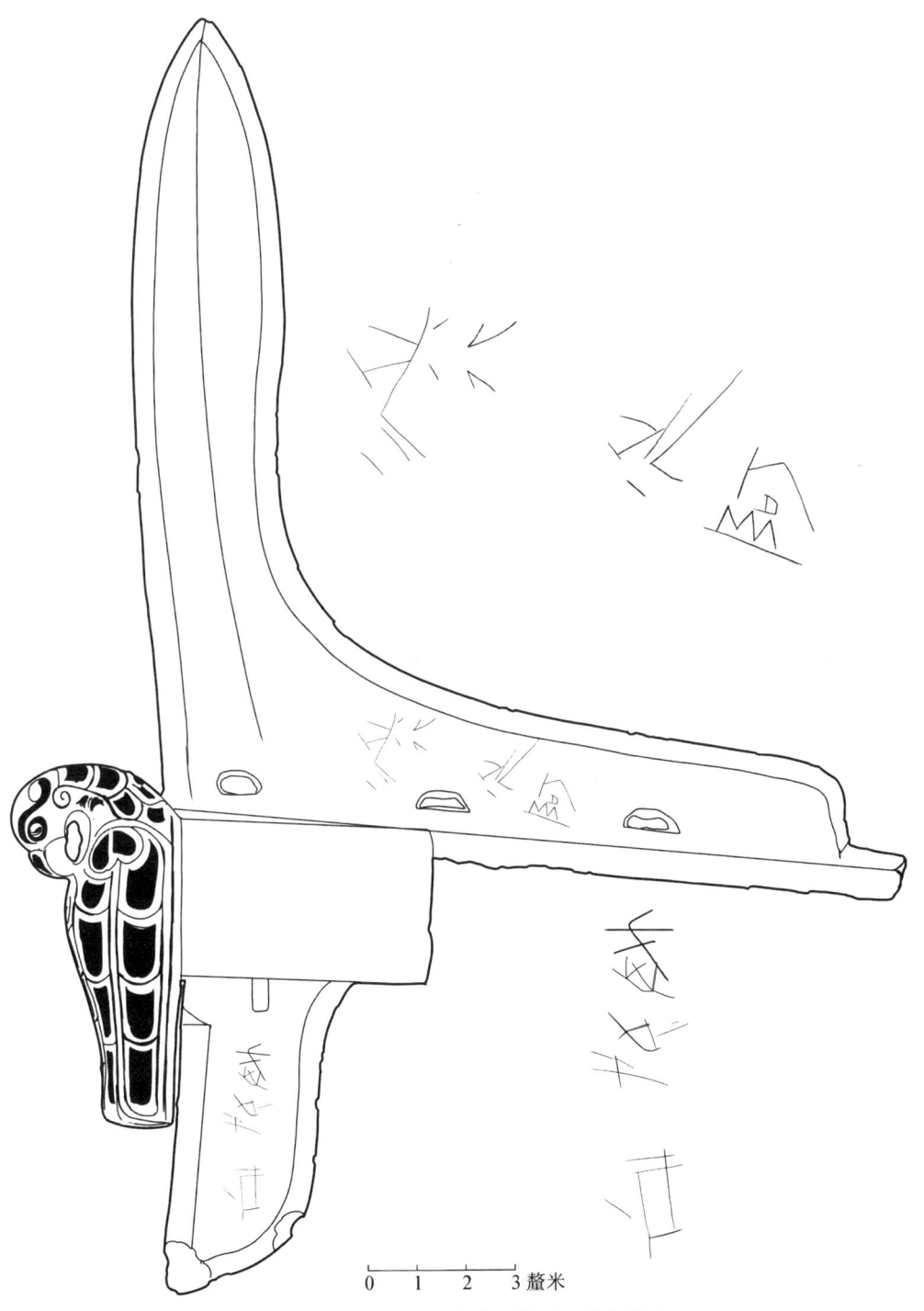

圖七　卅二年相邦冉戈背面器形與銘文摹本

0 1 2 3 釐米

圖八　卅二年相邦冉戈柲冒照片與銘文摹本

讀珍秦齋藏秦銅器札記　119

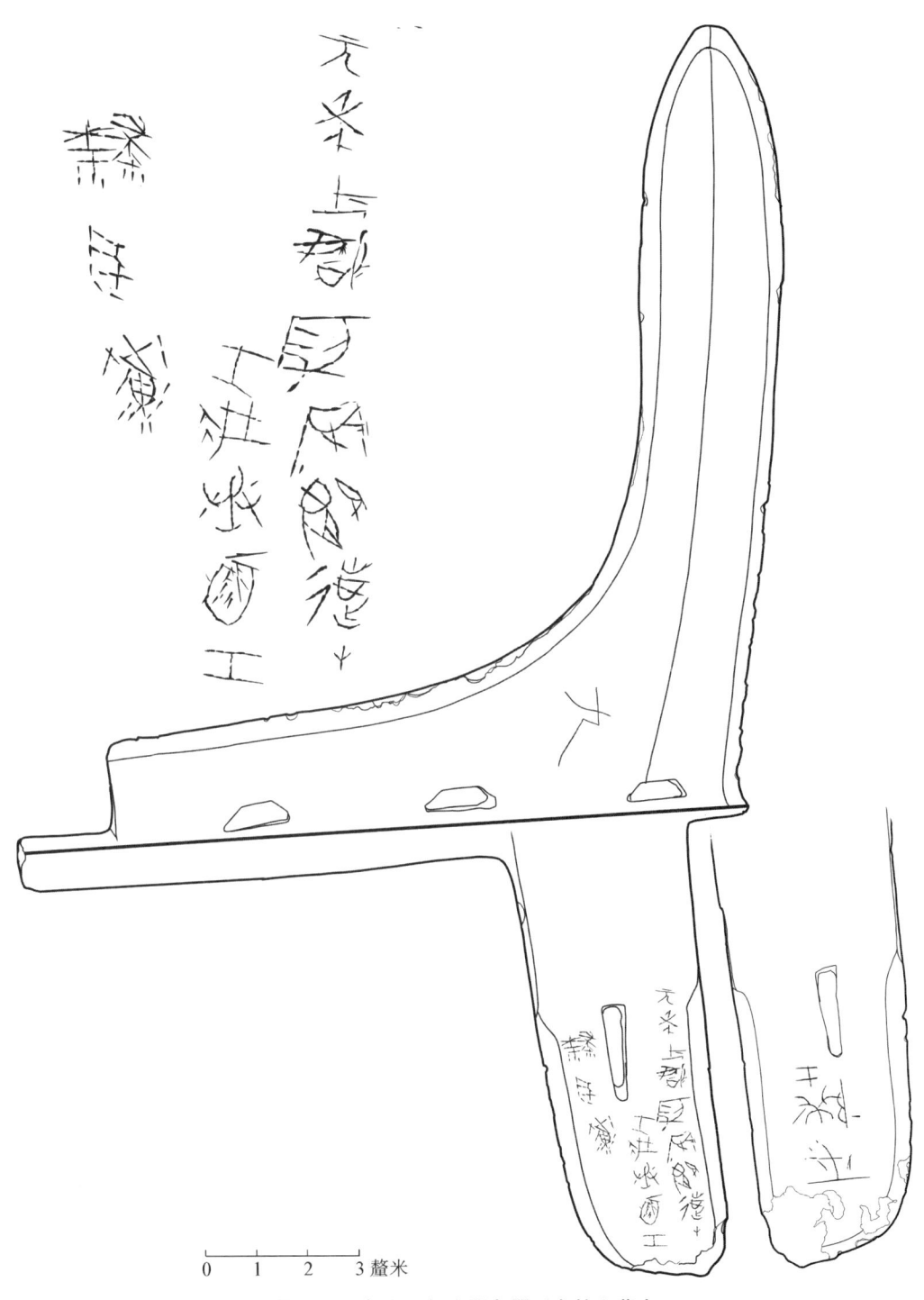

圖九　元年上郡假守暨戈器形與銘文摹本

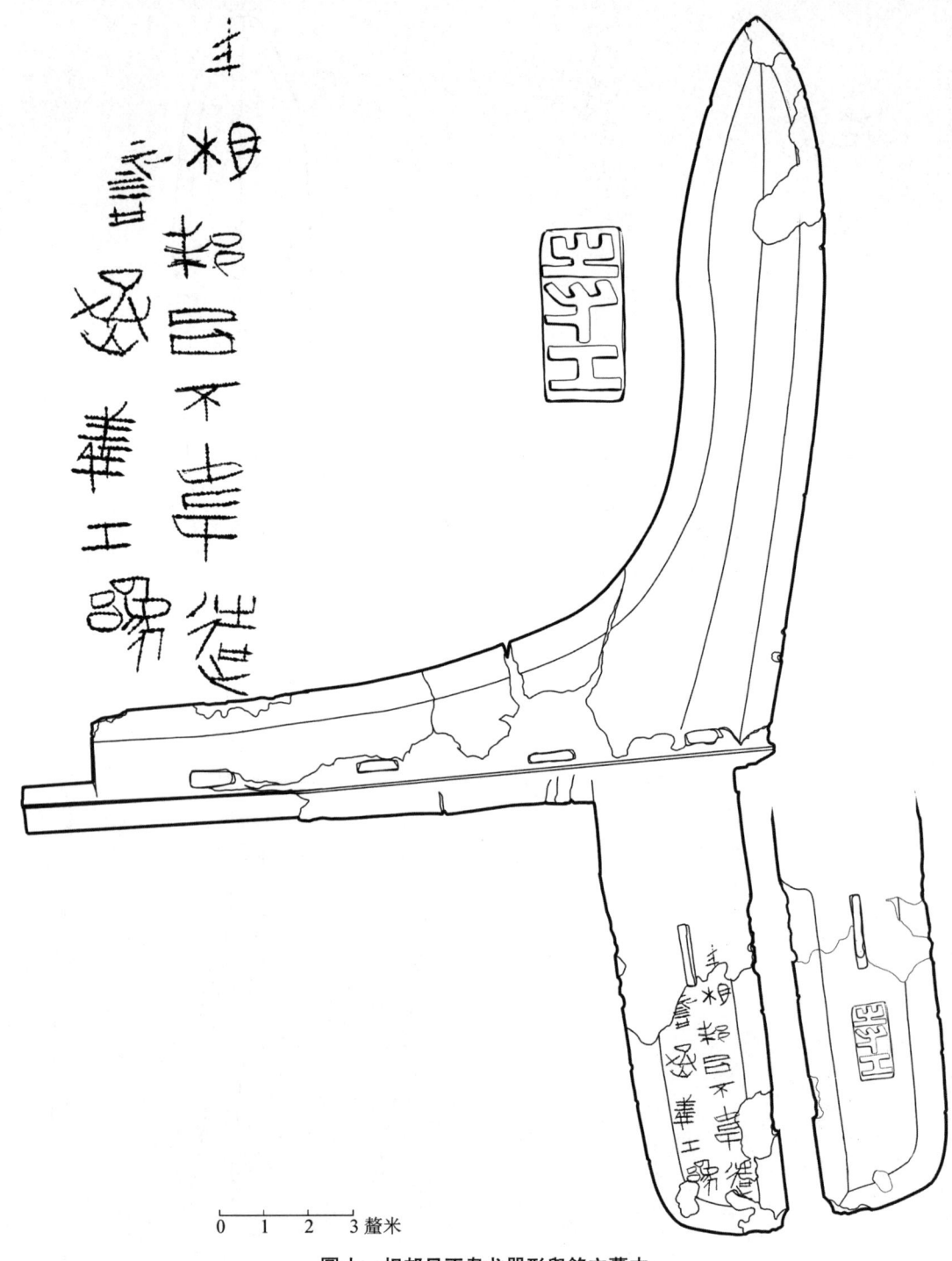

圖十　相邦呂不韋戈器形與銘文摹本

讀珍秦齋藏秦銅器札記 121

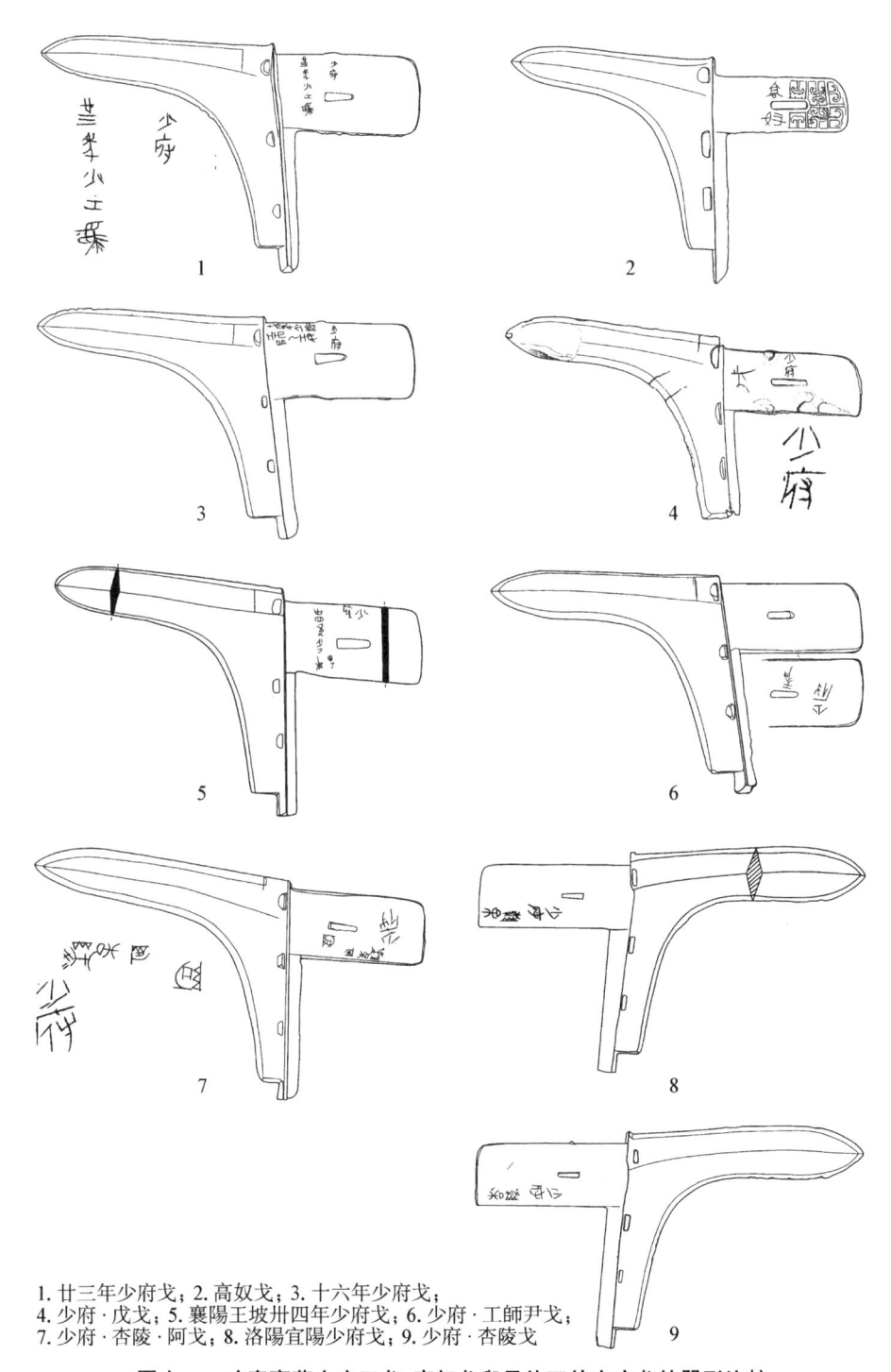

1. 廿三年少府戈；2. 高奴戈；3. 十六年少府戈；
4. 少府・戉戈；5. 襄陽王坡卅四年少府戈；6. 少府・工師尹戈；
7. 少府・杏陵・阿戈；8. 洛陽宜陽少府戈；9. 少府・杏陵戈

圖十一　珍秦齋藏少府三戈、高奴戈與另外五件少府戈的器形比較

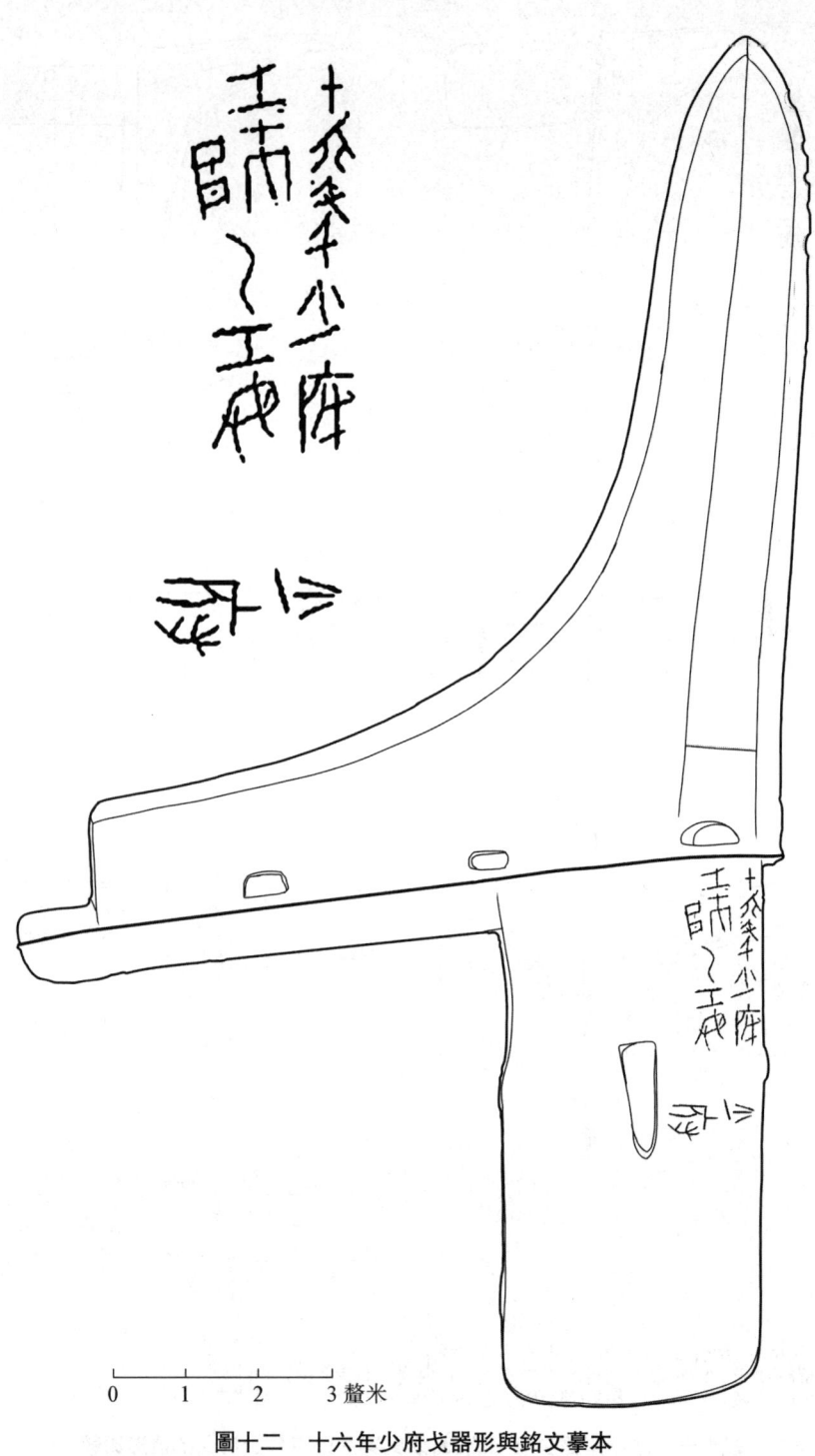

圖十二　十六年少府戈器形與銘文摹本

讀珍秦齋藏秦銅器札記　123

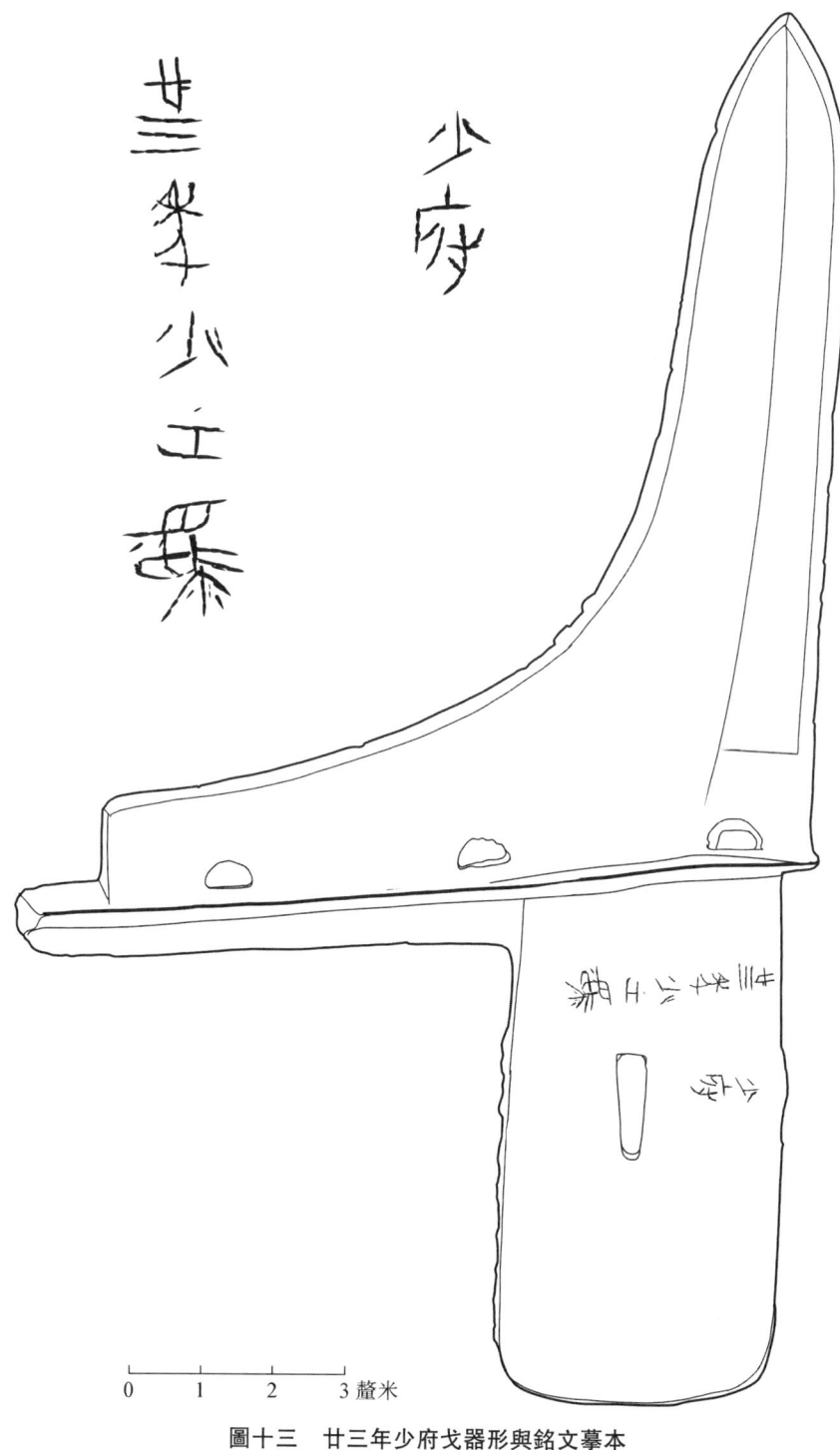

圖十三　廿三年少府戈器形與銘文摹本

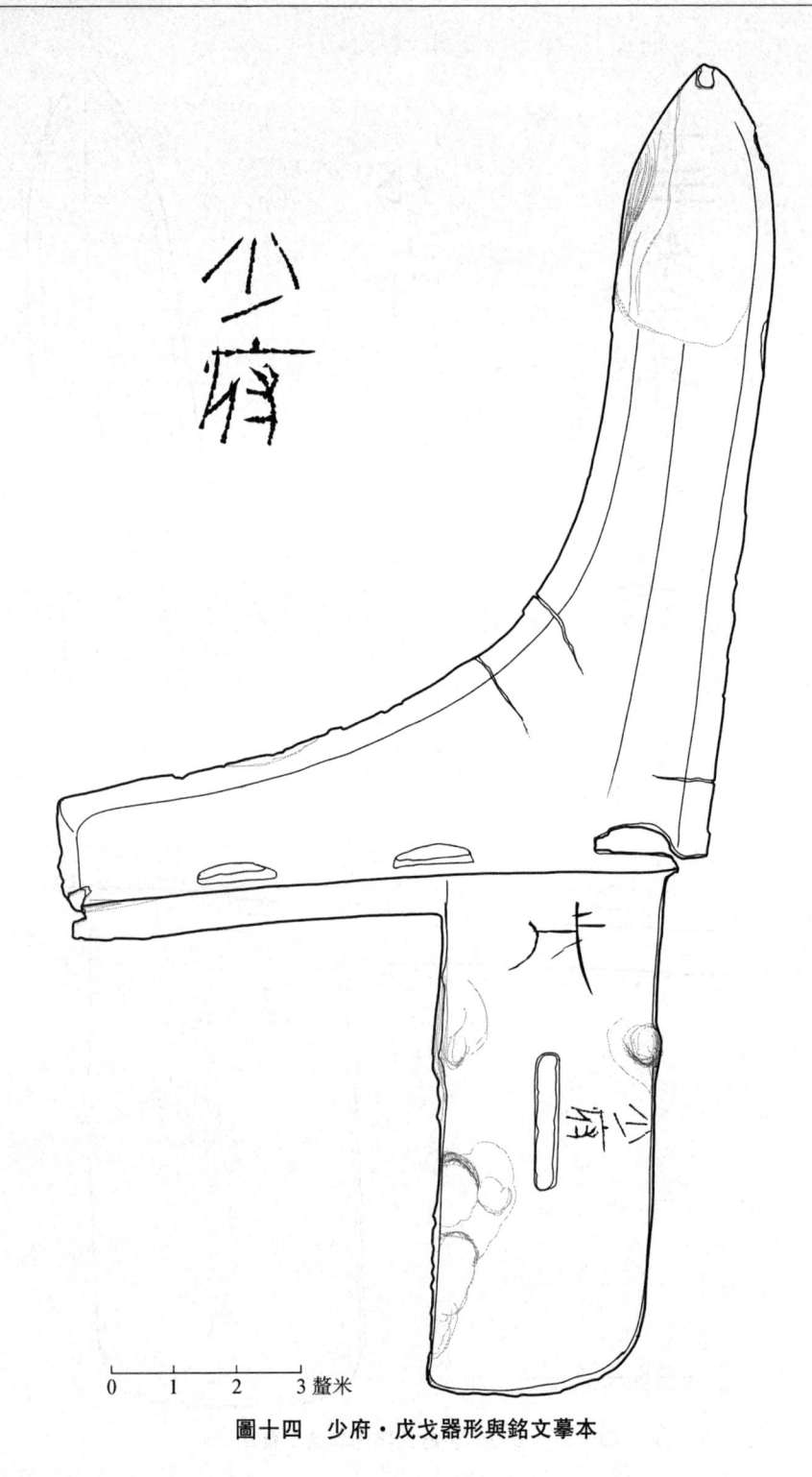

124　秦漢銘刻叢考

圖十四　少府·戊戈器形與銘文摹本

讀珍秦齋藏秦銅器札記 125

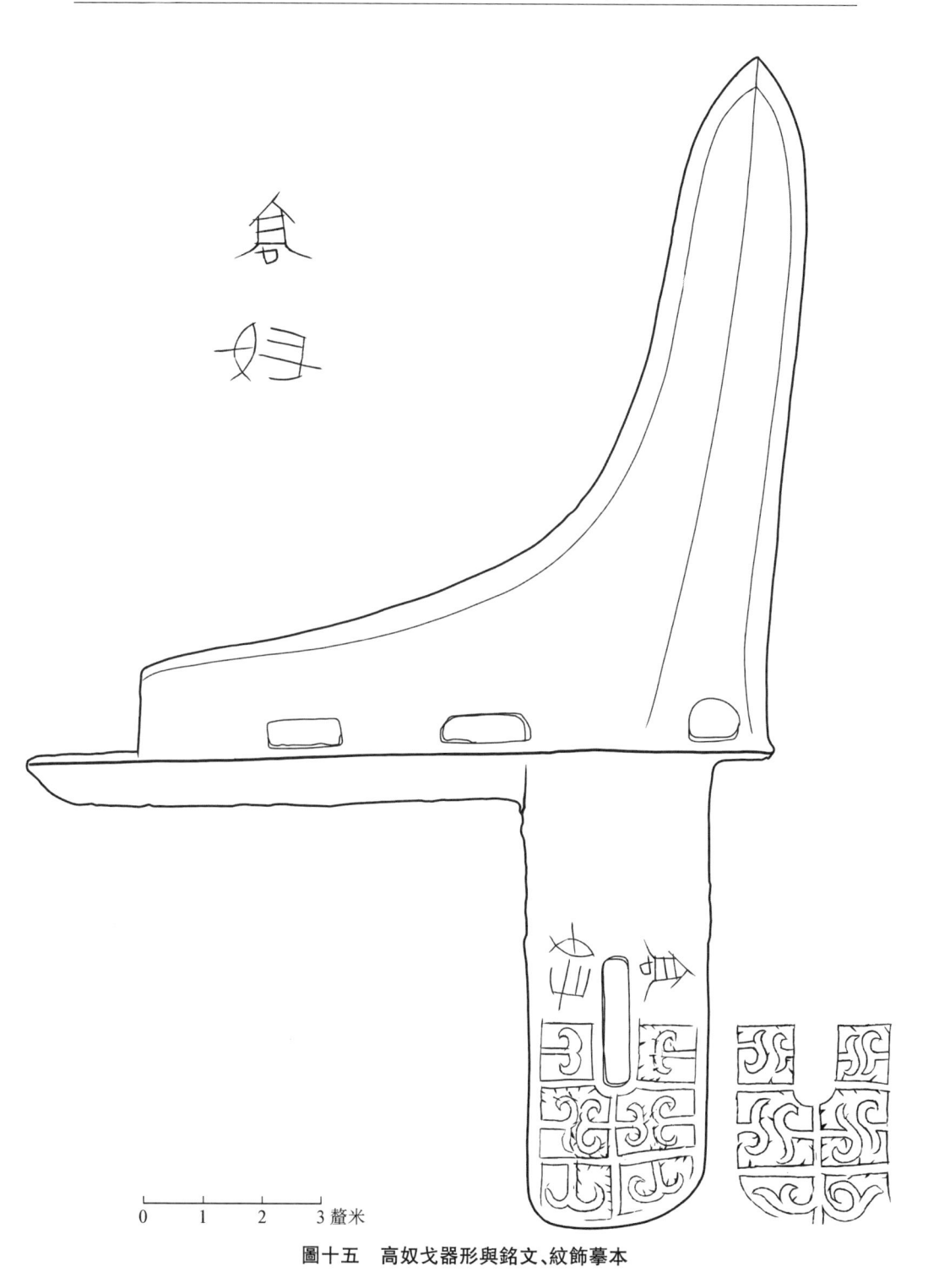

圖十五 高奴戈器形與銘文、紋飾摹本

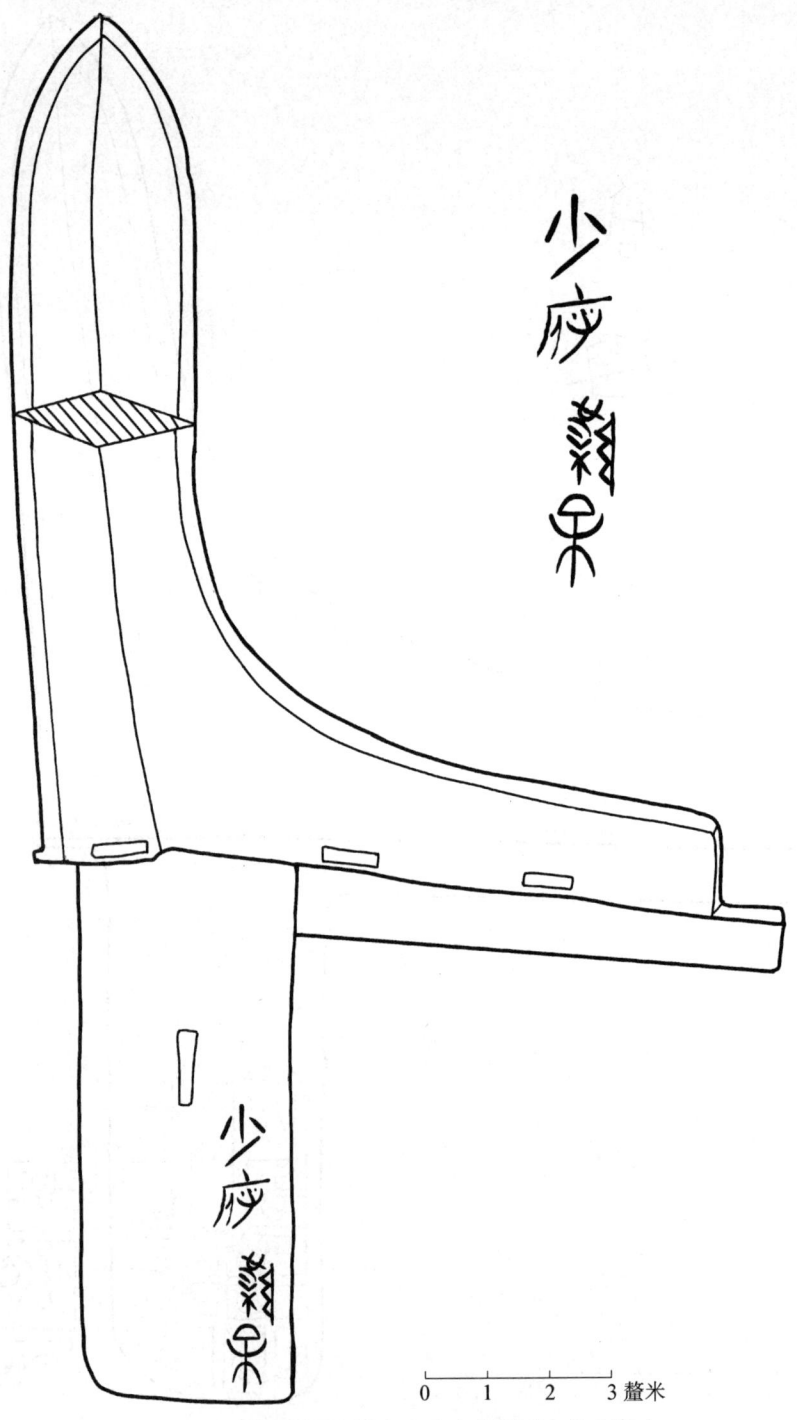

圖十六　河南洛陽宜陽出土少府戈器形與銘文摹本

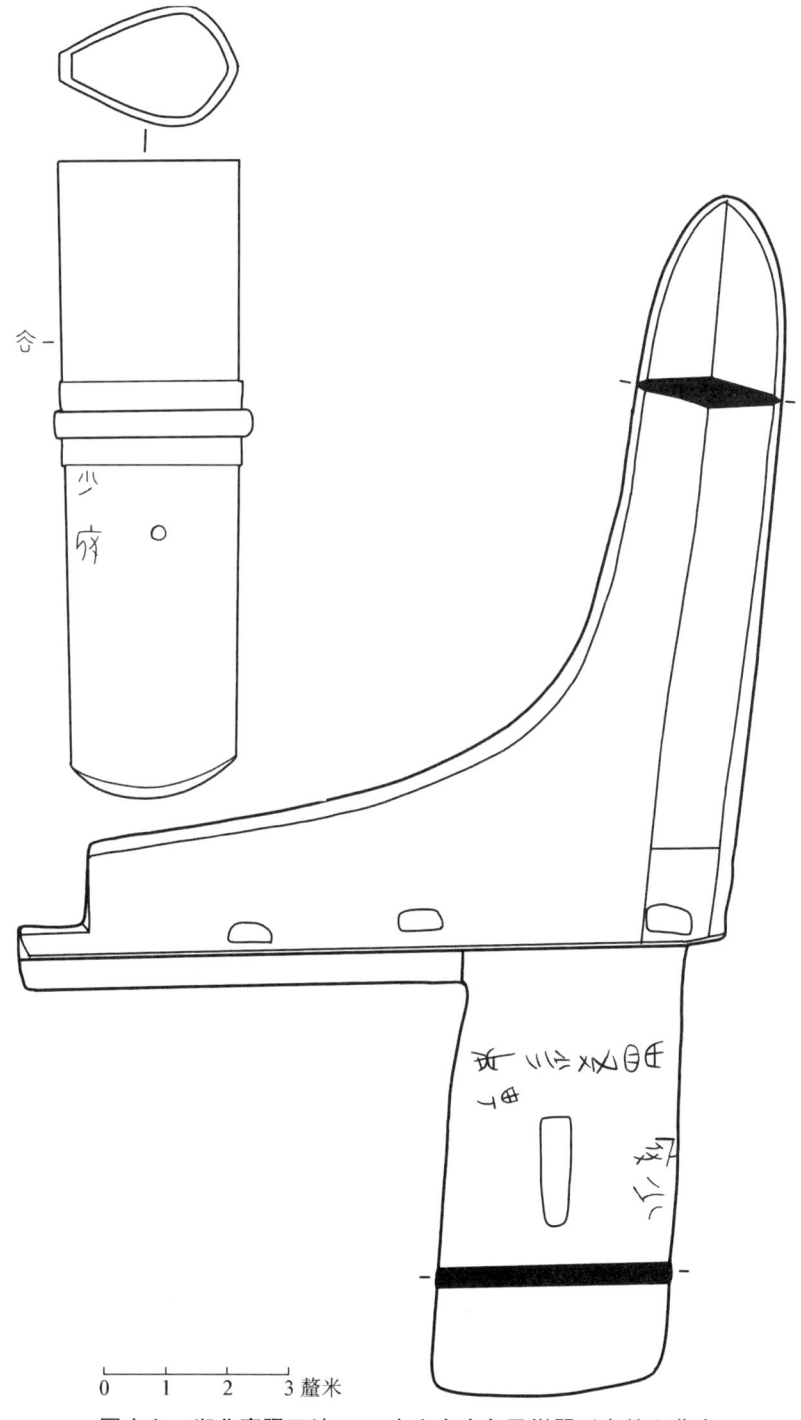

圖十七　湖北襄陽王坡 M61 出土少府戈及鐓器形與銘文摹本

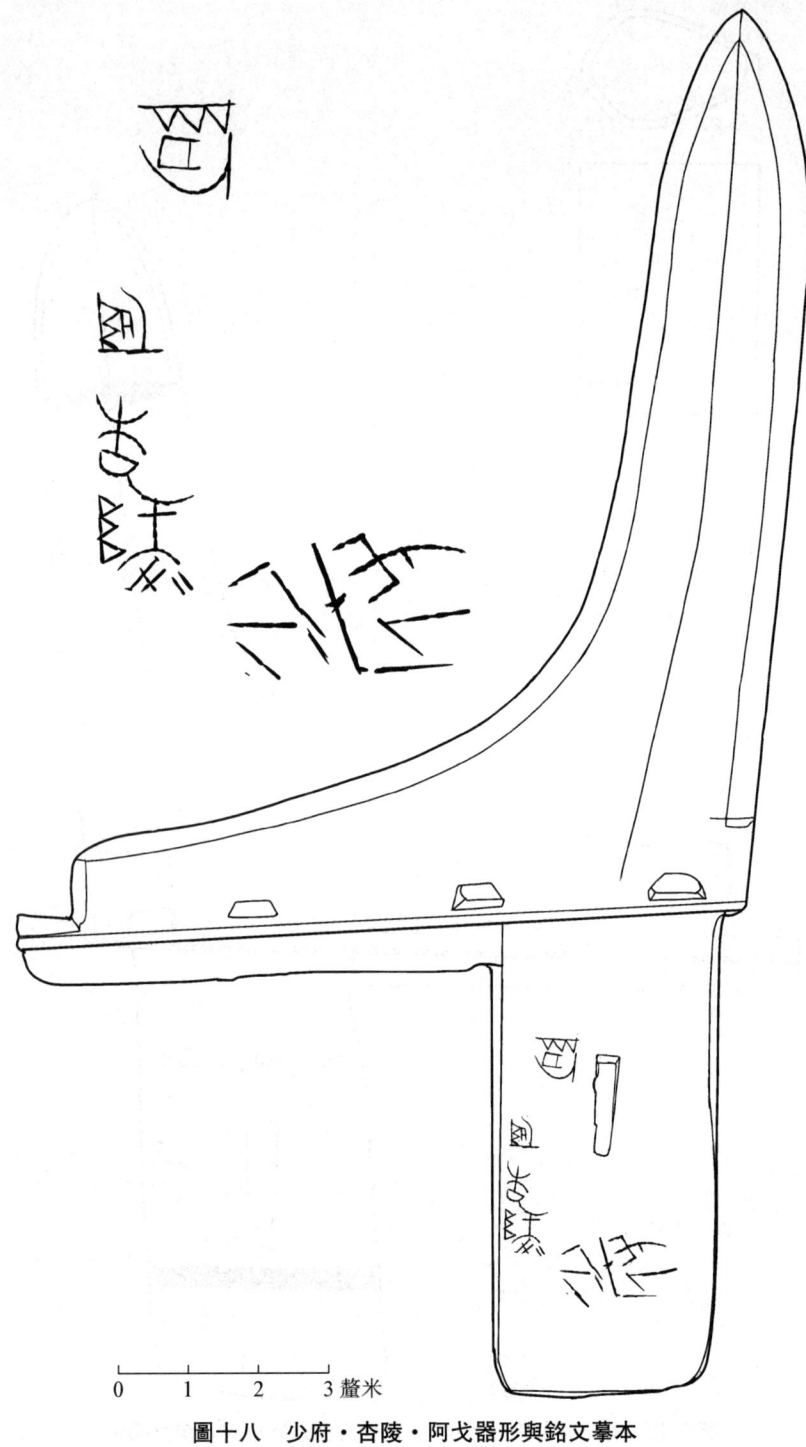

圖十八　少府·杏陵·阿戈器形與銘文摹本

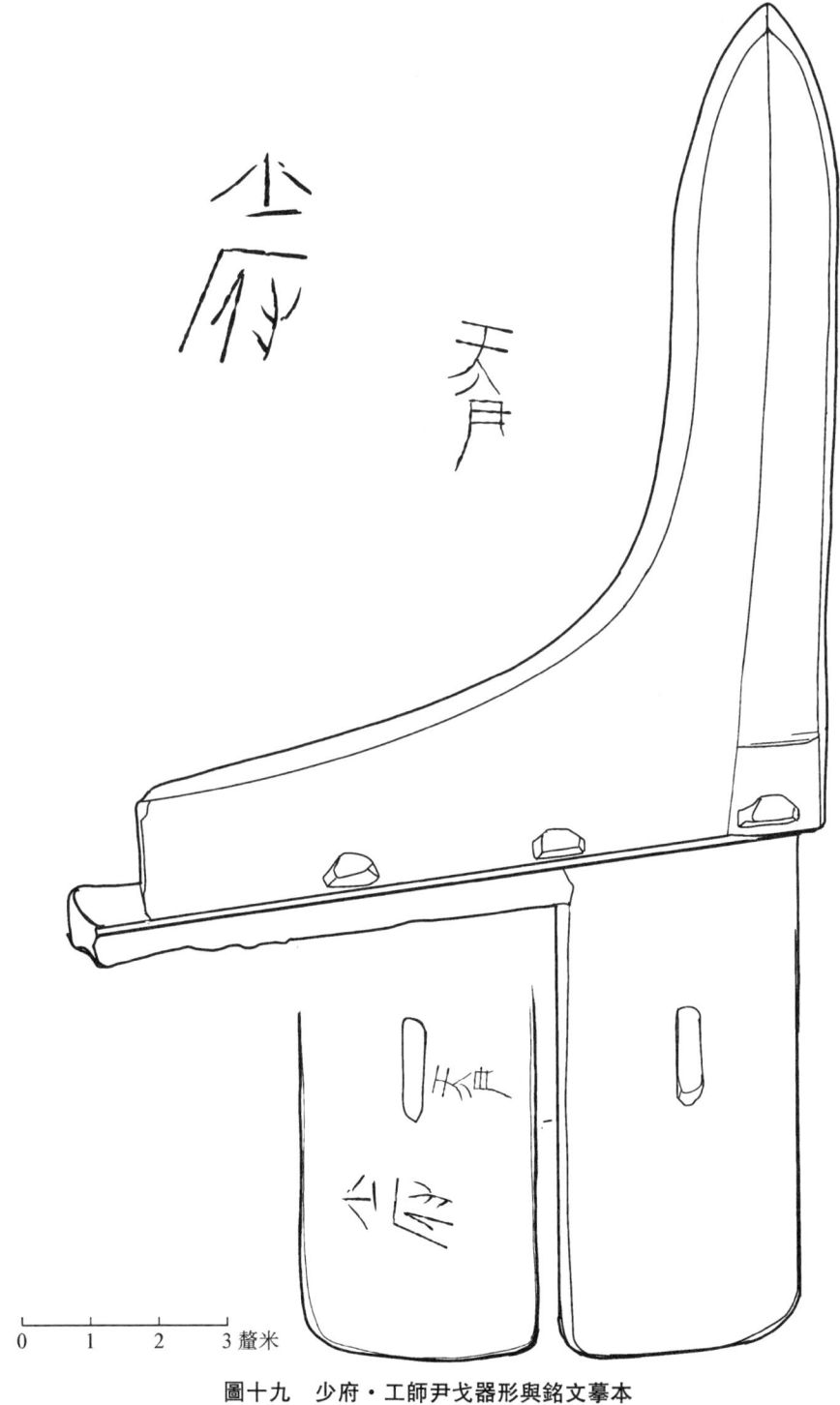

圖十九　少府·工師尹戈器形與銘文摹本

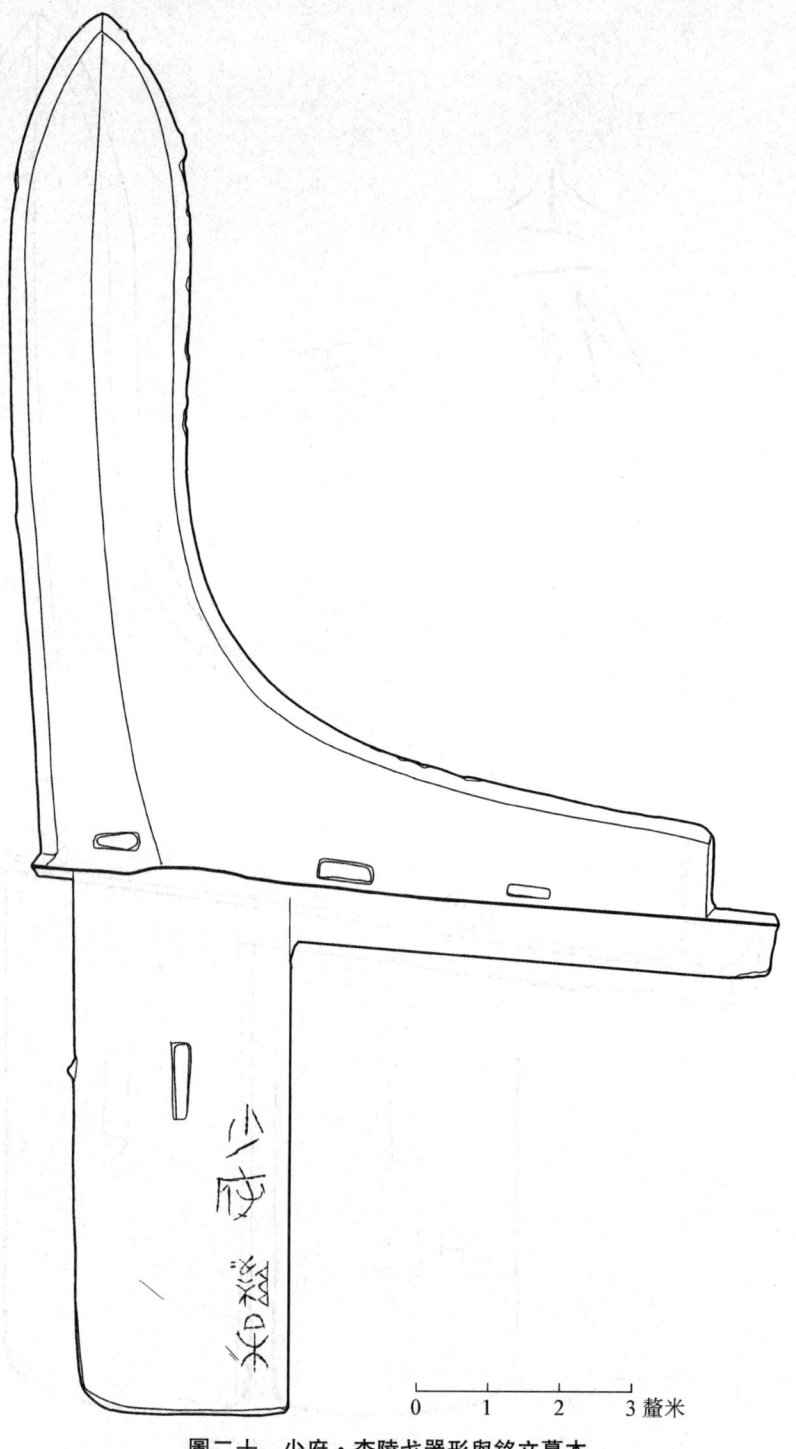

圖二十　少府·杏陵戈器形與銘文摹本

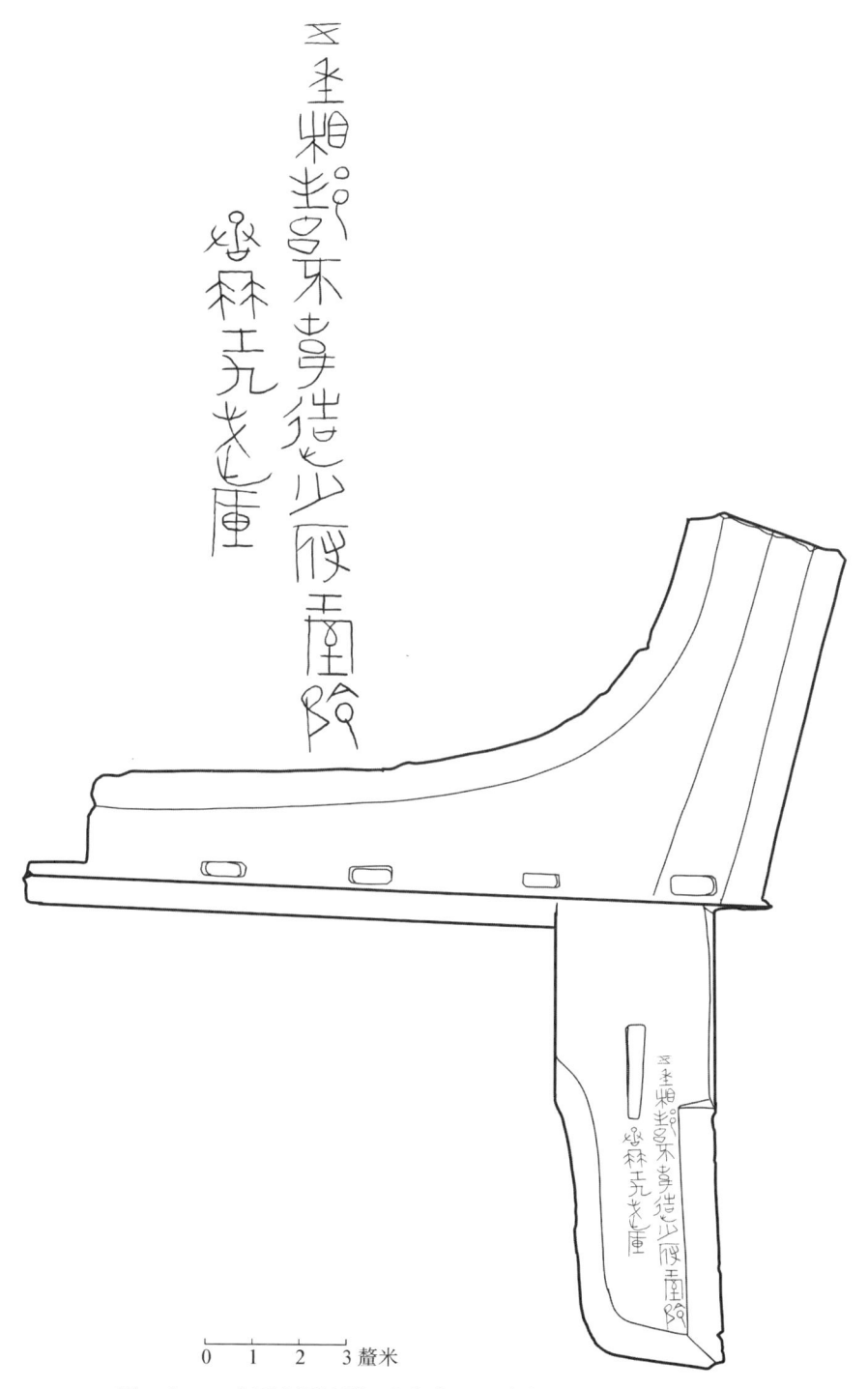

圖二十一　山西太原揀選五年相邦呂不韋戈正面器形與銘文摹本

0　1　2　3釐米

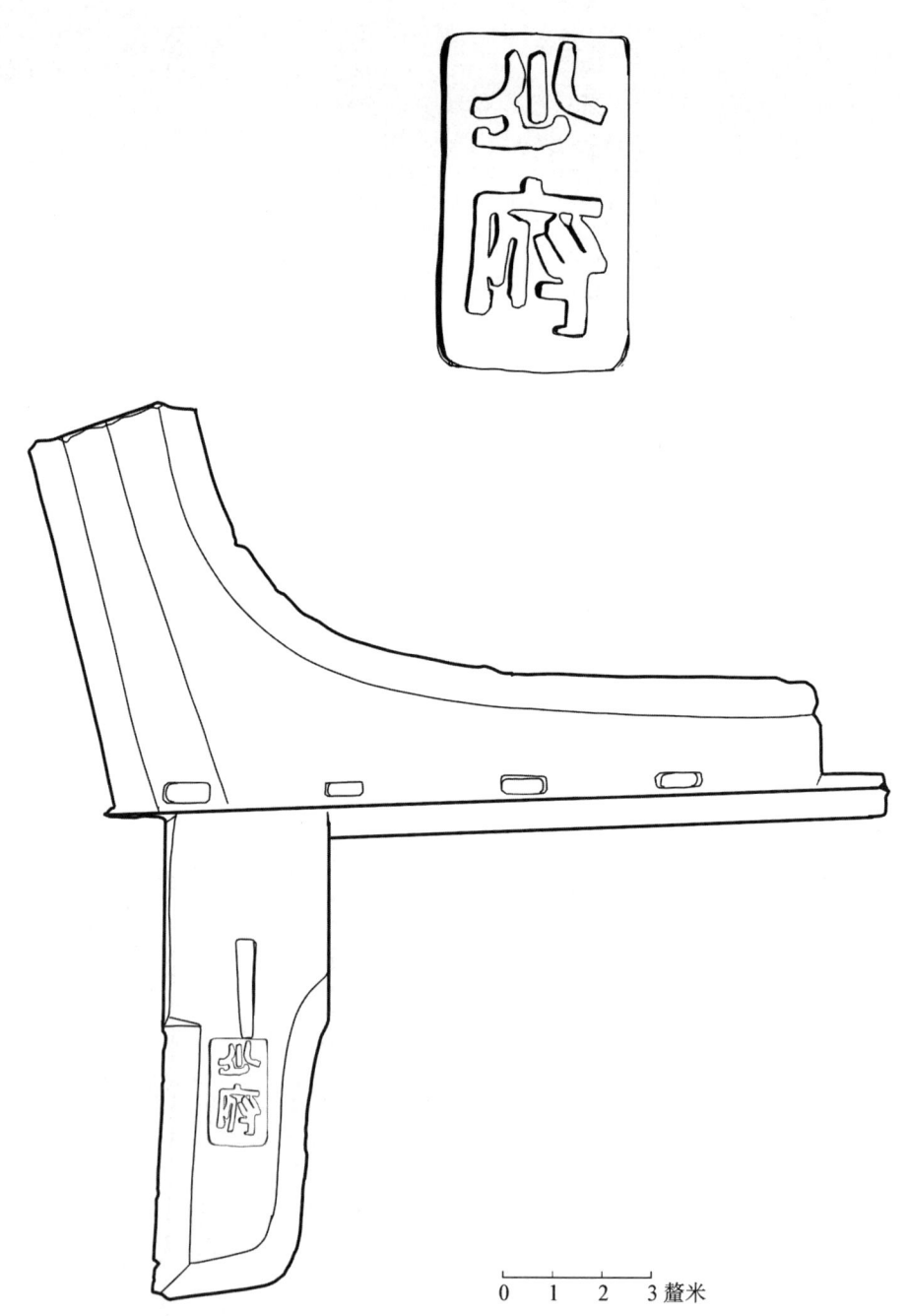

圖二十二　山西太原揀選五年相邦呂不韋戈背面器形與銘文摹本

圖二十三　信宮曇器形照片與銘文摹本

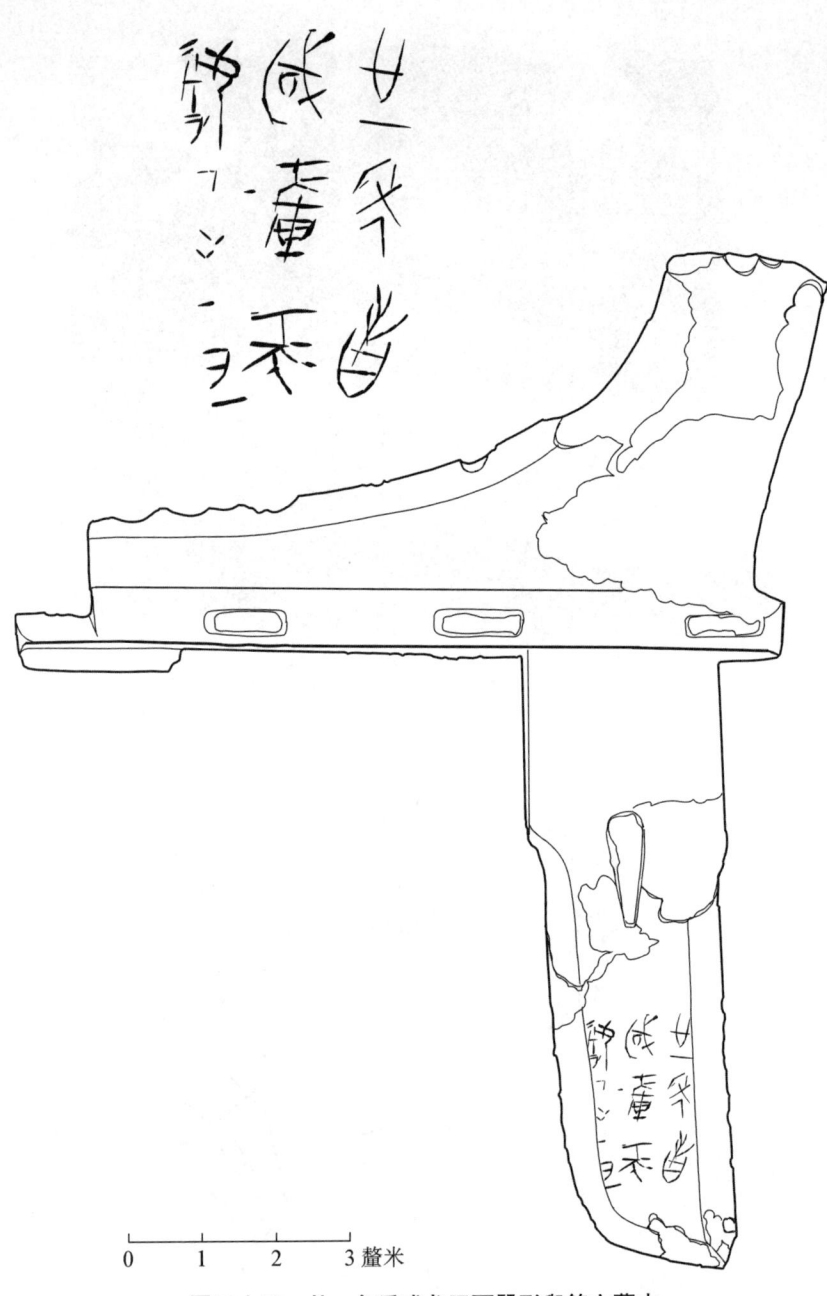

圖二十四　廿一年舌或戈正面器形與銘文摹本

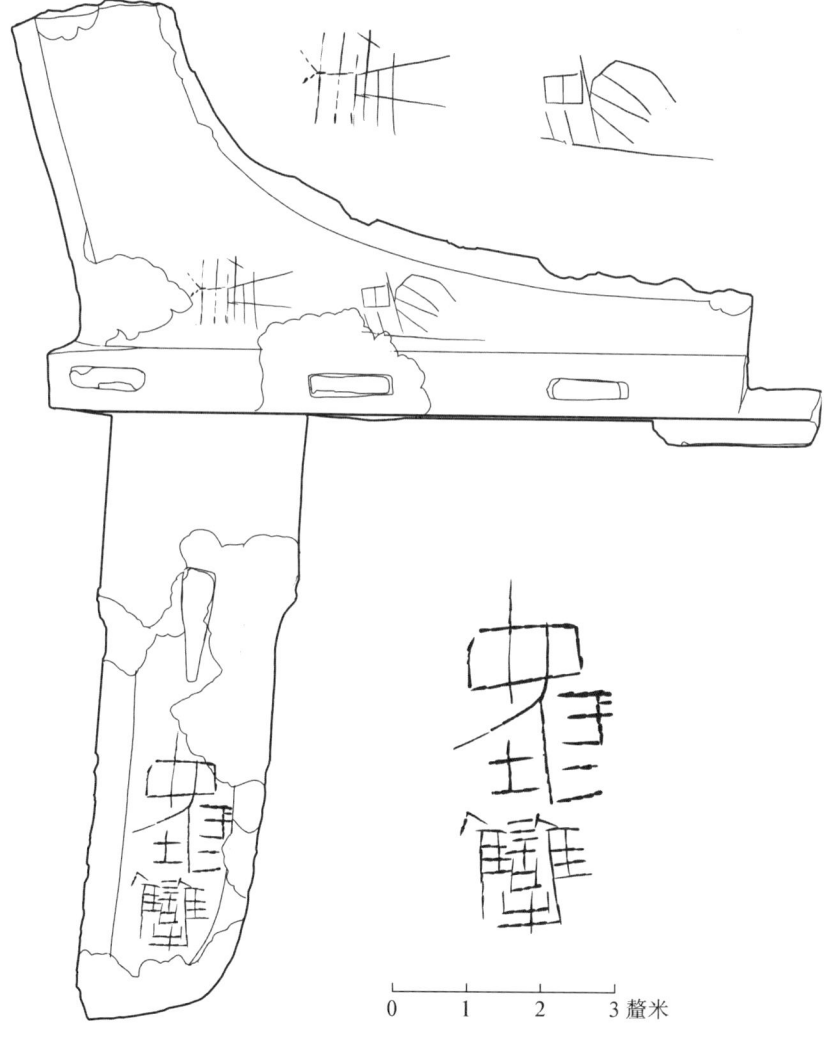

圖二十五　廿一年舌或戈背面器形與銘文摹本

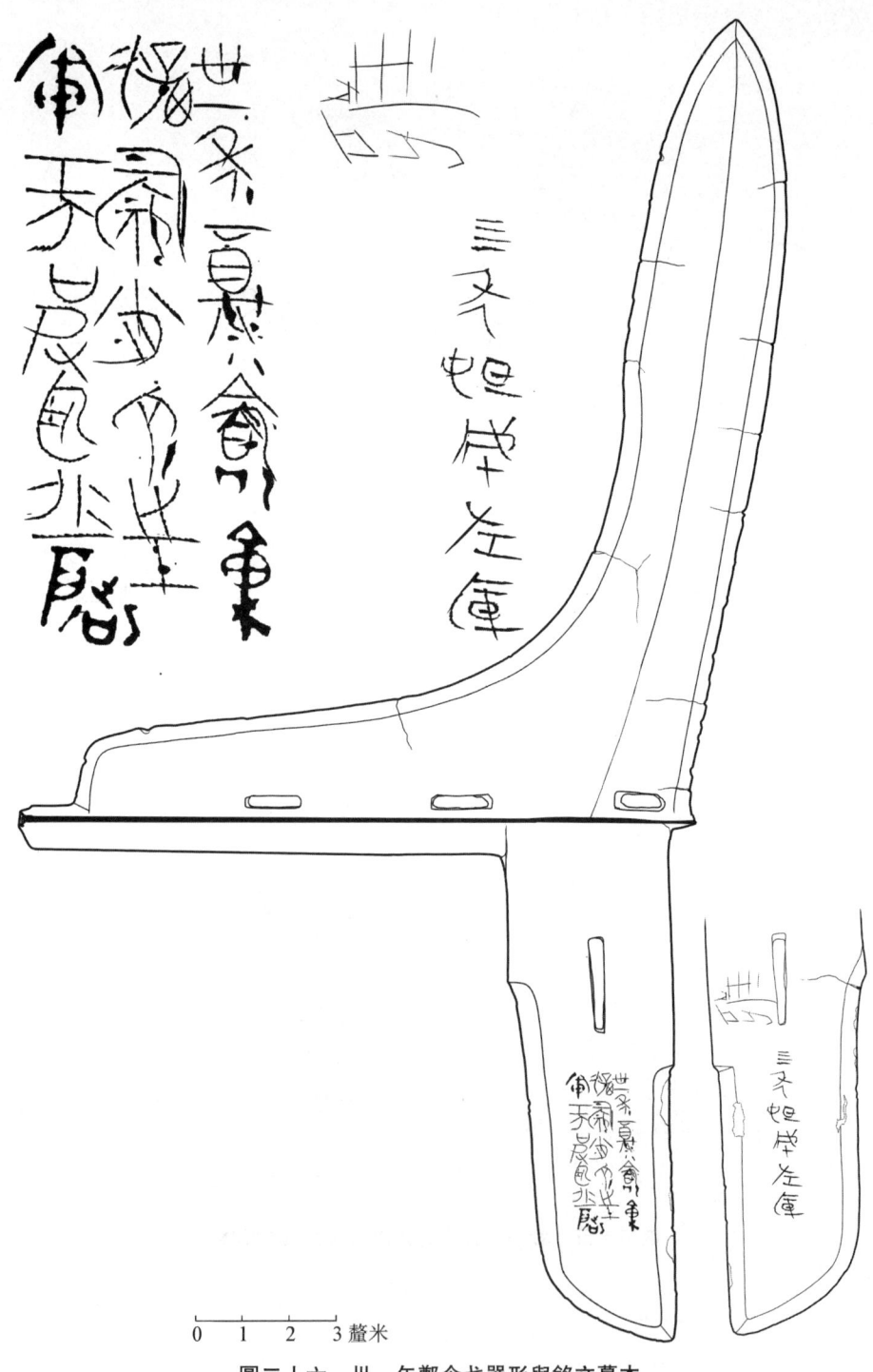

圖二十六　卅一年鄭令戈器形與銘文摹本

論陽城之戰與秦上郡戈的斷代

戰國時代秦上郡兵器的斷代是一個複雜的問題,其主要困難在於如何爲低紀年數的上郡戈找到合適的斷代根據。不少學者曾對此作過研究,並已取得很多成果。本文第一部分對相關討論作簡單回顧,指出目前的疑點和問題焦點所在;第二部分在繫聯不同地點所出 5 件低紀年秦戈的基礎上,從文獻記載來討論登封八方村銅戈埋藏與陽城之戰的地理和年代關係,進而去判斷那些可繫聯的低紀年上郡戈的相對年代。

一

目前所知年代最早的上郡兵器是上郡守疾監造的所謂"王年三戈",[①]分別屬於秦惠文王后元五、六、七年。從前對"王年三戈"的年代有些爭議,現在各家説法已經趨於一致。戰國晚期秦國君以秦昭王在位時間最長,有五十六年;其次是秦王政(秦始皇),二十六年統一中國以後,未改元,通前共有三十七年。因此,凡是紀年數超過三十七年的秦戈,都屬於秦昭王時代。目前所見紀年超過三十七年的秦上郡戈有四件。[②]

在以上兩種情況之外,如何爲紀年數低於三十七年的秦戈找到合適的斷代依據,就成爲一個突出的問題。

---

① 王五年、王六年戈見《集成》11296、11297,王七年戈拓本見於黄濬《尊古齋古兵精拓》第 118 頁(上海古籍出版社,1992 年)。

② 1. 卅八年上郡守慶戈:朗保利:《長平古戰場出土三十八年上郡戈及相關問題》圖一~五,《文物》1998 年第 10 期,第 78—81 頁。2. 卅八年上郡守起戈,有兩件:a.《集成》11370;b.《考古》1992 年第 8 期,第 757 頁。3. 卅八年上郡假守亀戈,澳門珍秦齋藏品,詳見董珊:《四十八年上郡假守亀戈考》(《珍秦齋藏金·秦銅器篇》,澳門基金會,2006 年)。此外,周天游先生主編的《尋覓散落的瑰寶》(三秦出版社,2001 年)第 19 頁公布了一件卅七年上郡守慶戈,因與卅八年上郡守慶戈可以繫聯,也是屬於秦昭王時代。

陳平先生曾經就此做過富有建設性的討論。他把當時所見到的全部秦銘文戈分爲如下三組：

第一組：呂不韋組、屬邦、臨汾、蜀守武、寺工，均爲長胡四穿；

第二組：商鞅組、張義（儀）組、上郡守疾組、相邦冉組、丞相觸組、卅年上郡守起，均爲中長胡三穿；

第三組：冰組、厝（趙?）組、漆工組、壽組，中長胡三穿；

根據銘文內容，第一組的各件秦戈可以確定爲莊襄王到始皇時代，第二組的年代可確定爲昭王末年以前。由此陳先生提出一個重要的斷代輔助性標準："中長胡三穿，很可能是秦昭王末年以前（最晚不晚於莊襄王四年）秦戈常制；而長胡四穿，則是秦莊襄王與秦始皇時（主要是秦始皇時）秦戈的特徵。"以此標準來衡量他所劃分的第三組器物，都是屬於中長胡三穿的類型，因此"它們的年代亦應與第二組諸戈相當，大多爲秦昭王末年以前之秦兵，個別晚的一般也不會晚於秦莊襄四年"。①

隨着資料的增多，陳先生曾在後來的兩篇文章裏申說這個斷代標準，也得到了王輝先生、林清源先生等衆多學者的支持。② 從前我也相信陳平先生提出的這個斷代標準，不過根據近年研究和發現，我對陳平先生的論證方法和斷代標準的適用範圍產生了一些疑問。

我們把陳先生所提出的斷代標準具體運用到上郡戈的斷代上，就會發現：已知所有的上郡戈（共二十幾件）一律是中長胡三穿，並不存在長胡四穿的類型。如果按照陳先生所定的形制斷代標準，那麼上郡戈的時代全部偏早，屬於秦王政時代的上郡戈就連一件也沒有。這種情況是不好解釋的。

從論證方法上說，一個周延的邏輯論證，既要提出正面支持論點的論據，也要提出反面否定的例子。對於上郡戈而言，如果把所有中長胡三穿戈都劃爲昭王時代，那麼，最好也要提出晚期的上郡戈是什麼形制，這樣才能排除所有的反

---

① 陳平：《試論戰國型秦兵的年代及有關問題》，載《中國考古學研究論集——紀念夏鼐先生考古五十周年》，三秦出版社，1987年，第310—335頁。

② 陳平、楊震：《内蒙伊盟新出十五年上郡守壽戈銘考》，《考古》1990年第6期，第550—553頁；陳平：《遼陽新出四十年上郡守起戈銘補釋》，《考古》1994年第9期，第846—848轉831頁；王輝：《秦銅器銘文編年集釋》，三秦出版社，1990年，第51，52頁；林清源：《〈殷周金文集成〉新收戰國秦戈考釋》之二"二年上郡守戈"，《于省吾教授百年誕辰紀念文集》，吉林大學出版社，1996年，第99—100頁。

證，堅實地樹立起正面論點。

易縣燕下都出土秦上郡漆垣工師製造的十八年漆工戈形制屬於中長胡三穿類型，其銘文無上郡守題名，與其格式相同的還有 1978 年湖南岳陽發現的廿年漆工師矛（《集成》11548），可歸爲一組而稱爲"漆工組"。一般認爲，十八年漆工戈紀年屬秦昭王。黄盛璋先生的看法與此不同，他認爲漆工組兵器銘文不具上郡守名的題銘制度，是反映了秦王政在吕不韋倒臺以後大權獨攬的情況，因此漆工組兵器應屬於秦王政時代。[①] 我認爲黄先生的看法是正確的，並曾進而推論從前被定爲秦昭王時代的高奴石權也應屬於秦王政時代（詳見另文）。據此來看，十八年漆工戈年代的考定，爲上述陳平先生的斷代標準提出了一個反證。

我認爲，陳平先生的斷代標準，目前比較適用於秦中央政府以及蜀郡下屬鑄造機構的産品，但並不適用於上郡戈的斷代。

雖然上述斷代依據存在一些問題，但是陳平先生把絶大多數目前已知的上郡戈年代定在秦昭王時，其結論我認爲仍是正確的。鑒於上述十八年漆工戈的情況，我們對於標年在三十八年以下上郡戈的斷代，最好還是從其他方面來尋找依據。

就上郡守壽和上郡守起諸戈而言，陳平先生從銘文内容方面提出的證據引起我們的注意。

陳先生説："秦在未統一六國前，其郡守是十分顯要的官職。特别是地處與六國對峙的前沿的各重要郡的郡守，更多爲一代名將。如在秦昭王時代任漢中太守的任鄙，及上文所説在惠文王后元年間任上郡守的樗里疾，就都是戰國史上赫赫有名的人物。"由此出發，陳平先生認爲秦戈銘中提及的秦昭王之世的上郡守"壽"、"厝"、"趞"、"起"等人"也都不是尋常之輩，而多爲見於經傳的名人"，"上郡守壽"就是秦昭王十三年帥秦兵伐韓取武始的向壽，"至於四十年上郡守起戈銘中的郡守起，可能就是秦昭王四十七年大破趙軍四十萬於長平的秦國名將

[①] 黄盛璋：《新出秦兵器銘刻新探》之五"易縣燕下都出土十八年上郡戈"，《文博》1988 年第 6 期，第 43—44 頁；《秦俑坑出土兵器銘文與相關制度發覆》第六節"秦俑坑出土兵器銘文與制度變遷"，《文博》1990 年第 5 期（秦文化、秦俑研究特刊），第 69—71 頁；《秦兵器分國、斷代與有關制度的研究》，《古文字研究》第二十一輯，中華書局，2001 年，第 247 頁。

白起"。①

我們同意上述以"疾"爲樗里疾、"壽"爲向壽、"起"爲白起的講法。以人物定年代的方法雖然具有說服力,但是像這樣的例子畢竟有限,還有些秦戈所記載的上郡守名不見於文獻記載,或者在文字的具體解釋上有分歧。例如下面兩件上郡戈(圖一、圖二;圖三):

廿五年上郡守厝(?)造,高奴工師竃,丞申,工鬼薪诎(内正面)·上(陽文鑄款)·武·郡庫·洛都(内背面)。②

廿七年上守趞造,漆工師猪,丞恢,工隸臣頯(内正面)·□(邯?)丹(内背面)。③

廿五年上郡戈發現於朝鮮平壤樂浪郡遺址。陳平先生認爲,此二戈上郡守名"厝"和"趞"都从昔聲,"'厝'、'趞'都是司馬錯","自秦昭王十六年至二十七年,司馬錯是差不多一直在與魏相鄰的上郡一帶爲秦將的,因此,他如戈銘所記,在秦昭王的二十五年、二十七年曾任秦之上郡守,就是完全可能的了"。二十七年戈郡守名文字清晰,"趞"可讀"錯",據此可以確定該戈年代屬於昭王,這是很有道理的推論;但是陳先生所隸定二十五年戈的"厝"字如果也是"錯"的通假字,則司馬錯之名在時代相近的秦戈銘文中有兩種不同的寫法,這並不符合秦文字中人名用字寫法比較固定的習慣;況且就照片觀察,二十五年戈銘上郡守名正當内刃邊緣而被磨掉了右下半,據殘畫已經看不出是個什麽字。因此,我們同意陳先生對廿七年戈的意見,但是因爲從文字看廿五年戈的郡守不會是司馬錯,此戈的斷代還是個尚待解决的問題。

如上所述,就二十五年戈而言,已有的兩種斷代方法都不適用。但是二十五年戈的紀年數已經說明它的年代只有秦昭王或秦王政時代兩種可能,非此即彼。如何才能在二者之間做出選擇? 我認爲陳平先生最後結論仍然不錯,平壤出土

---

① 陳平:《試論戰國型秦兵的年代及有關問題》,《中國考古學研究論集——紀念夏鼐先生考古五十周年》,第322頁;又陳平:《遼陽新出四十年上郡守起戈銘補釋》,《考古》1994年第9期,第846頁。

② 《集成》11406。曾著録於日本原田淑人《周漢遺寶》圖版55上,1932年;又郭沫若:《上郡戈》,收入《金文叢考》1952年改編本之《金文續考》,人民出版社,1954年,第420頁。

③ 《集成》11374。北京故宫博物院藏。内背銘文《集成》失收,見陳平:《試論戰國型秦兵的年代及有關問題》,《中國考古學研究論集——紀念夏鼐先生考古五十周年》,第320頁,圖三:23。

二十五年上郡守戈確實應該屬於秦昭王世，在下文將通過考察器物繫聯和組合情況來提供有關證據。

二

跟平壤出土的二十五年上郡戈可以繫聯的，是1998年安徽潛山縣一座戰國墓葬出土的一件二十四年上郡守臧戈，銘文如下（圖四、圖五）：

廿四年上郡守臧(?)造，高奴工師窀，丞申，工隸臣渠（内正面）•上（陽文鑄款）•徒淫①•洛都（内背面）。②

此戈形制上的特殊之處，在於内上有一個小圓穿。資料的發表者李丁生先生已經正確把此戈和平壤出土的二十五年上郡守戈相繫聯："兩戈鑄造僅相隔一年，其鑄地高奴、工師竈（窀）、工匠（引者按："丞"非工匠）申應爲同地同一人。"不過李文認爲，此戈紀年是秦王政的二十四年。他的理由共四條，其中之一是此戈發現於安徽潛山，秦人勢力能進入此地應該至少在昭王二十九年白起拔郢之後，因此他認爲潛山及平壤二戈的紀年均屬秦王政。

跟李丁生先生以出土地定年代的做法相類似，黃盛璋先生曾認爲廿五年上郡戈之所以發現於平壤樂浪遺址，是因爲秦王政二十五年大興兵攻燕遼東，窮追至朝鮮而虜燕王喜時所遺留，黃先生也因此認爲廿五年上郡戈鑄造於秦王政時代。③

實際上，李先生所說的是廿四年戈埋藏的年代上限，黃先生所說的是廿五年

---

① 秦兵置用地"徒淫"還見於：1. 三年呂不韋矛（《考古》1996年第3期，第86頁），2. 三年上郡殘戈内（《集成》11287）。地名"徒淫"當爲《漢書•地理志》西河郡屬縣"徒經"，"經"字爲"淫"之誤，張家山247號漢墓竹簡《二年律令•秩律》452簡中亦寫作"徒淫"（見《張家山漢墓竹簡［二四七號墓］》圖版第44頁，文物出版社，2001年。該書第196頁釋文誤釋爲"徒涅"，注釋已懷疑是西河郡屬縣"徒經"），王莽曾改此地名爲"廉恥"，亦從"淫"字取義。

② 李丁生：《潛山縣出土"二十四年上郡守臧"戈考》，《文物研究》總第12輯，1999年，第260—261頁圖二（器形）、圖三（銘文拓本及摹本）。又見《安徽潛山公山崗戰國墓發掘報告》圖十九、圖版拾肆：6，《考古學報》2001年第1期。發掘報告結語把該戈年代正確定在昭王，跟李丁生先生的結論不同。

③ 黃盛璋：《秦兵器分國斷代與有關制度研究》，《古文字研究》第二十一輯，第247頁。

戈的使用時間,使用(埋藏也可以算是一種使用法)時間跟鑄造時間是不能等同的,但是使用時間可以作爲鑄造時間的年代下限。綜合來看,對於廿四、廿五年兩戈來説,白起拔鄢的年代並不能被看作二戈鑄造的年代上限,而秦攻燕遼東之事倒是可以作爲它們鑄造的時間下限,但是這個年代太晚,還是不能因此在秦昭王或秦王政之間做出選擇。鑒於上述情況,我們應該去尋找一個更早的相對年代。

1987 年河南登封縣八方村同坑出土五件戰國戈,其中有兩件秦上郡戈。一件的紀年也是廿五年,其銘文如下(圖六、圖七):

廿五年上郡守周①造,高奴工師竃,丞申,工隸臣誨(内正面下層)·櫟陽(内正面上層加刻)·上(内背面陽文鑄款)·原都(内背面第一次刻款,上有斜綫劃去)·平周(内背面第二次刻款)。②

據拓本及實物觀察,此戈跟廿四年上郡守臧、廿五年上郡守厝(?)二戈,無論在字體、形制上都很相似,有許多細節可以互相比較。首先,三件戈内背面都有鑄出的陽文"上"字,表示"上郡武庫"的意思,這個特徵在其他上郡戈中是看不到的,可以看作是在短時間内的上郡戈作風;其次,二者字體也非常近似,如刻銘"上"字的竪劃都彎曲較甚,"郡守"、"造"、"奴"、"工師竃丞申"等共有的字都如出一手;第三,主造者"高奴工師竃、丞申"是三戈銘文所共有。以上三點説明三戈的紀年"廿四"、"廿五"確是前後相次的兩年。

河南登封縣八方村同坑出土的另一件秦戈是六年上郡守閒戈,銘文如下(圖八):

六年上郡守閒之造,高奴工匠(師)簪,鬼薪工臣(内正面)·襄沂③·×□□·陽成

---

① 此字據原器也看不清楚,這裏根據發表者的隸定,不一定對。
② 河南省文物研究所:《河南登封縣八方村出土五件銅戈》,《華夏考古》1991 年第 3 期,第 30—31 頁,三號戈。
③ "沂"字起筆位置與"襄"字平齊,故可認爲"襄沂"二字爲同一次刻銘。但地名"襄沂"無考。也有可能"沂"字不跟"襄"字連讀,張家山 247 號漢墓竹簡《二年律令·秩律》448 簡有地名"沂陽",今地無考,不知與此戈"沂"字是否有關係(編按:"沂"或釋爲"泥")。

（城）（内背面）・襄成（城）①（胡正面）・博望②（胡背面）。③

與此戈所記郡守名相同的，是1984年山西屯留發現的一件七年上郡戈（圖九）：

  七年上郡守閒造，漆垣工師嬰，工鬼薪帶（内正面）・高奴・平周（内背面）・平周（胡背面）。④

此戈中長胡三穿，内上無穿，内上正面的銘文刻寫方向是由刃向欄。報道定此戈年代爲秦王政時期，是不對的（詳下文）。六年、七年兩件戈的郡守名相同，其紀年無疑也是前後銜接的。

  以上我們所繫聯的五件秦戈，按年代相次關係可分爲兩組。因爲分屬兩組的六年、廿五年兩戈是同坑所出，假如我們可以確定此坑的性質，應該有助於瞭解這兩件銅戈被使用或埋藏的時間，並判斷其他銅戈鑄造的相對年代。能夠幫助理解這個埋藏的性質和年代的，是同坑所出的另外兩件屬於其他國家的銘文戈。其中一件爲韓戈，直援刃内，内上長方形穿下有鑄出的銘文（圖十）2行12字（"工師"合文1）：

  六年陽城命韓季□工師□憲冶□。⑤

戰國晚期陽城屬韓，類似鑄銘銅戈也見於1971年新鄭鄭韓故城白廟范出土窖藏戰國韓兵器，因此該戈無疑是屬於戰國韓的製品。八方村同坑另有一件銅戈，内上有鑄出的陽文三字（圖十一）：

---

 ① 襄城見《漢書・地理志》，潁川郡屬縣。
 ② 博望有二：其一在山東聊城東北，戰國屬齊西境，見《史記・田敬仲完世家》；南陽郡下亦有博望縣，見《漢書・地理志》。按南陽之博望年代似較晚，秦戈"博望"應是指前者。八方村報道根據張騫曾封爲博望侯，認爲該戈曾沿用到西漢初年（《華夏考古》1991年第3期第32頁），這是不對的。
 ③ 《華夏考古》1991年第3期，第30—31頁，四號戈。
 ④ 陶正剛：《山西屯留出土一件"平周"戈》，《文物》1987年第8期，第61—62頁。
 ⑤ 《華夏考古》1991年第3期，第30—31頁，五號戈。

周右庫。①

銘文方向是自內端向欄。此戈內作長方形，三面有窄刃，有加厚加寬的欄，欄上三穿，援鋒端略呈三角，援下緣有一不甚明顯的子刺，其形制不多見，值得注意。

從有關對比材料來看，此戈銘的"周"是特指戰國時屬於西周的王城。從西周分出來的另一小國是東周，所見東周器物銘文記其都城爲"東周"，"東周"即成周，從不簡稱爲"周"，例如洛陽金村大墓發現的東周左官圓壺，②以及傳世或出土的幾件"東周左/右庫"銘文矛。③ 所以，上述八方村這件戈銘不記"東"、"西"，其國別是屬於居王城的西周。

爲了展開我們的討論，還需要把八方村出土這幾件器物的情況介紹一下。據報道，1987 年 3 月，河南登封縣告成鄉八方村農民韓戰國在建房挖地基時，發現五件銅戈堆放在一起，同出於疏鬆的土坑中。有銘文的四件已經見於上述介紹，其中無銘文的一件（二號戈），也是戰國晚期常見的中長胡三穿、窄援、刃內的類型（圖十二）。五件戈中，四件受到不同程度的損壞。出土地的位置，東隔五渡河與東周陽城遺址相望（圖十三）。

如上所述，這個疏鬆的土坑中同時出土了五件分屬秦、韓、西周三國的兵器，說明這不是無意的丢弃，而是在當時特定情況下的埋藏。我們結合登封八方村出土的這四件戈的國別和出土地點來看，認爲它們之所以能夠同時同地出土，應當與公元前 256 年秦攻取韓陽城、負黍，又滅西周的戰事有關。有關這次戰役的記載不太多，可全部抄錄如次：

1.《史記・秦本紀》：（秦昭王）五十一年，將軍摎攻韓，取陽城、負黍，斬首四萬。攻趙，取二十餘縣，首虜九萬。西周君背秦，與諸侯約從，將天下銳兵出伊闕攻秦，令

---

① 《華夏考古》1991 年第 3 期，第 30—31 頁，一號戈。
② 共有兩件：1.《集成》9640；2. 梅原末治：《戰國式青銅器の研究》，日本京都：東方文化學院京都研究所，1936 年，圖版第七六。
③ 目前所知有四件：《集成》11504、11505 著錄東周左庫矛兩件，1971 年新鄭"鄭韓故城"遺址白廟范窑藏曾出土"東周左庫"、"東周右庫"銘文矛各一件，未發表，此承郝本性先生出示照片，謹表謝意（可參看郝本性《新鄭"鄭韓故城"發現一批戰國銅兵器》，《文物》1972 年第 10 期，第 36 頁）。

秦毋得通陽城。於是秦使將軍摎攻西周。西周君走來自歸，頓首受罪，盡獻其邑三十六城，口三萬。秦王受獻，歸其君於周。五十二年，周民東亡，其器九鼎入秦。周初亡。

2. 睡虎地秦簡《秦紀》：五十年，攻邯鄲；五十一年，攻陽城。

3. 《史記·周本紀》：(周王赧)五十九年，秦取韓陽城、負黍，西周恐，倍秦，與諸侯約從，將天下銳師出伊闕攻秦，令秦無得通陽城。秦昭王怒，使將軍摎攻西周。西周君奔秦，頓首受罪，盡獻其邑三十六，口三萬。秦受其獻，歸其君於周。

4. 《史記·韓世家》：(韓桓惠王)十七年，秦拔我陽城、負黍。

需要注意《周本紀》中"西周恐、倍(背)秦"的説法。秦取韓之陽城、負黍引起西周君的恐慌，以至於背秦之約橫，合縱天下之諸侯出伊闕阻秦。西周君之所以如此行動，這有兩個方面的原因。

第一，在秦取陽城、負黍之前，對於兩周來説，形勢早已不容樂觀。在此之前，秦國已經穩固了河東郡的統治，並向東攻取了原屬於魏國的河内之地的大半。以河内爲據點，向北取得上黨，①開始同趙國正面作戰以至於進攻趙都邯鄲；向東，逼迫魏國繼續後退；向南，秦控制了黄河以南的一些據點如緱氏、綸氏、②垣雍，③從西、北兩個方向臨視韓都新鄭。而此時對於兩周地區來説，情況最爲不妙。兩周的領域，北面與秦軍隔河相望，南面的緱氏與綸氏已爲秦所有，而西面的河東地區、西南的宜陽地區早已經落入秦手。如此看來，當時的兩周地區已經處於秦國的四面包圍之中。

第二，這是由陽城、負黍的重要地理位置決定的。下面先對陽城和負黍與韓和西周的地理位置作一介紹，才能瞭解當時的情況。

據《水經·潁水注》："潁水出潁川陽城縣西北少室山。……今潁水有三源奇發，……中水導源少室通阜，東南流，徑負黍亭東(《水經注疏》卷二十二；守敬按：《續

---

① 《史記·白起列傳》"四十五年，伐韓之野王。野王降秦，上黨道絶"；"四十七年，秦使左庶長王齕攻韓，取上黨"；"四十八年十月，秦復定上黨郡"。

② 《史記·白起列傳》："四十六年，秦攻韓緱氏、藺，拔之。"《正義》："按，檢諸地記，潁川無藺。《括地志》云：'洛州嵩縣本夏之綸國也，在緱氏東南六十里。'《地理志》云：'綸氏屬潁川郡。'按，既攻緱氏、藺，二邑合相近，恐綸、藺聲相似，字隨音而轉作藺。"據此知《白起列傳》之"藺"當爲"綸氏"。

③ 《史記·秦本紀》："四十八年十月，韓獻垣雍。"

漢志》,陽城有負黍聚,即此。《左傳》杜《注》,陽城西南有負黍亭,與下京説合,在今登封縣西南)。……京相璠曰:負黍在潁川陽城縣西南二十七里(會貞按:《史記·周本紀》、《鄭世家》《正義》引《括地志》並云,負黍亭在陽城縣西南三十五里。《秦本紀》《正義》同。《韓世家》《正義》引《古今地名》,在陽城縣西三十七里。俱作三十,足征此二爲三之誤,惟五、七錯出,未知孰是)。世謂之黄城也(會貞按:景日昣《説嵩》七,今其地有聚落,曰黄城溝)。"春秋戰國時代的負黍在今天河南登封縣西南,從水道上看,負黍是伊、洛、汝、潁諸水河谷之間的交通樞紐。陽城就在今登封縣城東南二十八里的告成鎮北、鎮東。①

五件銅戈的出土地點八方村,東距告成鎮的東周陽城遺址僅不到兩公里,位於陽城和負黍之間。

陽城之東,隔洧水與韓的都城新鄭相望;負黍之北,據伊闕、轘轅二關而臨兩周,負黍和陽城,是轘轅關之外的制高點。從春秋以來,諸侯歷次窺探周室的行動,都以陽城、負黍作爲首要的進攻目標。春秋末期,周室王子朝作亂被殺之後,其餘黨欲借鄭國軍隊裏應外合,作亂於周,《左傳》定公六年記載這次行動:"周儋翩率王子朝之徒,因鄭人將以作亂于周(杜注:"儋翩,子朝餘黨")。鄭於是乎伐馮、滑、胥靡、負黍、狐人、闕外(杜注:"鄭伐周六邑,在魯伐鄭取匡前。於此見者,爲成周起也。陽城縣西南有負黍亭。")。"此六邑爲鄭所取得,已經控制了東周王室的東方、南方的門户,所以才有當年晋討鄭成周和魯假借成周而侵鄭取匡之事的發生。

同樣,陽城和負黍也是新鄭在西方的門户。衆所周知,韓都新鄭是在戰國早期滅鄭取得。當時韓、鄭交戰的地點,經常是在負黍、陽城附近。《史記·韓世家》"景侯虔元年,伐鄭,取雍(丘)[氏]。②二年,鄭敗我負黍","文侯二年,伐鄭,取陽城","哀侯元年,與趙、魏分晋國。二年,滅鄭,因徙都鄭";《鄭世家》"繻公十

---

① 1977—1980年,河南省文物研究所、中國歷史博物館考古部曾聯合對此地進行過發掘,發現城垣南北長1700—1850米,東西寬700米,據推斷,始築於春秋末期,並發有"陽城倉器"、"陽城"等陶文。具體情况見《登封王城崗與陽城》第三章,文物出版社,1992年。

② 承北京大學歷史系李新峰先生指教:《韓世家》、《鄭世家》、《六國年表》的"韓景侯伐鄭,取雍丘。鄭城京"之"雍丘"爲"雍氏"之誤,雍氏在陽翟東北,當爲韓自負黍、陽城東下後與鄭的戰場。"丘"和"氏",有可能因字形接近而相混。我認爲這個看法極爲可信。雍丘先後屬杞、鄭、宋。戰國中期三家分宋,魏得雍丘,秦王政五年取魏二十城,有雍丘,遂置東郡。景侯虔時韓之勢力,無由至於雍丘(韓第一次到達新鄭的東側,是在韓文侯二年,"伐鄭,取陽城,伐宋到彭城,執宋君")。《吕氏春秋·審分覽·任數》高誘注謂韓武子都宜陽,韓景侯都陽翟,雍氏在陽翟東北,韓下雍氏,是進攻新鄭的軍事先聲;鄭城京,可能是防備韓從兩個方向進攻新鄭。

五年,韓景侯伐鄭,取雍(丘)[氏]。鄭城京","十六年,鄭伐韓,敗韓兵于負黍。二十年,韓、趙、魏列爲諸侯。二十三年,鄭圍韓之陽翟","鄭君乙立二年,鄭負黍反,復歸韓。十一年,韓伐鄭,取陽城","二十一年,韓哀侯滅鄭,并其國"。由此可見,經過幾代韓君的努力,韓國最終據陽城、負黍而取新鄭,滅亡了鄭國。①

從上述歷史上這兩個地點發生的戰事來看,陽城、負黍之於韓和西周的重要性是不言而喻的。② 戰國中晚期時的秦雖然強大,却還從來没有控制這裏,公元前256年的這次秦攻打韓陽城、負黍,目的是阻斷兩周與諸侯的聯繫,無疑是兩周和韓將要滅亡的前兆。事實上,西周因爲恐懼而背約反抗,失敗以後"西周君走來自歸,頓首受罪,盡獻其邑三十六城,口三萬。秦王受獻,歸其君於周。五十二年,周民東亡,其器九鼎入秦。周初亡",實際上於當年就滅亡了;韓國繼續和秦國鬥争,又過了26年,也在六國裏最早滅於秦。《史記·秦本紀》記載秦昭王五十六年秋卒,"諸侯皆使其將相來吊祠,視喪事",其中特别記出"韓王衰絰入吊祠",最爲虔敬,不過也是出於亡國前的恐懼心理。至于周王赧恰好於陽城、負黍之戰當年卒,這等於是秦伐滅了天下之共主,③對於諸侯國來説,心理威懾作用是非常之大。《秦本紀》記秦昭王"五十三年,天下來賓。魏後,秦使摎伐魏,取吳城。韓王入朝,魏委國聽令",這都可以看作諸侯懼秦的心理表現。

現在可以回到本節所繫聯兩組秦上郡戈斷代的問題上來。八方村同坑出土的四件銘文戈,其中一件秦戈上刻的置用地是"陽成(城)",韓戈也是陽城所鑄,還有一件戈屬於西周,這個組合被埋藏於陽城附近的一個土坑之中,可以充分説明這些戈就是公元前256年陽城之戰的交戰方秦與韓、西周所使用過的兵器。出土遺物組合的情况跟文獻記載的陽城之戰相比較,彼此在地點、國别、事件等

---

① 此外,《史記·楚世家》記載楚悼王四年"楚伐周(《年表》作"鄭",是)。鄭殺子陽。九年,伐韓,取負黍"。

② 承蒙李新峰先生賜教:伊洛地區爲四塞之地,通外主要五路:北過盟(孟)津通河内、軹關,西通函谷關,東通成皋,南以伊闕直達汝水上游乃至楚方城,東南以轘轅通潁水上游。負黍和陽城,就是轘轅關之外的制高點。韓國自河東南下,首先在伊洛地區立足,與周并存,建都洛水中游山區、周西南方向、伊闕以外的宜陽,以此爲基礎覬覦東邊的鄭,雙方的拉鋸戰場就在宜陽和新鄭、陽翟之間的負黍、陽城樞紐地區。後來韓滅鄭,重心移到潁川地區,但伊洛西部的宜陽地區,還有上黨地區,也是韓國不可或缺的構成部分。所以,負黍、陽城一帶,既是潁川地區與周乃至上黨聯繫的樞紐,又是潁川與宜陽聯繫的必經之路。

③ 《史記·周本紀》:"周君、王赧卒,周民遂東亡。秦取九鼎寶器,而遷西周公於憚狐。後七歲,秦莊襄王滅東周。東西周皆入于秦,周既不祀。"《索隱》:"既,盡也。日食盡曰既。言周祚盡滅,無主祭祀。"《正義》:"按:王赧卒後,天下無主三十五年,七雄並争;至秦始皇立,天下一統,十五年,海内咸歸於漢矣。"

方面都吻合，其關係並非出於偶然，這就爲我們揭示了八方村兵器埋藏的性質和年代。所以，我們認爲八方村五件銅戈曾被使用的時間，即公元前256年，可以作爲銅戈鑄造時間的年代下限。這一年相當於秦昭王五十一年，因此，上述已繫聯標年爲六年、七年、二十四年、二十五年的五件上郡守戈，其鑄造年代應以秦昭王五十一年爲下限，均不會晚到秦王政時代。二十四年、二十五年的三件，就是秦昭王的紀年。六年、七年兩件上郡守閒戈，若僅從紀年數上說，還有早到秦惠文王后元的可能，但是如前所述，秦惠文王后元五至七年的上郡守名"疾"（即樗里疾），不是"閒"，而且能確定爲惠文王后元時期器物的紀年前常加有"王"字，這個特點跟六年、七年兩戈不符合，因此兩戈早到惠文王后元的可能性應予排除，兩件上郡守閒戈的鑄造時間只能在秦昭王世。

三

綜上所述，本文認爲登封八方村出土的五件銅戈是秦昭王五十一年陽城之戰中曾被使用的兵器，同坑所出兩件紀年秦上郡戈的鑄造年代下限可以因此確定，由於繫聯的關係，秦昭王五十一年也是平壤所出二十五年戈、潛山所出廿四年戈、屯留所出七年戈的鑄造年代下限，因此同時確定了這五件低紀年秦上郡戈都屬於秦昭王時代。

本文用特定歷史戰爭的年代作爲交戰方遺留兵器鑄造年代的下限，不過由於材料的出土地點和組合關係常常不夠明確，這種方法的應用機會也比較少。但是通過這種方法所確定一批兵器的絕對年代，又可以作爲推斷其他可繫聯兵器相對年代的根據。由此來看，繫聯是最基本也最重要的方法。就秦上郡戈的年代研究而言，儘管在某些具體斷代標準上或許還有討論的餘地，但是根據後來的研究，從前陳平先生所作的斷代結論仍然基本可信，其原因就在於陳先生對他當時所見全部秦兵器作了比較透徹的材料繫聯和分組。

從本文討論的材料和觀點出發，有些問題可以引起我們思考。關於公元前256年這次陽城之戰，我們感到其規模可能比一般印象中的大，因此在以後可能會有更豐富直接的遺留物出土，來再次印證這次戰爭的規模和程度。二十五年上郡戈製造於秦昭王二十五年（公元前282年），至秦王政二十五年（公元前222

年)大興兵攻燕遼東窮追至朝鮮被遺留在平壤樂浪遺址,前後有60年之久;八方村發現的六年上郡戈從製造到秦昭王年最終被遺弃,其間也經歷了45年的時間。這種情況一方面説明兵器的使用年限可以很長,另一方面也説明秦上郡武庫在漫長的秦統一過程中始終發揮着重要作用。這五件年代得到明確的上郡戈還有不少其他方面的研究價值。例如,從形制上看有兩件戈都是圓穿,結合其他昭王時代的上郡戈看,還有不少是内上無穿的;不少戈銘刻得比較靠近刃内,文字磨闕筆畫的現象也很顯著,這些特徵都值得注意。秦戈之出土地點和戈銘加刻的置用地相一致,現在已經可以舉出不少例子,從八方村出土的四號戈内加刻"陽城"來看,最後置用地的刻銘很可能是秦軍到達陽城以後所刻,因此我們以後應當注意兵器的發現地與古代戰争的關係。再有,秦戈所見置用地點屢有更換,從這些置用地的先後次序來考察當時秦軍的調動轉徙路綫,也是有意義而且可能的一種探索。上述這些問題,希望以後有機會再來談。本文所論也一定存在許多不夠妥當的地方,希望得到讀者的批評和指教。

2002年1月初稿
2003年10月修改

【附記】2003年7月29日,在郝本性先生的幫助下,我在河南省文物考古研究所庫房觀察了八方村所出五件銅戈的原器,在此謹向郝先生表示感謝。又,本文的修改得到中國博士後科研基金資助,謹致謝意。

原刊於北京大學中國考古學研究中心、北京大學震旦古代文明研究中心編:《古代文明》(第3卷),文物出版社,2004年,第343—358頁

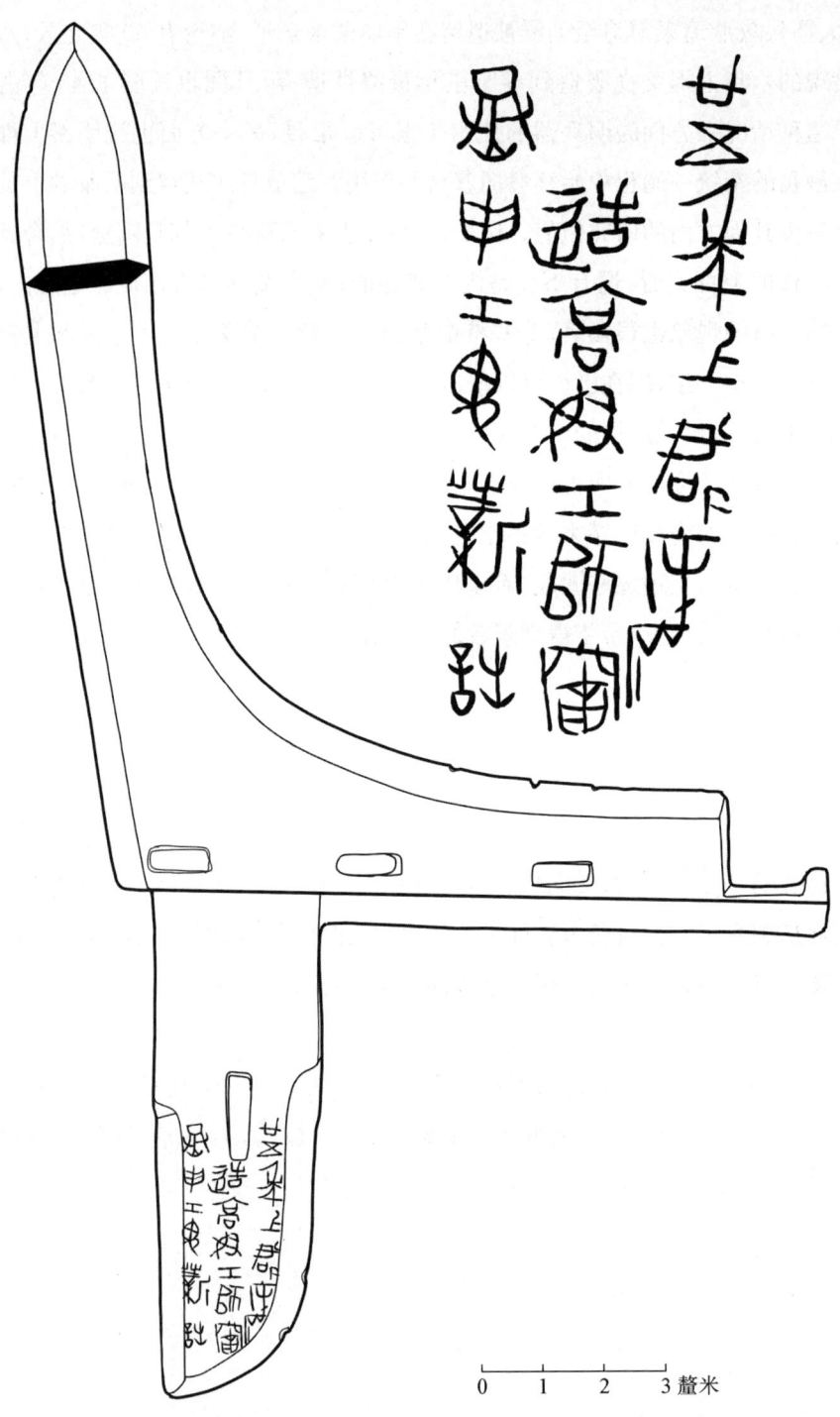

圖一　朝鮮平壤樂浪郡遺址出土廿五年上郡守厝(?)戈正面器形與銘文摹本

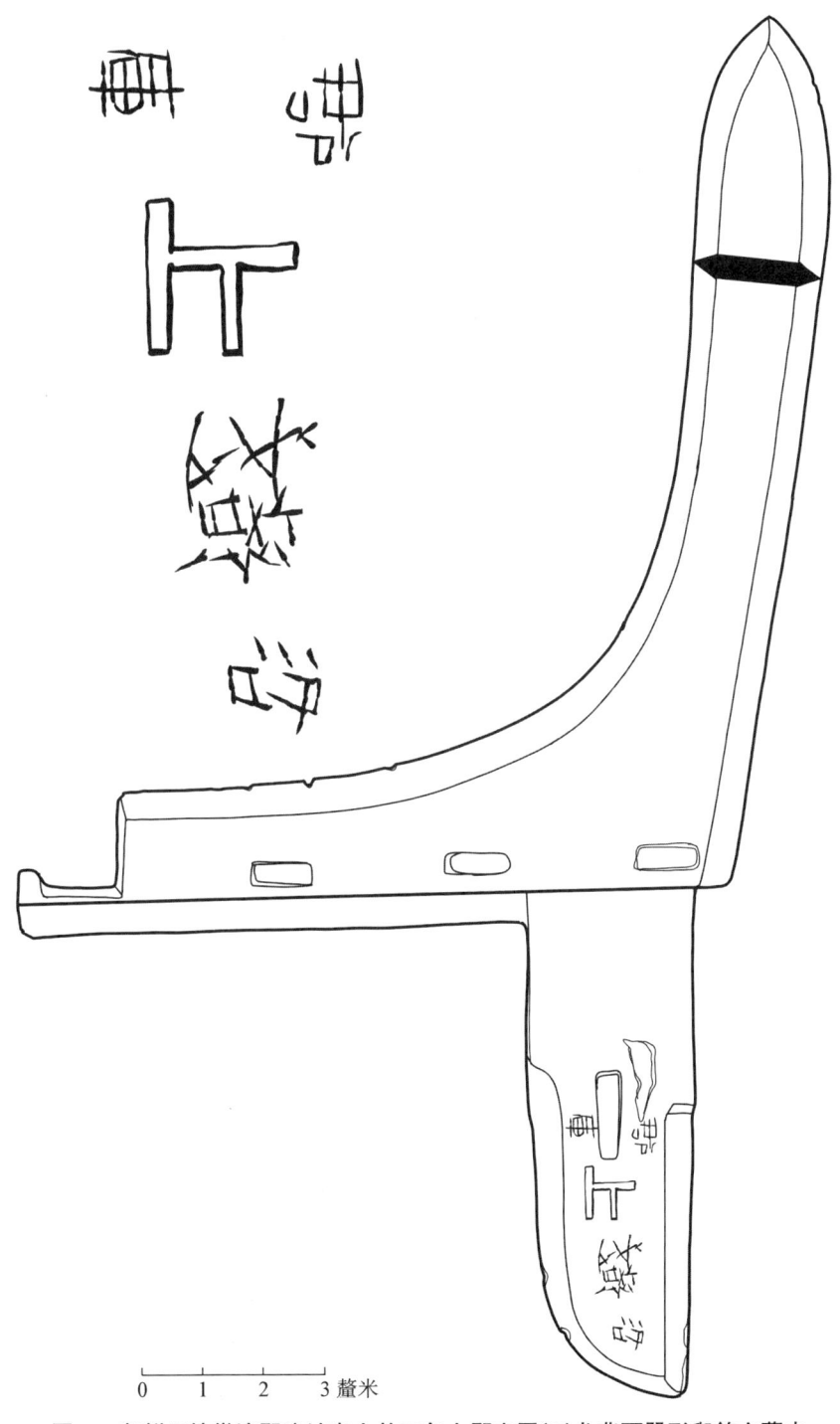

圖二　朝鮮平壤樂浪郡遺址出土廿五年上郡守厝(?)戈背面器形與銘文摹本

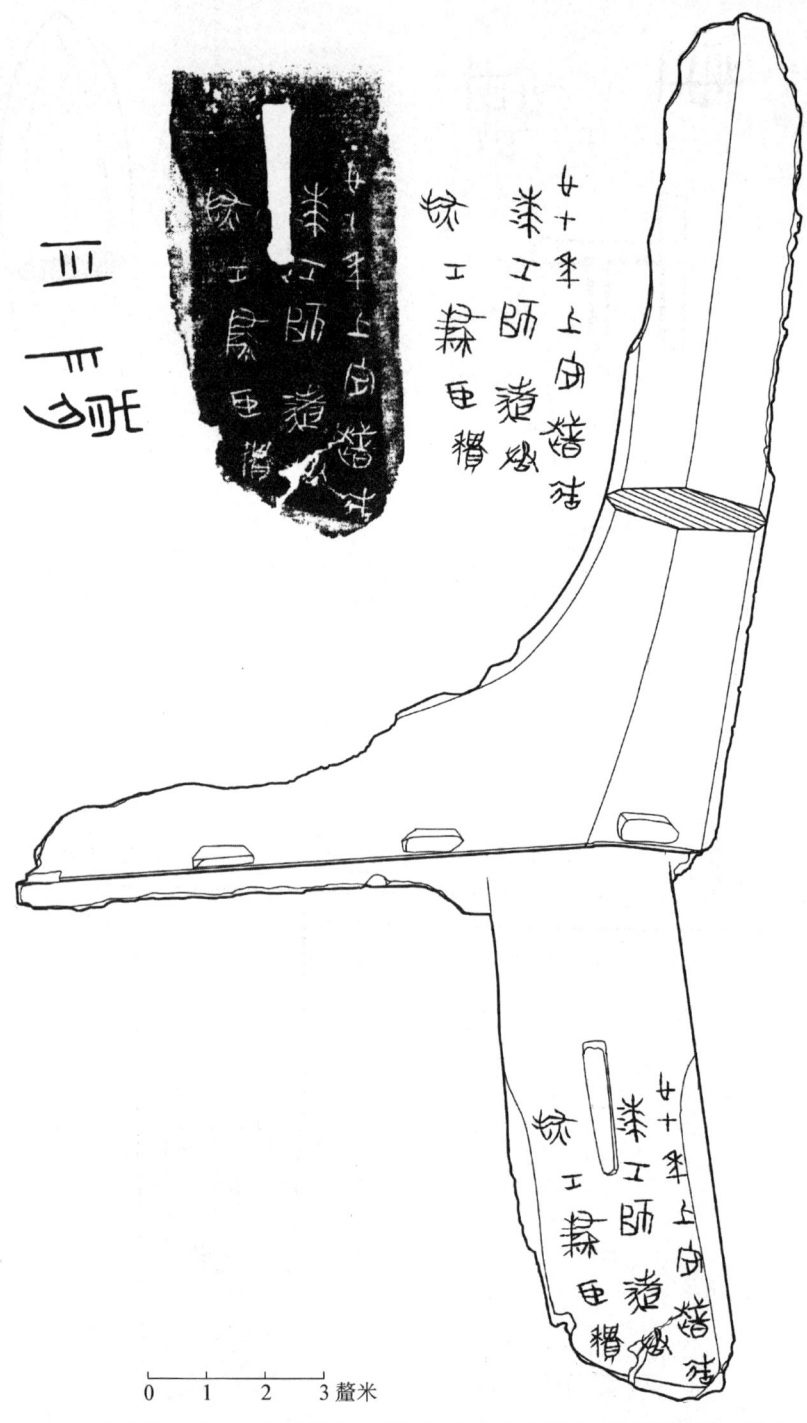

圖三　廿七年上守趙戈器形與戈內正面銘文拓本與摹本、戈內背面銘文摹本

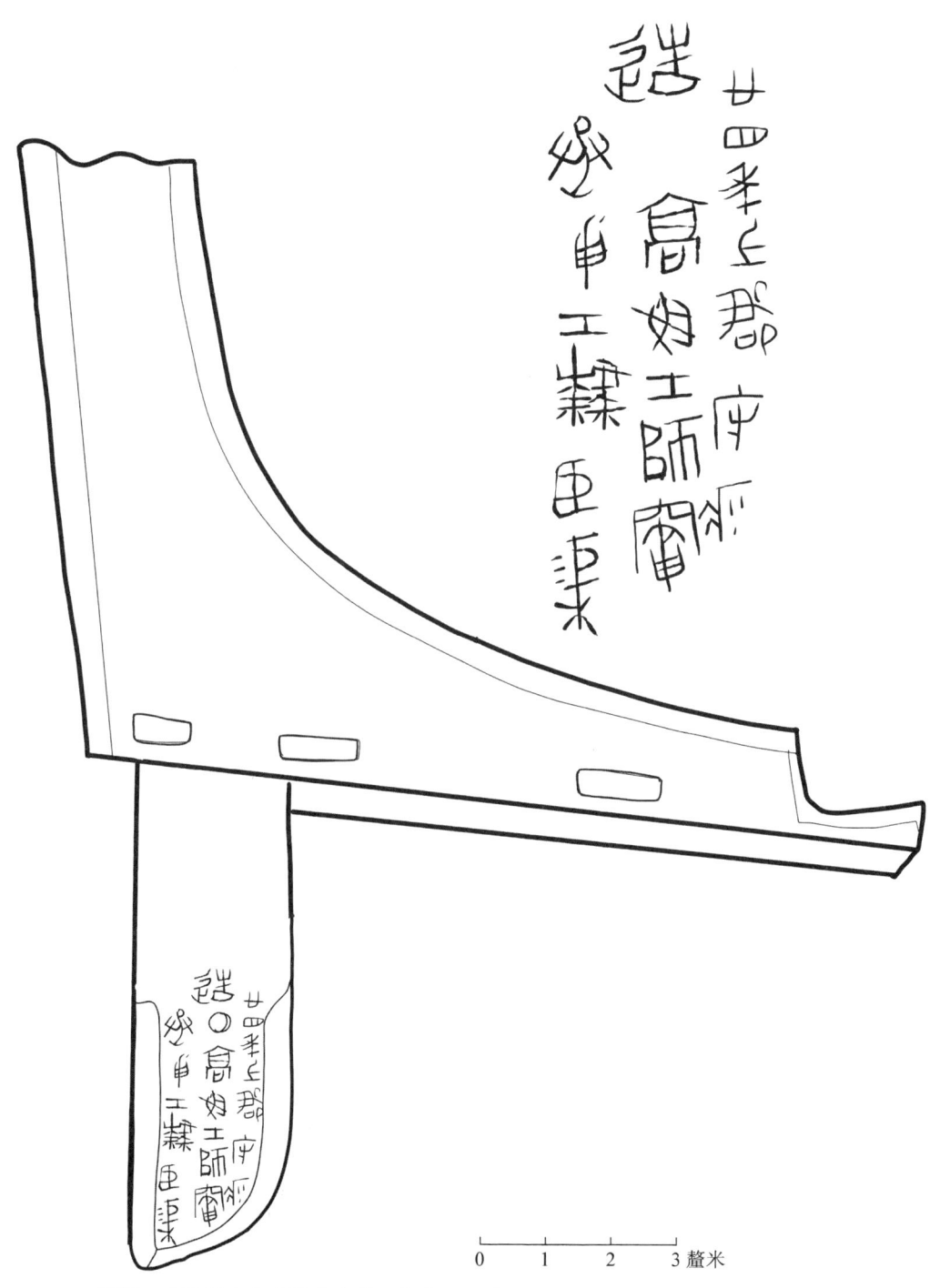

論陽城之戰與秦上郡戈的斷代　153

圖四　安徽潛山公山崗出土廿四年上郡守臧(?)戈(M12∶6)正面器形與銘文摹本

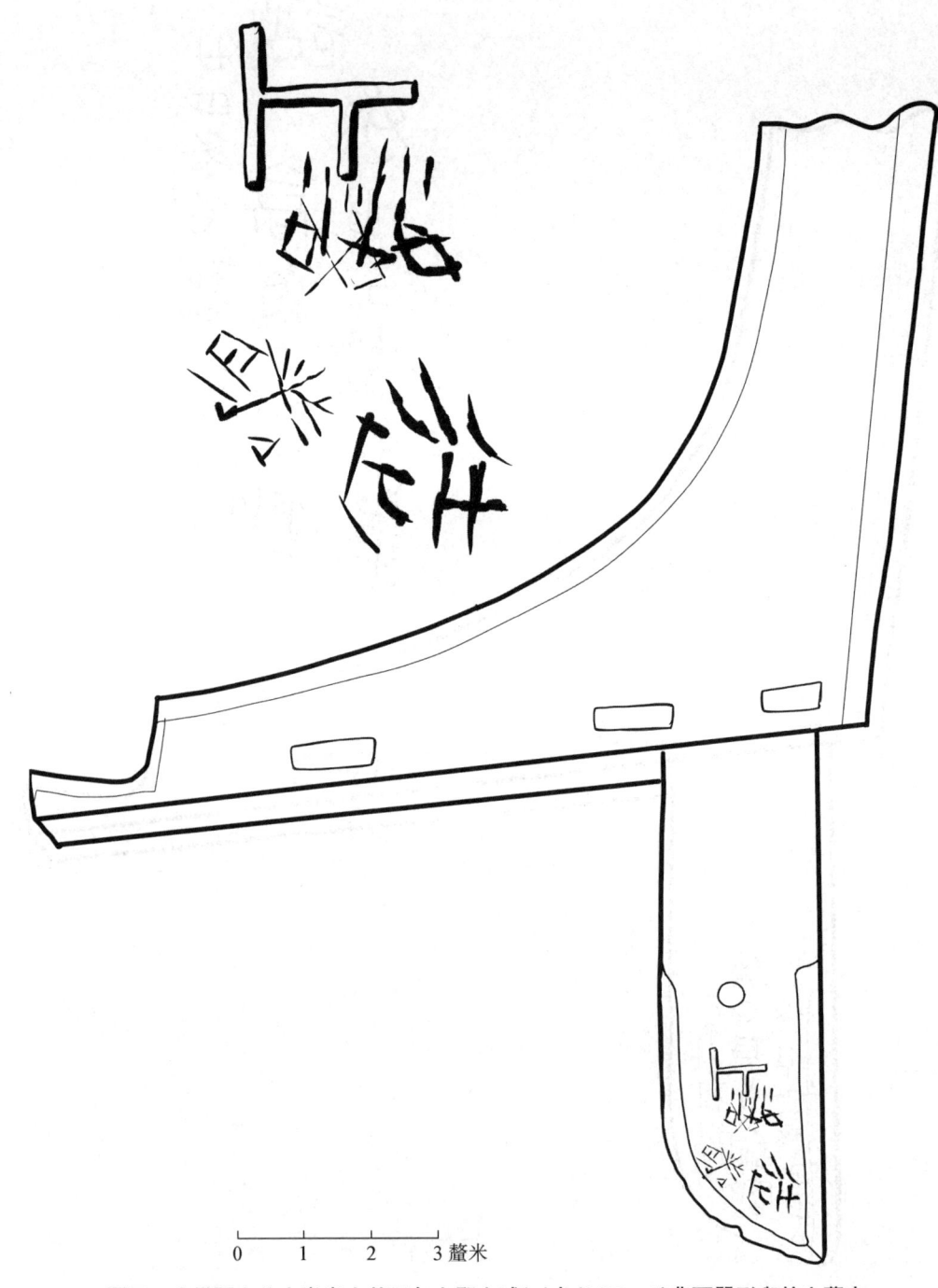

圖五　安徽潛山公山崗出土廿四年上郡守臧(?)戈(M12∶6)背面器形與銘文摹本

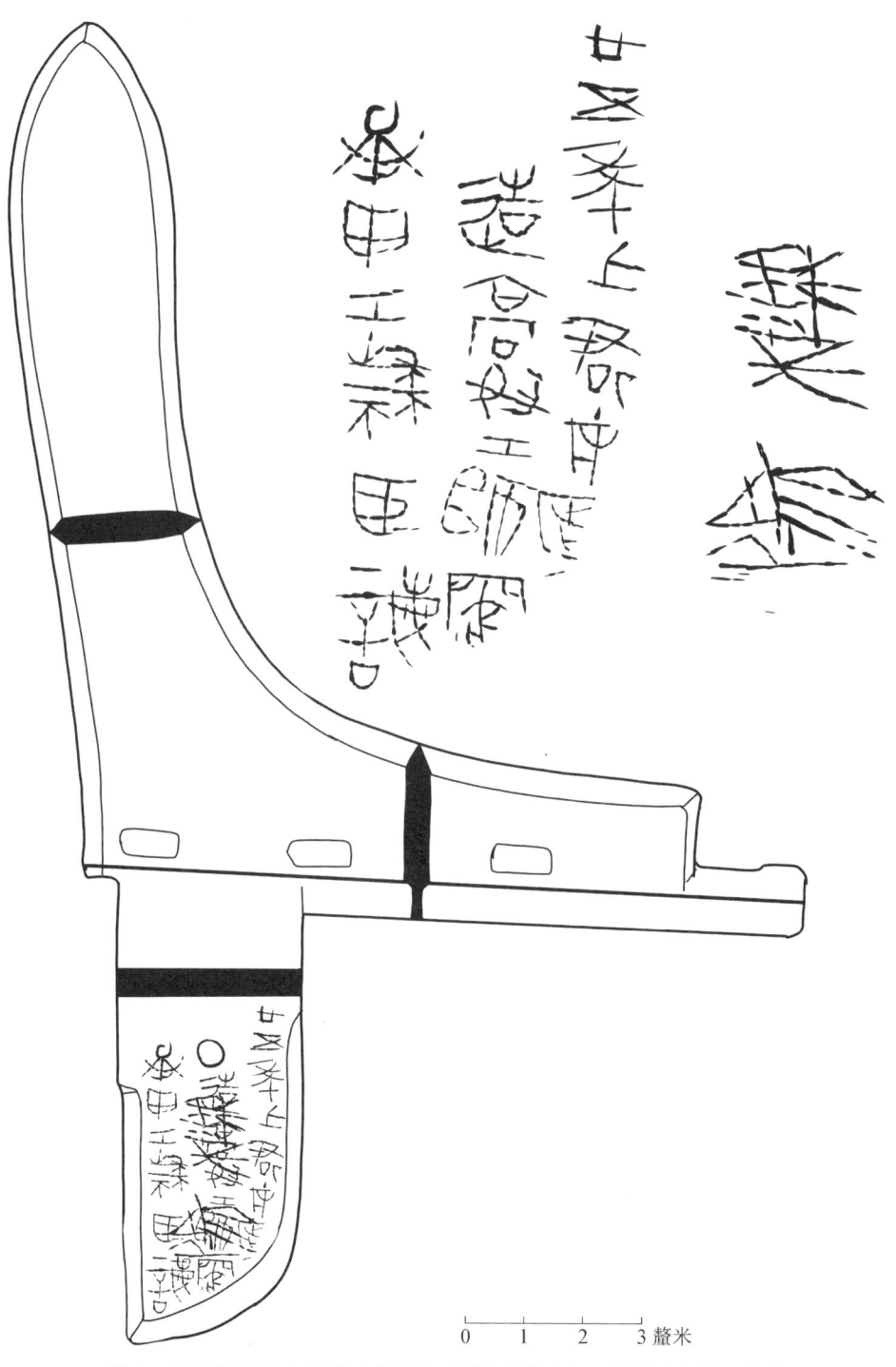

論陽城之戰與秦上郡戈的斷代　155

圖六　河南登封八方村出土廿五年上郡守周(?)戈正面器形與銘文摹本

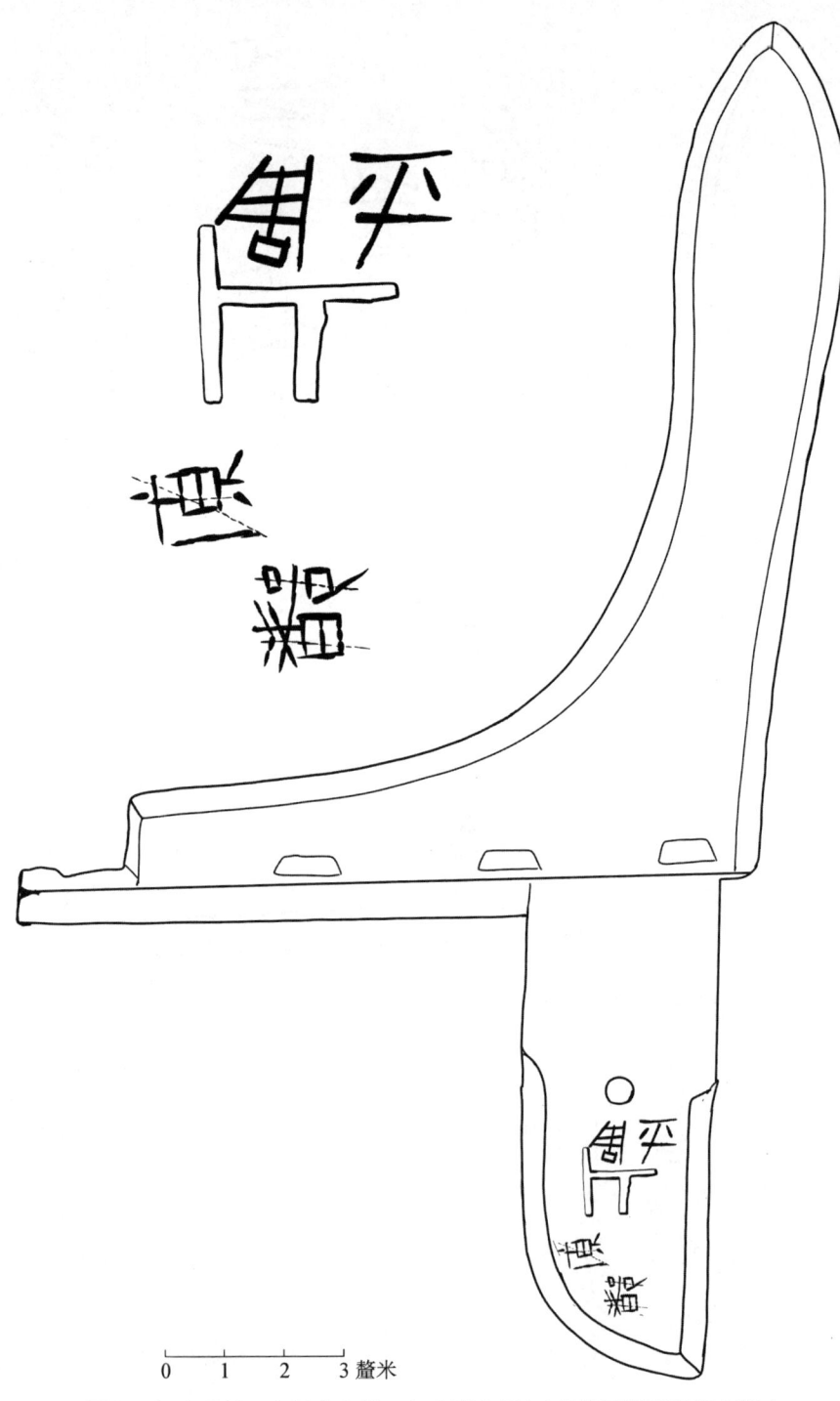

圖七　河南登封八方村出土廿五年上郡守周(?)戈背面器形與銘文摹本

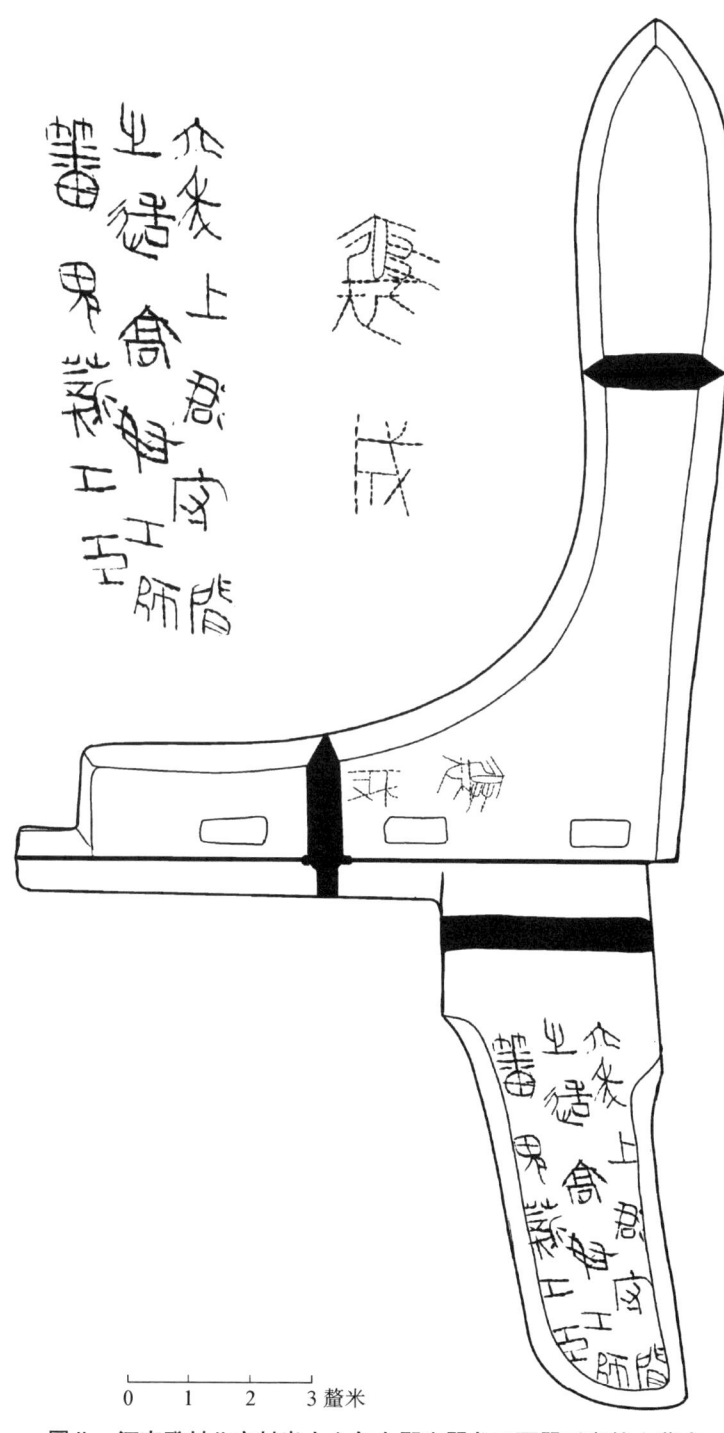

圖八　河南登封八方村出土六年上郡守閒戈正面器形與銘文摹本

158　秦漢銘刻叢考

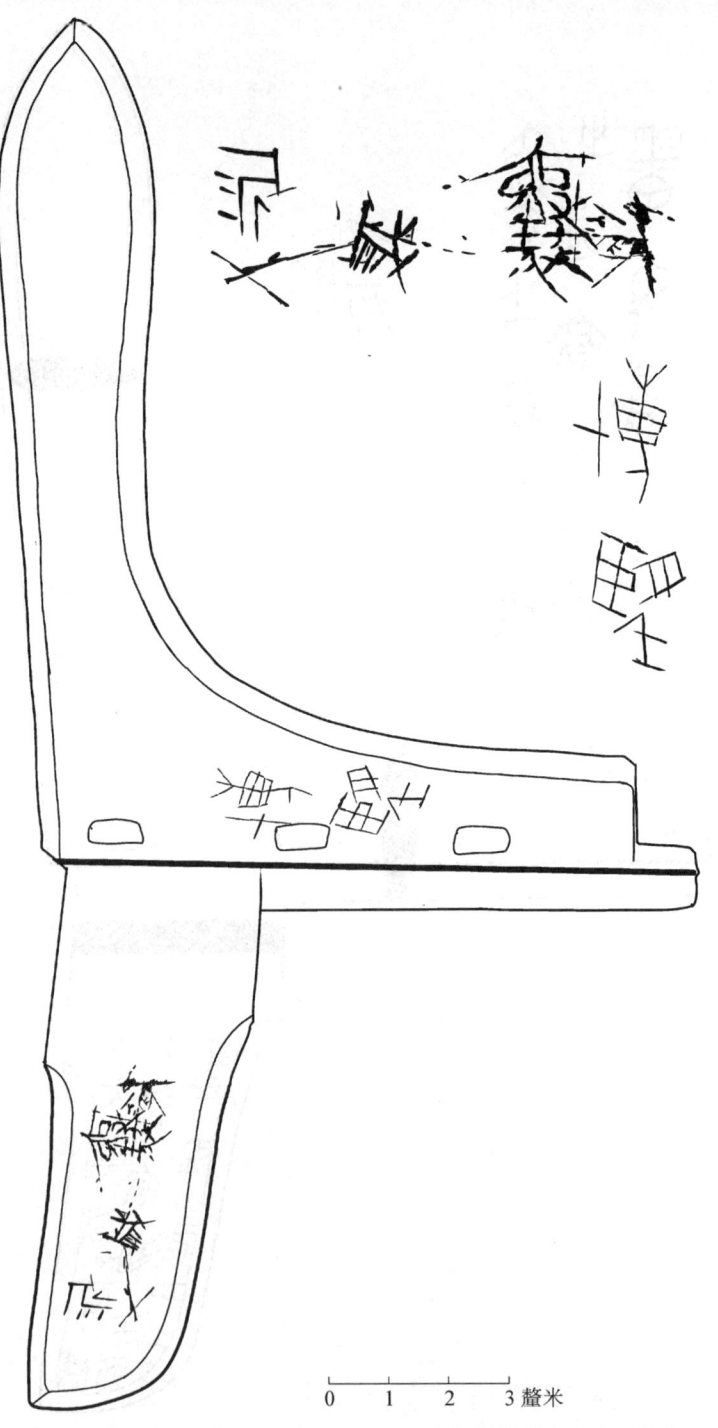

圖九　河南登封八方村出土六年上郡守閒戈背面器形與銘文摹本

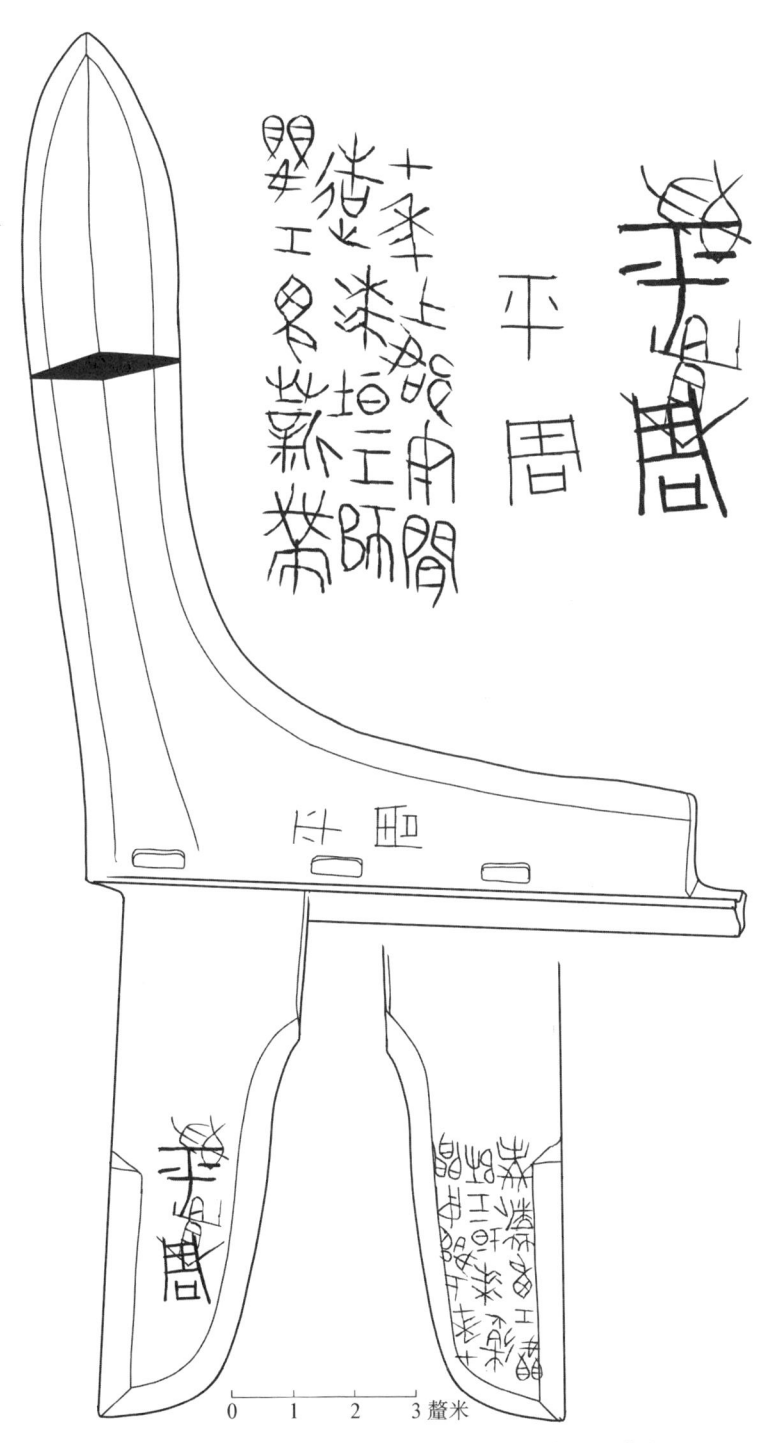

圖十　山西屯留出土七年上郡守閒戈器形與銘文摹本

160　秦漢銘刻叢考

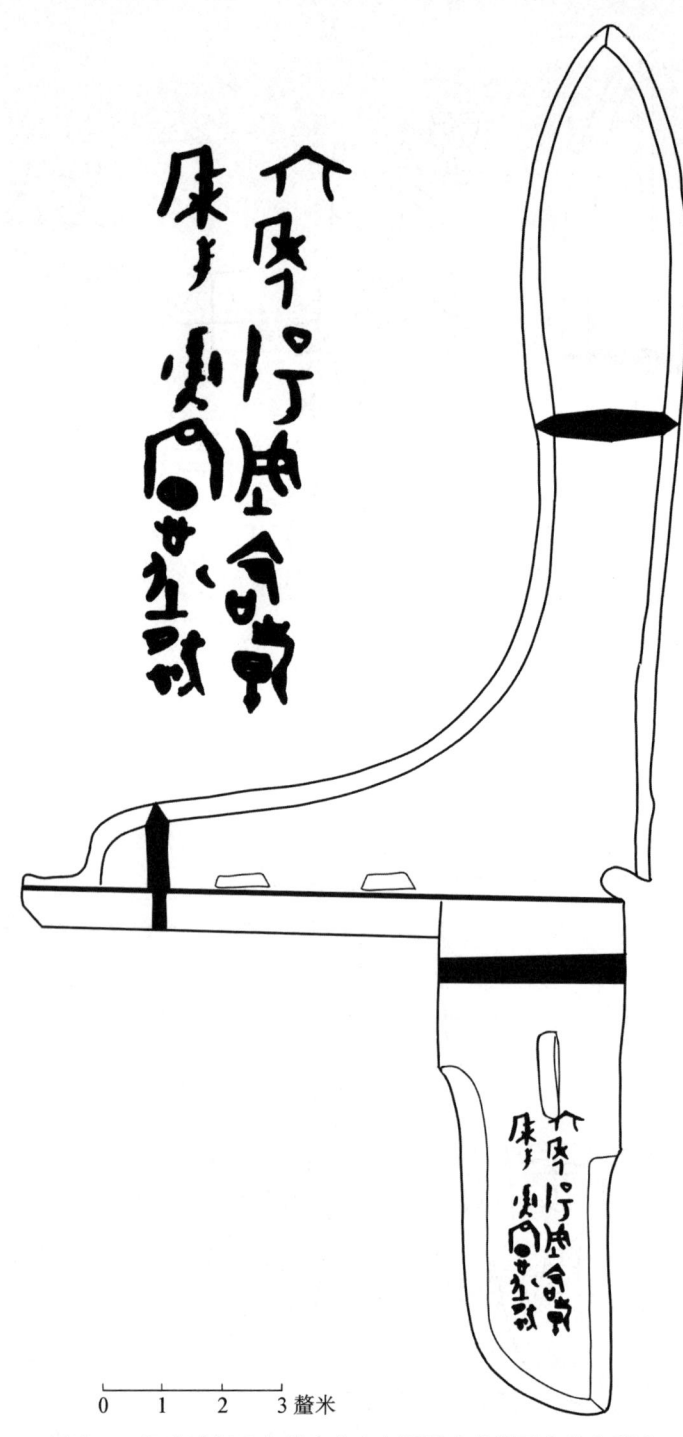

圖十一　河南登封八方村出土六年陽城令戈器形與銘文摹本

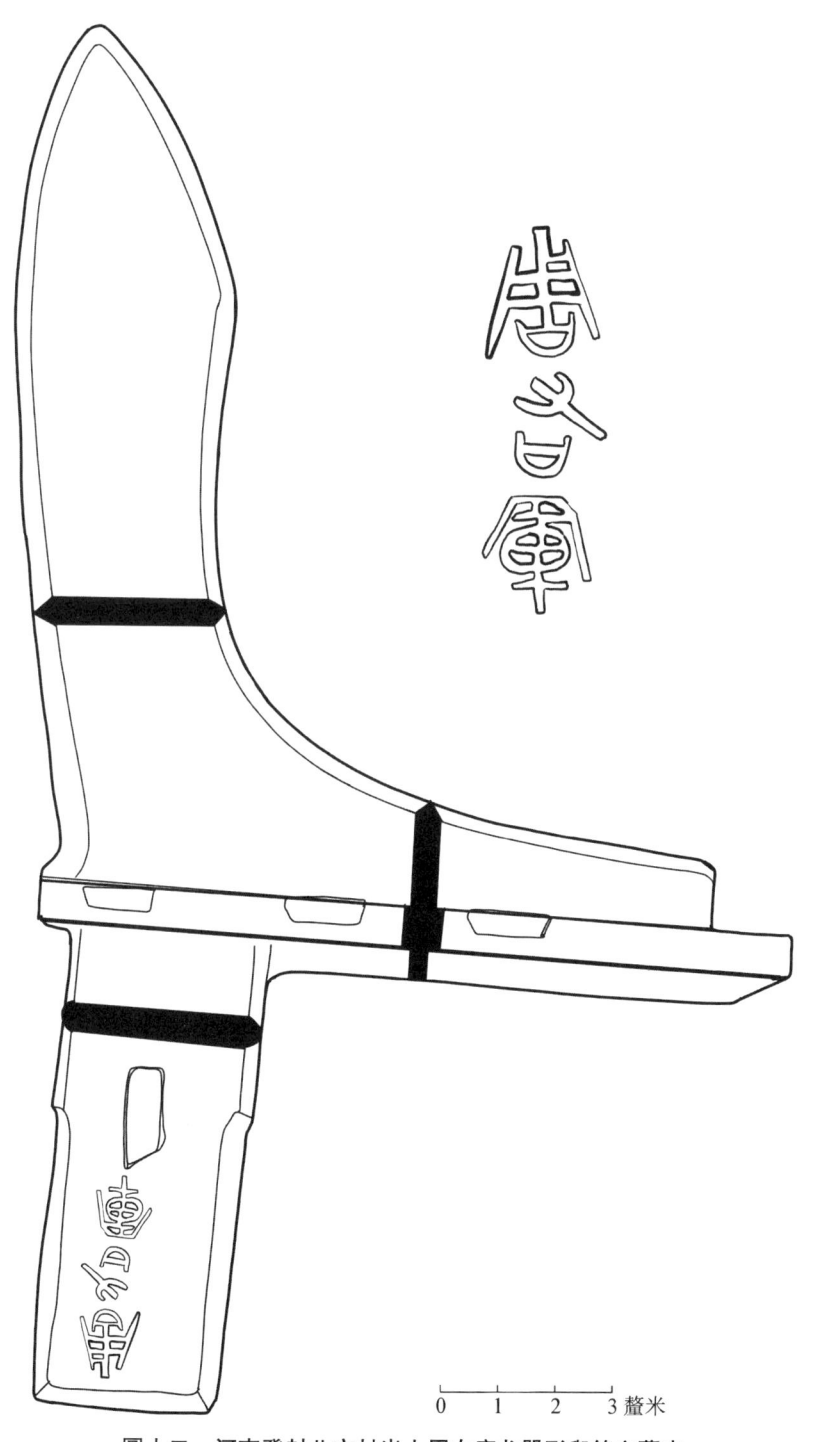

圖十二　河南登封八方村出土周右庫戈器形與銘文摹本

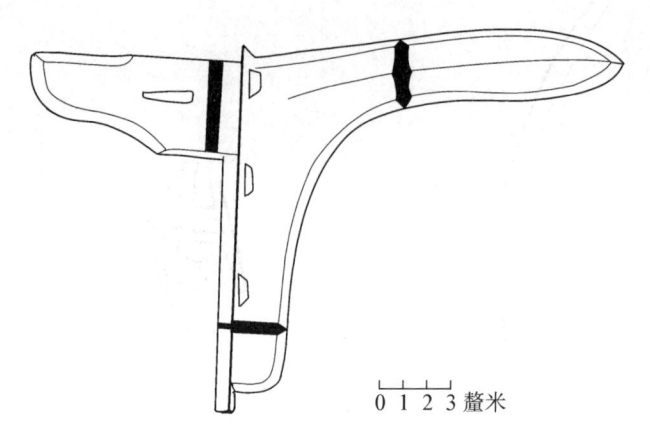

圖十三　河南登封八方村出土二號戈器形

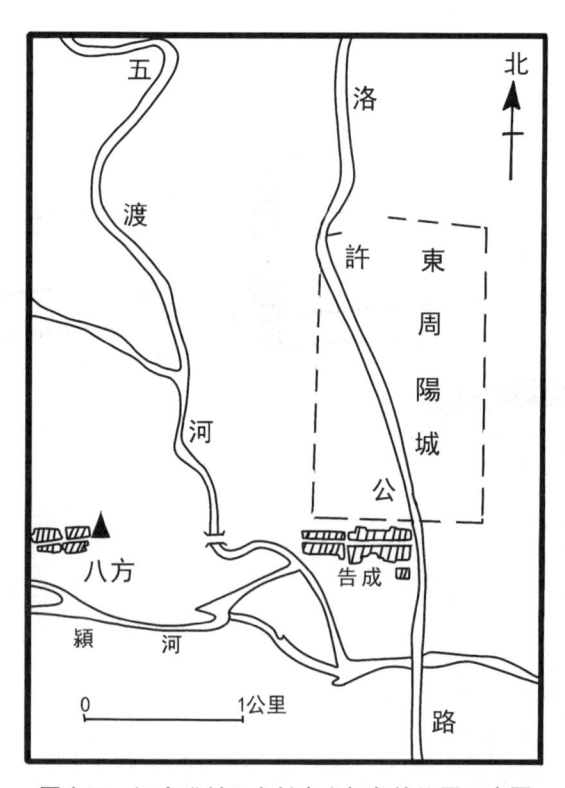

圖十四　河南登封八方村出土銅戈的位置示意圖

秦郝氏印箴言款考釋

——《易·損》"懲忿窒欲"新證

《珍秦齋古印展》著録蕭春源先生珍秦齋收藏的一方秦半通姓氏私印,①印面爲"郝(郝)氏"二字(圖一)。② 此印四側面有 6 個錯銀文字(圖二),原釋文作"忿罙(深)冥,欲毋思"。馬國權先生在《珍秦齋古印展》序言中介紹此印説:"有郝氏一印,四側橋刊'忿'、'罙(深)冥'、'欲'、'毋思'等錯銀字句,殆男女相怨之語,郝氏其作印者歟? 抑作印者怨於郝氏歟? 今不可知。印之附有邊跋者,其爲權輿乎?"

我認爲此印款當讀作"毋思忿,罙(深)冥欲",就相當於《易·損》象傳中所見的"懲忿窒欲"一語。現將二者疏證如下。

《易·損》卦之象傳:"君子以懲忿窒欲。"懲,陸德明《經典釋文》依王弼本作"徵",云:"徵,直升反,止也。劉作懲。"懲、徵聲音相同,字義相通。《爾雅·釋詁下》:"徵,虛也。"郭璞注及邢昺疏皆曰"未詳",獨有郝懿行《爾雅義疏》云:"徵有止音,然則止爲空盡之意,故亦爲虛。"按郝氏所言極是。賈誼《吊屈原賦》"見細德之險徵兮,遥曾擊而去之",③此句中徵字亦當讀爲止,徵、之爲韵,險止即險阻,《左傳》僖公二十八年"險阻艱難,備嘗之矣";或作"險壖",《潛夫論·交際》"不驅於險壖之俗,不惑於衆多之口",④可見徵之訓虛,必是"止"意。懲亦訓爲

---

① 《珍秦齋古印展》圖版 35,澳門市政廳出版,1993 年。
② 原釋文逕作"郝氏",但首字从"亦"不从"赤",已見游國慶先生《珍秦齋古印展釋文補説》一文説明(該文載於《中國文字》新 19 輯,臺北藝文印書館,1994 年,第 169 頁)。今按:"郝"仍當讀爲"郝",《説文》敉字或體作"赦",可證。
③ 《史記·屈賈列傳》引作"見細德之險微兮,摇增翮而去之",本文所引據《文選》。今按:"微"爲"徵"之誤字,作"徵"是。
④ 《辭通·上平四支》引此篇名誤爲《德化》,其本於《四部叢刊》所收述古堂影宋寫本之竄亂,當改正。汪繼培《潛夫論箋》謂"壖"當改作"巇",並引《楚辭·九辯》"何險巇之嫉妒兮"爲證。今按:據本文所論,作"壖"亦通,不煩改字。

止。《詩·小雅·沔水》"寧莫之懲",毛傳:"懲,止也。"《楚辭·九章·懷沙》"懲連改忿兮,抑心而自強",王逸注:"懲,止也,忿,恨也。言己知禹、湯不可得,則止己留連之心,改其忿恨,按慰己心,以自勉強也。"①《左傳》中"懲"字常見,多用於論及《春秋》筆法,如成公十四年"君子曰:《春秋》之稱,……懲惡而勸善";又見用於談論禮樂的功用,如成公二年,單襄公説獻捷禮"所以懲不敬,勸有功也"。凡此"懲"字,都有停止某種(不善的)思維活動的意思,也就是上揭秦印款字中的"毋思"。

再來看"罙(深)冥"與"窒"的關係。

冥可訓爲深。《易·豫》上六爻辭"冥豫,成有渝,無咎",《釋文》:"冥,王廙云,深也。"揚雄《太玄經·達》初一讚辭"中冥獨達",晋范望注云:"心深稱冥。"因此可以把"深冥"看作近義並列複合詞,就訓爲"深",義爲"藏"。《考工記·梓人》"必深其爪",鄭玄注:"深,猶藏也。"

窒亦可訓爲深。《易·訟》卦辭"有孚窒惕中吉","窒"在馬王堆帛書本《六十四卦》寫作"洫"。② 今按:"洫"又見於《莊子·齊物論》"其厭也如緘,以言其老洫也",王先謙《集解》:"宣穎云:厭然閉藏。緘,密固;洫,深也,老而愈深。"③可見"洫"有"深藏"的意思,而窒、洫通用,亦得同解。

古籍中有"深瞑"一詞。《説苑·談叢》:"惠施卒,莊子深瞑不言,見世莫可與語也。"此事又見《淮南子·修物》:"惠施死,而莊子寢説言,見世莫可爲語者也。""寢"與"深瞑"語義相當,從上下文看,都應當是"深藏"、"停息"之類的意思。上揭秦印"深冥欲"之"深冥"一詞無疑可與此"深瞑"詞義相當。

綜上所述,《易·損》象傳"君子以懲忿窒欲"一語,應是"君子因此(效法損減的道理)不要去想忿怒的事,又要深藏自己的慾望",也就是"制怒寡欲"的意思。古人常以此爲修身準則。《大戴禮記·保傅》:"(天子)不能懲忿窒欲,不從太師

---

① 《史記·屈賈列傳》引此"連"字作"違",本文引王逸注本。此句"改忿"之改當讀爲"已"(古文字改字本從"已"作),訓爲"止",然則"改忿"亦"懲忿","已"、"懲"古音亦相近(聲爲邪、定,錢玄同《古音無邪紐證》將邪紐歸於定紐,韻同之部)。

② 見《文物》1984年第3期《馬王堆帛書六十四卦釋文》。

③ 郭慶藩《莊子集解》此段説本郭象注,云:"其厭没於欲,老而愈洫,有如此者。"與宣穎説正相反。今按:二家區别在於看"欲"字的語法位置是主語或賓語,句式的主動與被動不同。按察上下文,郭説恐非是。

之言，凡是之屬太傅之任也。"①可知所揭秦印之主郝氏也是以此爲座右銘，不過略變其辭。

我們訓"窒"爲"深藏"義，與此印款所見的秦人郝氏的理解相合，而與舊注不同。《損》卦的主旨，據《彖》傳，是自上向下推行的統治之道，要注意"與時偕行"的道理，由此可知《象》傳所言，是居上位的君子，也應適時損减忿欲，不能無限。② 但漢唐以來的舊注皆依《説文》訓窒爲塞，例如孔穎達《周易正義》謂"窒塞情欲"、"閉其將來"，是全然禁欲的意思，恐怕説得太重了，不合"懲忿窒欲"的本意。通觀《損》全卦，其所言乃是居上位者偶爾損减，時或益之，並無任何閉塞之意。《墨子・經上》："損，偏去也。"曹耀湘云："去其一偏爲損，若全去，不謂之損也。"③亦可資參證。所以，前揭秦印四側面六字箴言的正確解釋，對我們更好地理解《損》卦原意，也可以有所啓示。

原刊於《中國篆刻》1997 年第 4 期（總第 13 期），榮寶齋出版社，1997 年；
又刊於《考古與文物》1999 年第 3 期，第 87—88 頁

---

① 賈誼《新書・傅職》作"懲忿忘欲"。
② 參周振甫著：《周易譯注》，中華書局，1991 年，第 145 頁。
③ 譚戒甫：《墨辯發微》，科學出版社，1958 年，第 78 頁。

圖一　珍秦齋藏"郝氏'印鈐本

圖二　秦"郝氏"印五面文字展開圖

展開圖的印面文字爲反文,邊款是從右下方讀起,然後逆時針向上、左、下爲序。
原印章印面朝下時,邊款是從左後方讀起,然後順時針向前、右、後爲序。

西安閻良發現秦銘刻石新考

2010年1月,在西安閻良區石川河道內發現一件秦銘刻石,最近已由陝西省考古研究院孫偉剛先生撰文發表,有很好的討論。① 我讀後有些新的想法,寫出來供大家參考。

據介紹,這件刻有銘文的刻石近於長方體,其長邊爲211釐米,另外兩短邊分別爲69釐米、60—62釐米,從這些數據看,其截面與長邊的比例小於1∶3,可以稱爲石條。石條底面及兩端面有刻銘(圖一:1、2、3):

納右中部。工謹。石堂再施木卅(三十)六。袤九尺,廣二尺九寸,后(厚)二尺五寸。輸納旁(房)丙廿(二十)九。

納右中部。袤九尺,廣二尺九寸,后(厚)二尺五寸。堂再施木卅(三十)六。左謹。丙廿(二十)九。

丙廿(二十)九。

因石料不易翻動,爲便於查看,所以三面刻銘,且有些內容重複。袤、廣、厚三個數據基本合於秦代尺度,毋需討論。孫偉剛先生文章已經指出,1975年在秦始皇陵園內城北部西區曾出土三件有銘刻的青石板。② 其銘刻爲(圖二:1、2):

納中,東下三十六(附圖二:1)

泰左,東丙三上(附圖二:2)

內西七

---

① 孫偉剛,《西安閻良新發現秦石刻及相關問題研究》,《文物》2019年第1期,第84—88頁。
② 袁仲一:《秦始皇陵考古發現與研究》,陝西人民出版社,2002年,第480頁,第482頁圖一七〇:1、2。

另外還有一件刻銘石板，1975年出土於内城北部西區便殿遺址，這是一塊有菱花形紋的石板，用於包鑲墻壁，菱花紋下部刻字（附圖二：3）：

　　泰右，東十八①

以上秦石刻中的編號系統，不易理解，需要就此先作解釋，才好理解其他銘文。

一

這類編號系統，還見於幾處漢代墓葬的塞石刻銘。可以先看河南永城保安山二號墓（梁孝王劉武之李王后墓）的2號甬道的塞石刻銘。② 發掘報告説，2號甬道"共清理塞石約200塊。該甬道塞石自東向西共12排，最東一排爲第1排，每排6—11層，每層3—4塊"。這些塞石多有刻銘，其中，銘刻格式爲"序數詞＋施＋南方"的塞石有七塊。爲了便於比較，下面根據發掘報告的"附表三 保安山二號墓2號甬道塞石統計表"，按順序録出有"南方"字樣的所有塞石刻銘（部分刻銘數字之間原有折線狀的斷句符號；録文之後的6位數字是考古清理編號。圖三：1—9，第4、11 無圖）：

1. 第十⌐，一，南方。030104（圖三：1）
2. 第十⌐，五，南方。厚尺四寸。030203（圖三：2）
3. 第十⌐，八，南方。030303（圖三：3）
4. 第八，七，南方。050303
5. 第三⌐，一。始施南方。100104（圖三：4）
6. 第三⌐，九，三施南方。100204（圖三：5）

---

① 袁仲一：《秦始皇陵考古發現與研究》，第480、482頁，圖一七〇：3。該書第56頁又記載臨潼區博物館藏大型門檻石，銘文"甲百八"，長170、寬55、厚26釐米，出土於内城垣西門闕遺址。
② 河南省文物考古研究所：《永城西漢梁國王陵與寢園》，中州古籍出版社，1996年，第171頁。有"施"字的7塊塞石，拓本發表了6件，見第172頁圖一二六：1、2、3，圖一二七：1；第173頁圖一二八：1、2。參看趙志文、賈連敏：《永城保安山二號墓文字試析》，《中原文物》1999年第1期，第74—82頁。

7. 第二␣,一南方。始施南方 110104(圖三：6)
8. 第二␣,五。二施南方 110204(圖三：7)
9. 第二␣,十二。四施南方 110401(圖三：8)
10. 第一␣,七,南方。三施……。(下殘,可補出"南方")120304(圖三：9)
11. 第一,廿五。七施南方。120801

在附表三後面有個注釋,解釋了針對 2 號甬道塞石的考古編號方式,説:"塞石編號用六位數表示,前兩位數表示自東向西的排數,中間兩位數表示自下向上的層數,末兩位數表示自北向南的號數。"①

銘刻中所見塞石的古代編號方式,報告結合 2 號甬道發掘情況另有説明。不妨抄下來看:

> 塞石上面所刻序號,字頭大多朝西,每排序號自北至南或自南至北逐層向上順序排列。如第 5 排第 1 層 3 塊塞石上面自北至南依次刻有"第八一"—"第八三",第 2 層 3 塊塞石自北至南依次刻有"第八四"—"第八六",第 3 排第 1 層 4 塊塞石自南至北依次刻有"第十一"—"第十四",第 2 層 3 塊塞石自南至北依次刻有"第十五"—"第十七"等。有的塞石上面還刻有"始施南方"及其它文字。有少量的塞石上面沒有刻字,有的塞石沒有按當初所刻序號順序排放。②

根據報告及塞石的銘刻情況,没有句讀符號的塞石銘文,例如"第八六",應讀"第八,六","第八"指該石所在自東向西的組數(報告稱"排數"),"六"指該石在第八組所居的順序號。

以此類推,上録塞石銘文中,位於句讀號前後的數字,也分別表示該石的組號與組內順序號。組內順序號爲"一"的,有三塊。清理編號爲 030104 的"第十,一,南方"、100104"第三,一,始施南方"、110104 "第二,一,南方,始施南方",都位於最下層(第一層)的最南方。可知在設計上的施工順序,是先南後北。

不合乎先南後北之順序的,是 110401"第二,十二,四施南方"。但據清理編

---

① 《永城西漢梁國王陵與寢園》,第 250—253 頁。
② 《永城西漢梁國王陵與寢園》,第 148 頁。

號規則,此石位於自下而上第四層的北方第一塊。這應該是施工時臨時改變順序爲自北向南。

保安山二號墓 2 號甬道塞石銘刻所見,有"始施"銘刻的塞石在第一層,有"四施"在第四層。以此規律來檢查其餘,則 110204"第二,五,二施南方"確是在第二層,120304"第一,七,南方,三施[南方]"確是在第三層,且都在最南方。可見,所謂"施"很可能是指自下而上的層數。

與此規律不合的,有兩石。100204"第三,九,三施南方",今位於第二層。檢查"第三"組中各層的原刻順序號,第一層四塊石是"一、二、三、四",第二層四塊石是"九、六、八、七",第三層三塊石是"五、十一、十",可知,第三層序號爲"五"的塞石,設計順序本應位於第二層南方第一塊,"九"與"五"兩石屬於施工臨時相上下調換,原設計時 100204"第三＊九三施南方"本應位於第三層南方第一塊。

又 120801"第一,廿五,七施南方",今位於第八層。據發掘報告,編號爲"第一"的這組塞石位於 2 號甬道最西端,原本堆砌成爲一個阻擋塞石沿斜坡下滑的裝置,在考古清理時,其上層已被盜擾不全,所以導致其層位略有出入。

以上討論所涉及的"第一"、"第二"、"第三"、"第十"四組塞石,我根據報告重繪了剖面圖,可以參看(圖四)。

由此來看閻良所出秦刻石銘文。"石堂再施木卅六"與"堂再施木卅六"中的"再"字,從字形和文例兩方面來看,只能釋爲"再"。"再施"同於"二施",意思是此石位於構築石堂某個部分的第二層。

閻良刻石前稱"石堂",後稱"旁"。"旁"應讀爲"房"。《史記·禮書》"房皇周浹",《索隱》:"房音旁。"《史記·李斯列傳》"今上急益發徭治阿房宮",《索隱》:"房音旁,一如字。"《釋名·釋宮室》:"房,旁也,在堂兩旁也。""房"是附屬於"堂"的建築,《説文》"房,室在旁也",段注:"凡堂之内,中爲正室,左右爲房,所謂東房、西房也。"房又稱"夾室"。同樣用法的"旁"字,也見於保安山二號墓的 1 號、2號、3 號甬道或側室的門道塞石刻銘及朱書題銘,例如:

　　　　西宮東北旁,第一,三。第一,北。(1 號甬道:040103)
　　　　東宮東北旁,第三,一。(1①號室門道)

東宮東南旁,第三,一。(2①號室門道)

西宮西南旁,第一,二。(24號室門道)

西宮西北旁,第三,一。(27號室門道)

東旁。第一。高九尺一寸,廣丈四寸。(2號甬道北壁東端補石上的朱書)①

發掘報告已指出,"東宮"是指前室,"西宮"是指後室,"西宮西南旁第一,一"是指該石位於"西宮"(後室)"西南"(3號甬道南側)"第一"(自東向西)"旁"(房,即24號室)門道内的第1號位置。可見"旁"後面的"第一"是"旁"的編號。因爲側室有多個,所以需要用"第幾"來編號。據此,則閻良刻石"旁丙廿九"似乎可以理解爲:編號爲"丙"的旁(房),此石是丙房用石料的第二十九塊。另外兩面刻的"丙廿九",皆是"旁丙廿九"的省稱。

文獻中所謂的"便房",應即考古中所見的這種名"房"的側室。《漢書·霍光傳》講霍光死後,皇帝賞賜的葬具包括"梓宫、便房、黃腸題湊各一具。樅木外藏椁十五具",服虔注:"便房,藏中便坐也。"曹魏如淳注引東漢衛宏:"《漢儀注》:天子陵中明中高丈二尺四寸,周二丈,内梓宫、次楩椁、柏黃腸題湊。"顔師古注:"便房,小曲室也。如氏以爲楩木名,非也。"後來南朝宋劉敞又駁顔師古,直接將"便房"等同於"楩椁"。便房問題至今仍聚訟紛紜。我認爲,因爲先秦兩漢的"房"的本義是"旁",一定是指旁側之室,《霍光傳》"梓宫、便房"之便房應附屬於梓宫,與保安山2號漢墓銘刻所見相同,所以"便房"與楩木椁室的"楩椁"詞義無關。"便房"、"便殿"、"便坐"之"便"與"正寢"、"正廷"、"正坐"之"正"相對而言,"便"的意思是"平",便房是墓主平素起居之處,可以延賓客或日常視事。② 不同墓葬的規模和佈局不同,具體哪個是便房,仍需要分別作討論。

現在來看"石堂再施木卅六"與"旁丙廿九"兩個編號的關係。"卅六"應是前面"木"的編號,孫偉剛文說,"施木卅六"或指放於編號爲卅六的木材位置之意,此說可取。由本文前述"再施"是第二層的意思,可知"再施木卅六"是說此石料放在"木卅六"之上,作爲第二層(當然也有可能是指兩層石料的第二層)。

---

① 《永城西漢梁國王陵與寢園》,第184頁圖一四五:1。

② 參看蕭亢達:《"便房"新解》,《考古與文物》2010年第3期,第53—57頁;高崇文:《釋"正藏"與"外藏"》,《湖南省博物館館刊》第七輯,2010年,第292—298頁。

"木卅六"的編號是就整個石堂木料來說的,而"廿九"則是丙房所有石材的順序號。前面已述,房屬於堂,所以閆良石刻采取的兩套編號方式,一套是順序數,一套記層位。這兩套編號之間没有直接的統屬關係。這與保安山 2 號墓所見,例如 110204"第二,五,二施南方"也采取序數和層位兩種編號方式,性質相同。

據此,在秦始皇陵發現的另外三塊石刻中,"納中,東下三十六"、"泰左,東丙三上"、"内西七"也是記出石材所在的層(上、下)、方位(東、内西)與數字序號(三十六、丙三、七)。

塞石編號系統還見於徐州漢墓。徐州龜山漢墓塞石銘刻的"第百上石",仍是記其序號(第百)與層位(上)。① 在徐州獅子山西漢楚王陵,甬道塞石有四組十六塊,其一上有朱書題銘:"苐乙,下昜,東方,二。簡道②廣三尺九寸,高四尺半寸。袤丈五寸。"(圖五)③在徐州羊鬼山楚王后墓的甬道中,有雙層雙列塞石兩組八塊,其一銘刻爲"甲石,上昜,第三,後方北"。④ 徐州博物館耿建軍先生比較了獅子山和羊鬼山塞石銘刻,解釋説:

> 羊鬼山漢墓塞石東側一列上層一塊塞石内端有"甲石"銘文,而獅子山漢墓塞石的銘文有"第乙"。據筆者向有關人員了解,獅子山所有塞石上都有銘文,由内向外,每組分别稱爲"第甲"、"第乙"、"第丙"、"第丁",由此可見,其是由内向外按組進行編號的。獅子山漢墓中將"第乙(第二組)下昜(層)東方(列)"稱爲"二",羊鬼山漢墓中將"甲石(第一組)上昜"西側一塊稱爲"第三",將"甲石上昜"東側一塊稱爲"第四",顯然是將左

---

① 徐州博物館:《江蘇銅山縣龜山二號西漢崖洞墓材料的再補充》,《考古》1997 年第 2 期,第 39 頁圖五,圖版五:4。順便説一下,龜山漢墓塞石銘"第百上石"的"第百"只是表示塞石很多,實際並没有一百塊之多。

② 獅子山楚王陵甬道前段用塞石封填,塞石銘刻"簡道",應讀爲文獻中的"羡道",指墓道。《廣雅·釋室》:"羡,道也。"考古報告中,一般分逝甬道(有頂的内墓道)與羡道(無頂的外墓道),但二者在古代有可能都稱爲"羡道"。《史記·秦始皇本紀》:"大事畢,已藏,閉中羡,下外羡門。盡閉工匠藏者,無復出者。"中羡應即内墓道或甬道,外羡是外墓道。二者都需要塞石封閉,與保安山梁王墓情況相同。"簡(羡)道"後面的數據是對羡道尺寸的説明。

③ 獅子山楚王陵考古發掘隊:《徐州獅子山西漢楚王陵發掘簡報》,《文物》1998 年第 8 期,第 12 頁圖十三。

④ 羊鬼山漢墓資料未正式發表,轉引自耿建軍:《徐州西漢楚王墓塞石的開鑿與封填》,《考古》2013 年第 3 期,第 76 頁。

下、右下、左上、右上 4 塊塞石分別編號爲一、二、三、四。這也就是塞石放置的先後順序。①

由此可見，獅子山與羊鬼山的塞石編號方式是先分組（第乙、甲石），同組之內又采取兩套編號系統：一套是組內的施工設計順序號（一、二、三、四），另一套是設計出該石所在的層（上昜、下昜）與方位（後方北、東方）（參看圖六：1、2）。

刻銘中表示層位的那個詞，獅子山和羊鬼山漢墓所見用"昜"字，閻良石川河和保安山所見用"施"字。衆所周知，"昜"字在漢代文字中與"易"字形相近，常常訛混。大家可能都知道的，最近有一個著名例子，就是金關漢簡（73EJT22：6）和海昏侯墓漢簡中都有《齊論語》片段"孔子知道之昜也，昜昜云者三日"等語，學者已指出見於《禮記・鄉飲酒義》及《荀子・樂論》："孔子曰：'吾觀於鄉，而知王道之易易也。'"②之所以會想到這一點，是因爲"施"（歌部）與"易"（錫部）又是確切的異部相通假字。③ 舉例來說，《詩・小雅・何人斯》"我心易也"，陸德明《釋文》："韓詩作施。施，善也。"《戰國策・韓策二》"錡宣之教韓王取秦"篇"言之楚易三川"，又"楚圍雍氏韓令冷向借救于秦"篇"易三川而歸"，在《史記・韓世家》作"施三川而歸"，《史記正義》："施猶設也。……張設救韓之功，行霸王之迹，加威諸侯，乃歸咸陽是也。"

我認爲，徐州漢墓塞石"上昜"與"下昜"的"昜"即"易"之訛字，就可以讀爲閻良刻石與永城漢墓的"始（二、再、三、四、七）施"的"施"。"施"在古書中的常見詞義，有"加"、"設"、"陳"、"布"等，④"陳"與"設"皆有"重"義，《詩・大雅・行葦》"肆筵設席"，毛傳："設席，重席也。""易（賜）"也有"施加"的意思，與"施"音義並

---

① 轉引自耿建軍：《徐州西漢楚王墓塞石的開鑿與封填》，《考古》2013 年第 3 期，第 81 頁。
② 王楚寧、張予正、張楚蒙：《肩水金關漢簡〈齊論語〉研究》，《文化遺產與公衆考古》（第四輯），2017 年，第 66—74 頁。楊軍、王楚寧、徐長青：《西漢海昏侯劉賀墓出土〈論語・知道〉簡初探》，《文物》2016 年第 12 期，第 72—92 頁。肖從禮、趙蘭香：《金關漢簡"孔子知道之易"爲〈齊論・知道〉佚文蠡測》，《簡帛研究二〇一三》，廣西師範大學出版社，2014 年。
③ 可參看虞萬里：《從古方音看歌支的關係及其演變》，《榆枋齋學術論集》，江蘇古籍出版社，2001 年，第 1—45 頁。根據張富海先生的上古音系統，與支部-e 有關的歌部字，主要元音是-ei。
④ 北大漢簡《蒼頡篇》B14 有"挾貯施裹（祎）"，應讀爲"夾紵施祎"。《說文》："祎，棺中縑裹。"（參看段注）"施祎"是指在木棺內貼縑類絲綢作爲襯裏，"夾紵"是以紵麻夏布作爲漆器或雕像的内胎骨架的工藝，二者事類相似，所以連言。

近，也許有語源上的關係。這些詞的核心詞義，都與先下後上、以差不多的進度逐層"放置"、"增加"、"疊加"的意思有關，①因此可以引申出近於今語"層級"、"層累"、"累積"、"堆砌"一類的涵義。② 今常用語"施工"之"施"的詞義也是如此。

二

上面解釋了閻良秦刻石的編號方式，下面來解釋其餘的銘刻內容。

關於"納右中部"，孫偉剛文認爲"納"讀"内"，指内部，表示此石刻在建築物的内部使用，"右中"爲内部的具體方位。根據上文所述，編號已經記載了石材使用的部位，且"工謹"將"納右中部"與"石室"隔開，則這裏的"納右中部"似乎不好再說成石條所在的方位。

從題銘前面說"納"，後面又講"輸納"來看，我認爲"納"與"輸納"詞義相關。從古書的用字習慣來看，"納"作爲"内"的假借字，承擔了"内"的動詞功能，都是表"出納"動作行爲，沒有表示方位處所的名詞"外内"的例子。

"納"或"輸納"都是需要接雙賓語的動詞。"納"與"入"的意思接近，《史記·廉藺列傳附李牧列傳》："市租皆輸入莫府。"《漢書·食貨志下》："諸郡國前所鑄錢皆廢銷之，輸入其銅三官。"（《史記·平準書》作"輸其銅三官"）在閻良這件秦銘刻中，所"納"的物品就是這塊石料，可以省略直接賓語。"輸納"的間接賓語應即"旁（房）"，是處所，而前一個"納"的間接賓語"右中部"之"部"，不應當理解爲石室某個部位之義，而應該是指接收石材的機構。

傳世文獻所見"部"是比較小的一種軍事組織，《管子·乘馬》："方六里，命之曰暴，五暴命之曰部，五部命之曰聚。"又《墨子·號令》："分里以爲四部，部一長，

---

① 再抽象一點來說，是按順序以某種度量爲單位作增減。
② 《管子·地員》："夫管仲之匡天下也，其施七尺。"其後文又論五施、四施、三施、再施、一施、六施、七施、八施、九施等等以至於二十施，"施"是水土深淺的度量單位。尹知章注："施者，大尺之名也，其長七尺。"或曰七（或八）尺爲仞，度高深皆曰仞。"施"的意思似乎也包含"層級"的意思。又《考工記·匠人》："周人明堂，度九尺之筵，東西九筵，南北七筵，堂崇一筵，五室，凡室二筵。"《明堂月令書》："明堂高三丈，東西九仞，南北七筵。"《周禮·春官宗伯·序官》"司几筵"鄭注："鋪陳曰筵。"這種尺度單位"筵"與"施"似乎也有語源的關係。

以苟往來。"這是"部"作軍事單位名稱的例子。睡虎地秦簡《法律答問》有"部佐匿諸民田",整理者謂:"鄉部之佐,漢代稱鄉佐。"可見秦代鄉里設有"部"。睡虎地秦簡《秦律雜抄》14 簡講到軍人私賣軍禀:"吏部弗得,及令丞貲各一甲。"《秦簡牘合集》指出嶽麓秦簡 0993 也有"吏部",並説:"部有統轄義。吏部似猶吏主。"(164 頁注釋[9])據此,"部"也是秦軍中的職官或官署名。

秦漢的建築業實行軍事化管理。刻石題銘的"部"似是低級官署的名稱。其長官可能是"部吏"或"部長"。《漢書·百官公卿表》:"將作少府,秦官,掌治宫室,有兩丞、左右中候。景帝中六年更名將作大匠。屬官有石庫、東園主章、左右前後中校七令丞,又主章長丞。武帝太初元年更名東園主章爲木工,成帝陽朔三年,省中候及左右前後中校五丞。"將作大匠下設左、右、中候,而候官也設於衛尉、中衛、典屬國、城門校尉等軍事類官署;將作大匠下又設五校,校官也是軍事類職官。所以,將作大匠的丞、候、七令丞下或有可能設有更低一級的軍事類組織"部"。由此可見,將作大匠的三候負責勞動力的軍事化管理;石庫與主章分別負責石、木工程的設計,五校則率領衆勞動力做具體工作。

據出土文獻,秦代的將作大匠稱爲"大匠"或"泰匠",省稱爲"大"、"泰"或"匠"。在咸陽發掘的濟南王劉咸墓屬王莽時期,墓中積石與磚墻壁上有朱書文字,其中的"左、中、右、前、後"及"中校"等,發掘者已經指出是將作大匠五校的簡稱,負責具體施工。① 在秦陶文中,這種官署簡稱形式也常常可見。② 袁仲一先生已指出,1975 年秦始皇陵園内城北部西區出土的三件青石板銘刻中,"泰左"、"泰右"的左、右,似應爲將作大匠的屬官左校令、右校令的省文,左、右校分掌左、右工徒從事石材的製作。③ 其説可信。左、右既然是大匠的左、右校,則另一件秦刻銘"納中,東丙三上"之"中"就是大匠中校之省,"納中"是輸納給大匠中校。閻良刻石題銘所納的"右中部",很可能指秦代大匠官署"右校"之下所設的"中部"。

"工讙"又稱"左讙",據秦銘刻通例,"工"隸屬於工室,可見石作工室分爲左、

---

① 孫德潤:《咸陽清理一座漢代大型積石沙墓》,《中國文物報》1995 年 1 月 18 日。
② 袁仲一、劉鈺:《秦陶文新編》,文物出版社,2009 年,上册第 272—273 頁。
③ 袁仲一:《秦始皇陵考古發現與研究》,第 483 頁。

右。左工謹應是此石在開采和運輸環節的負責人。①

三

《文獻通考》卷一百二十四引《漢舊儀》記載："使丞相李斯將天下刑人徒隸七十二萬人作陵。鑿以章程，三十七歲，錮水泉絶之，塞以文石，致以丹漆，深極不可入。奏之曰：'丞相臣斯昧死言：臣所將隸徒七十二萬人治麗山者，已深已極，鑿之不入，燒之不然，叩之空空，如下天狀。'制曰：'鑿之不入，燒之不然，其旁行三百丈，乃止。'"②秦始皇陵地宫的建造，使用了土、木、石、金屬、漆等多種建築材料，這次閻良發現的石料銘刻"石堂"，從字體看，確屬秦代，這讓我們知道始皇地宫内有石構宫室，這是一個重要的信息。

《漢書·百官公卿表》將作少府的屬官"石庫"，應是承秦官而來。因受到草原文化較早使用鐵質工具的影響，秦代對石材的使用，比前代、比六國都要多，這是秦文化中一個特殊的重要的因素。

石刻銘文考釋還提供了兩個信息：一是石作工程的工官機構管理體系，一是石作工程的設計、備料、施工方式。從前文引證的幾項西漢代崖洞墓塞石編號方式，可見漢代石作工程的備料和施工技術與秦代一脈相承，未曾斷絶。

陵墓的建築材料體積重量大，費時費力，理應設有專職開采和運輸的職官。孫偉剛文已經指出，該石發現於石川河道中，應是采石於上游的今富平鄉北山，此山所產，即《史記·張釋之傳》文帝所謂的"北山石"。冬季在河道冰面上，可用旱船拖曳運輸大石，《三秦記》記載："始皇作驪山，……運大石於渭北渚，民怨之，作《甘泉之歌》，曰：'運石甘泉口，渭水不敢流。千人唱，萬人謳，金陵餘石大如塸。'""渭水不敢流"即表明時爲冬季。這件條石遍佈鑿痕，應屬於未經細加工的毛坯。在秦始皇陵外城垣西北部的鄭莊，曾發現一處秦代大型石料加工廠遺址，

---

① 漢代的石作工官系統，目前就保安山二號墓題銘所見，有"佐"與"工"兩級。實際的管理層級理應更多。

② 段清波改爲："使丞相李斯將天下刑人徒隸七十二萬人作陵，深極不可入。奏之曰：'丞相臣斯昧死言：臣所將隸徒七十二萬人治驪山者，已深已極，鑿之不入，燒之不然，叩之空空，如下天狀。'制曰：'鑿之不入，燒之不然，其旁行三百丈，乃止。'鑿以章程，三十七歲，錮水泉絶之，塞以文石，致以丹漆。"見段清波：《秦始皇帝陵園相關問題研究》，西北大學博士學位論文，2007年，第37頁。

猜想石料先應運到此處,經過細加工,才成爲建造地宮的石材。在石料的毛坯階段,秦人就能規劃好石材的具體使用位置,這反映秦代已有非常高超的工程管理水平。不過,在預案與實施之間,總會有種種意外發生。閻良這件石料,當年就是以某種原因在運輸中途墜河,至今河枯,始見天日。

2019 年 3 月 5 日

原刊於《文物》2019 年第 10 期,第 60—68 頁

1. 底面刻銘

2. 兩端刻銘1   3. 兩端刻銘2

圖一　西安閻良秦刻石題銘摹本

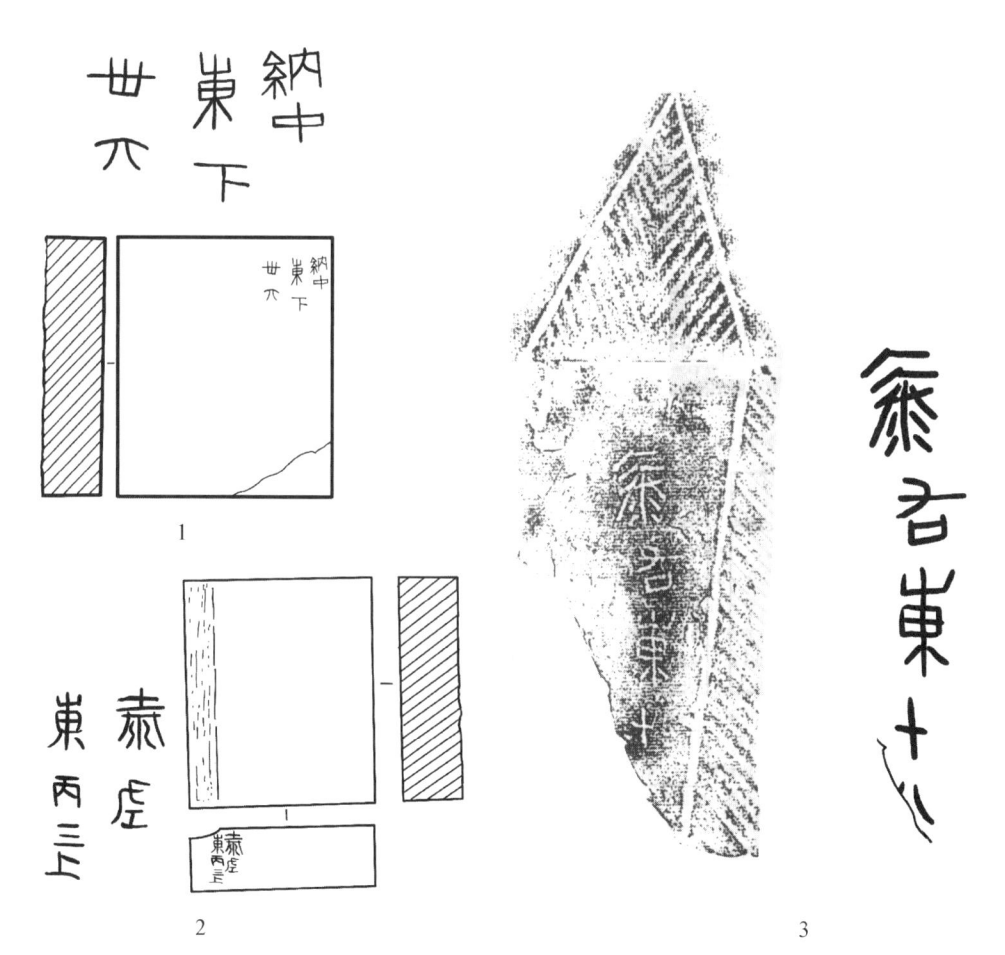

圖二　秦始皇陵園內出土的石刻銘文

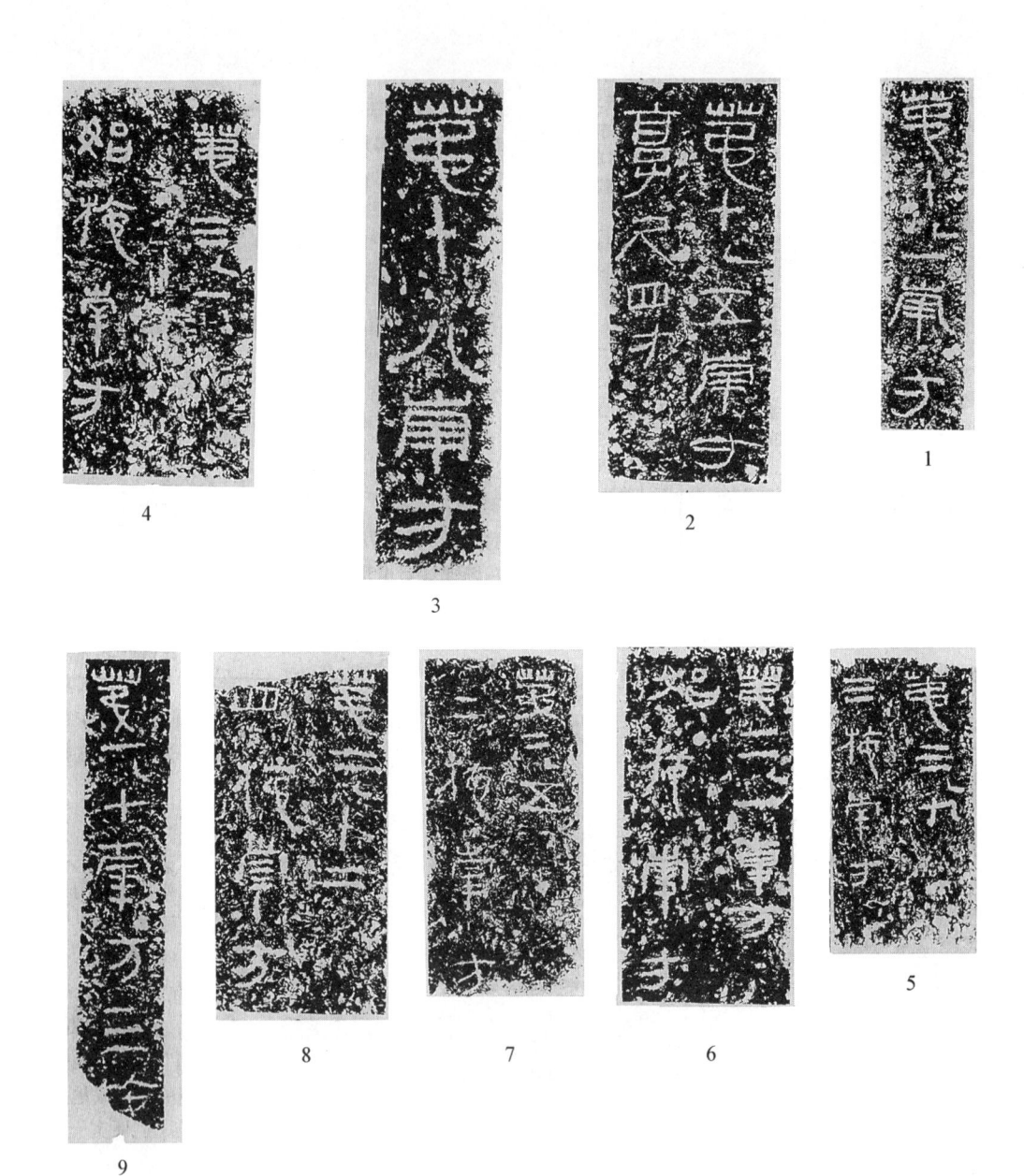

圖三　河南永城保安山二號墓 2 號甬道塞石刻銘拓本

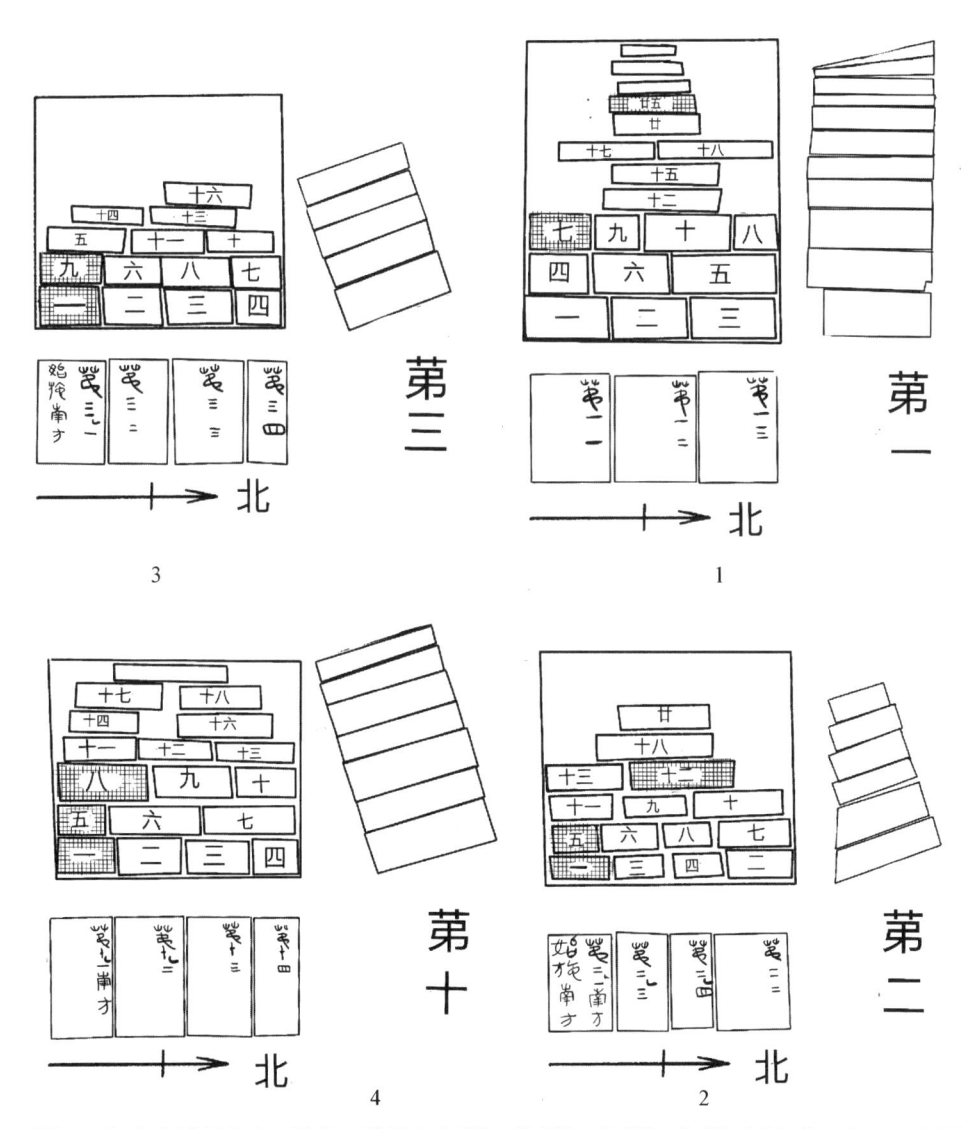

圖四　河南永城保安山二號墓 2 號甬道之"第一"、"第二"、"第三"、"第十"組塞石剖面示意圖

圖五　徐州獅子山漢墓塞石朱書摹本

1. 獅子山漢墓塞石乙組示意圖
（自南向北視圖）

2. 羊鬼山漢墓塞石甲組示意圖
（自北向南視圖）

圖六　徐州獅子山漢墓塞石乙組與羊鬼山漢墓塞石甲組示意圖

漢　魏

談十三年編鐘銘文中的祕府

徐州龜山二號墓塞石刻銘新考

樂從堂藏銅馬式考

山東畫像石榜題所見東漢齊魯方音

景初元年帳構銅考

談十三年編鐘銘文中的祕府

吳鎮烽先生《商周青銅器銘文暨圖像集成續編》著錄五件名爲"十三年編鐘"的銅甬鐘(圖一),有刻銘在鐘于部的口沿,有陽文編號在舞部內腔中。吳先生認爲編鐘的年代是戰國晚期秦。本文打算先考釋銘文中的"祕府",再討論其年代和工官等相關問題。

五件鐘銘可按著錄順序開列(圖二):

十三年,右工室兼,祕府守入,工□造。・七。(1009)
十三年,右工室尊,丞固,祕府守沂,工買之造。・十。(1010)
十三年,右工室尊,丞固,祕府守□,工雜造。(1011)
十三年,右工室尊,丞固,祕府守[訢],工□造。・六。(1012)
十三年,詔事或,丞賢,祕府雄,工訢造,苐(第)。・八。(1013)

一、釋"祕府"

釋文中寫作"祕"的字,吳鎮烽先生舊釋爲"衪"。此字原寫法如下:

1009	1013	1011	1010	1012

其中1009號編鐘銘文中,該字就寫作從"必",可見位於"祕"兩旁的"八"形。見於1013號編鐘的該字,可分析爲從示、從"祕"之初文爲聲。其餘三例,有

兩例比較潦草,都可以看作是從"祕"的初文。1012 的一例,照片不完整,從殘畫可以推定也是从"祕"的。

《説文解字》:"必,分極也,从八、弋,弋亦聲。"段玉裁《注》認爲,各本作"弋亦聲"之"弋"是誤字,應改爲"八亦聲"。此爲段注誤改。郭沫若曾據金文"必"字形指出,"必"字所从"弋"形是"祕"的象形本字。① 後來,裘錫圭先生又釋出甲骨金文中不从"八"的"祕"字初文獨體以及从"祕"之字,並指出"祕"與"弋"寫法雖相近但不同。② 目前古文字學界已認識到,《説文》"必"字應分析爲从八、从祕聲。至於"八"是否可以理解爲加注聲符,尚待研究。

十三年編鐘銘文的"祕"字,有从"必"與"祕"兩種寫法。據我們過去的認識,秦漢文字中"必"字多見,但尚未見到獨體或作偏旁用的"祕"。作偏旁用的"祕"形,還見於上海博物館新入藏的齊復封壺(12447、12448)銘文。復封壺的年代爲春秋中期,銘文中讀作"畢恭畏忌"句中的"畢"字,原字形寫作从言、"祕"聲。③ "祕"的寫法在兩壺銘中還有些不同,分別寫作:

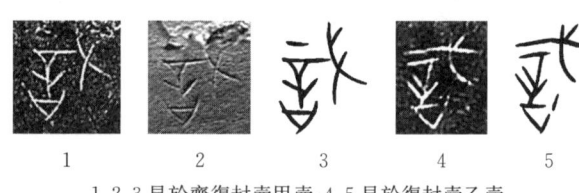

1　　2　　3　　4　　5

1、2、3 見於齊復封壺甲壺;4、5 見於復封壺乙壺

甲壺从"祕",乙壺之"祕"寫得似"弋"。作偏旁的"祕"形,又見於"宓"或"密"字的古文字字形,常寫作从二"祕",此爲常識,毋需舉例。由這些例子可見,"祕"之初文寫法一直都存在,並没有被後起的"必"形完全取代。上述編鐘銘文中,"祕"字也有兩類寫法,並不奇怪。

還需要指出,由於五件十三年編鐘的銘文是刻劃的,筆畫很淺,且照片的質量不高,所以,原字形也許都是从"必"的。以上只是就目前所見情況來論證。

"祕府"是古代宫廷内藏圖書之所在,或稱"祕室"、"中祕",其藏書也稱"中

---

① 郭沫若:《戈珌䤼厚必肜沙説》,《殷周青銅器銘文研究》卷二,科學出版社,1961 年,第 177 頁。
② 裘錫圭:《釋"祕"(附釋"弋")》,《裘錫圭學術文集(甲骨文卷)》,復旦大學出版社,2012 年,第 51—67 頁。
③ 葛亮:《復丰壺探研》,載《傳承與創新:考古學視野下的齊文化學術研討會論文集》,上海古籍出版社,2019 年,第 503—527 頁。

祕書"、"祕書",新莽封泥有"祕書藏府印"。① 《説文》"祕,神也",徐鍇《繫傳》:"祕,祕不可宣也。祕之言閟也。"段注:"魯頌閟宫有仳箋曰:閟,神也。此謂假借閟爲祕也。"隸楷階段的"示"、"禾"常相混,所以"祕"之訛體或作"秘",以下不復作分別。十三年鐘銘"祕府"或"祕府守"後加私名,這説明祕府的官長是祕府令。

藏書的祕府,在傳世文獻最早見於《漢書·藝文志》的敘録:

昔仲尼没而微言絶,七十子喪而大義乖。故《春秋》分爲五,《詩》分爲四。《易》有數家之傳。戰國從衡,真僞分争,諸子之言紛然殽亂。至秦患之,乃燔滅文章,以愚黔首。漢興,改秦之敗,大收篇籍,廣開獻書之路。迄孝武世,書缺簡脱,禮壞樂崩,聖上喟然而稱曰:"朕甚閔焉。"於是建藏書之策,置寫書之官,下及諸子傳説,皆充祕府。(如淳曰:劉歆《七略》曰:"外則有太常、太史、博士之藏,内則有延閣、廣内、祕室之府。")

這是説漢武帝時藏書於祕府。但祕府並不是漢武帝時才設立的。《漢書·百官公卿表上》御史大夫,秦官,掌副丞相,有兩丞,"一曰中丞,在殿中蘭臺,掌圖籍秘書"。可見秘書曾屬御史中丞。《史記·蕭相國世家》講蕭何"先入收秦丞相、御史圖書藏之",所收應即屬秦丞相和御史大夫管轄的中祕圖書。

1995年,在徐州東郊東甸子發現的西漢一號墓中,北龕西部發現一枚封泥(M1N:37),半通印文爲"祕府"二字(圖三)。② 東甸子漢墓的年代,發掘報告指出:"約在西漢早期偏晚,即漢景帝末年至武帝初年。"由於徐州在當時屬於西漢楚國,所以報告説:"該墓主人可能是西漢楚國掌管機要文書之官。"後來,發掘者中的劉尊志、梁勇兩位先生又就此封泥合寫文章,認爲墓主身份應是高級官僚貴族,所以死後能得到禁中祕府之書陪葬。③ 這個意見與發掘報告結語相比,已有改變。

徐州出土的這件祕府封泥,用於封緘簡册,其年代在景、武之際。這説明祕府藏書也並非從漢武帝開始,武帝只是擴充和完善了中祕的收藏。

---

① 任紅雨編著:《中國封泥大系》,西泠印社出版社,2018年,下册第1192頁,14265、14266號。
② 徐州博物館:《徐州東甸子漢墓》,《文物》1999年第12期,第4—18頁,第17頁圖四四。
③ 劉尊志、梁勇:《徐州出土祕府封泥的封緘方法淺析》,《華夏考古》2003年第3期,第96—97轉108頁;第97頁圖一:1、2。

二、編鐘的年代

據目前發現的這五件編鐘銘文"祕府","祕府"是否可以上溯至秦代？這需要考察這套編鐘所見的其他因素。

首先，從紀年來看。"十三年"之前無限定詞，應屬於中央王朝紀年。考察秦漢帝王的在位年數長短和紀年方式，"十三年"大概只有屬於秦王政或漢文帝前元這兩種可能。[1]

其次，從工官來看。題銘中的"右工室"與"詔事"是製造編鐘的機構。右工室見於《漢書·貢禹傳》"三工官官費五千萬"師古注："三工官，謂少府之屬官，考工室也，右工室也，東園匠也。"三工官的名目雖未必如師古所說，但師古注仍可說明漢代少府屬官有右工室。在秦銘刻中，常見屬於秦中央宮廷的"左工"即左工室，例如1992年山東淄博市臨淄區稷下街道商王村田齊墓地出土的左工銀耳杯(19607)、山東臨淄窩托村西漢齊王墓隨葬坑出土的三件戰國秦銀盤(19608、19609、19010)，皆爲秦昭襄王時"左工"所造。既有左工，按理說應有右工，但目前尚未見到屬於秦中央"右工"或"右工室"。[2]

詔事之爲工官，不見於傳世文獻。但據出土題銘所見，詔事是秦官，有鑄造器物的職能，其設置不晚於秦昭襄王五十年。黃盛璋先生認爲，秦官"詔事"應該相當於《漢書·百官公卿表》所見的少府屬官"若盧"。這是因爲，《漢書·百官公卿表》"若盧"下原注引服虔曰："若盧，詔獄也。"鄧展曰："舊洛陽兩獄，一名若盧，主受親戚婦女。"如淳曰："若盧，官名也，藏兵器。品令曰若盧郎中二十人，主弩射。漢儀注有若盧獄令，主治庫兵、[鞠]將相大臣。"[3]顏師古判斷以上三說曰："若盧，如說是也。"詔獄或若盧在漢代文獻中極爲常見，是囚禁大臣的監獄。作爲監獄的詔獄或若盧機構因爲具有罪犯作爲勞動力，因此可能會有手工業生

---

① 參看辛德勇：《建元與改元》，中華書局，2013年。秦惠文王前元、秦昭襄王也有十三年，但都嫌太早，不必考慮。

② 秦卲宮鼎(02099)："廿一年内官右工，卲宮私官，一斗九升，止。"其"右工"屬於内官，而非少府屬官。

③ 據《後漢書·孝和帝紀》"(九年十二月)已丑，復置若盧獄官"李賢注引《漢舊儀》"主鞠將相大臣"，補"鞠"字。

產。① 黃先生關於詔事的看法，雖未必是定論，但可以參考。

"右工室"與"詔事"這兩個工官機構名稱，都見於張家山漢簡《二年律令》的《秩律》461—464簡，秩皆六百石。所以秦官詔事與右工室都沿用到了漢初。可見，僅憑工官的沿革，尚不足以在兩種斷代方案中做出選擇。

第三，從組合、編號關係來看，這五件編鐘似非同組。

目前考古發現成套的西漢編鐘有三組，分別出土於山東章丘洛莊漢墓14號陪葬坑、②廣州象崗山西漢南越王墓的東室、③大雲山漢墓M1西迴廊南部。④ 這三組編鐘都是實用器，都以5件甬鐘和14件鈕鐘相配，甬鐘替代了早期充當低音部的鎛鐘。這種組合，應是西漢早中期編鐘的定制。⑤ 以此規律來看這五件十三年編鐘，其編號有"六"、"七"、"八""十"，沒有編號（或未發表）的一件似乎是第九件。但是，衆所周知，成套的編鐘在編組上應該按序號呈現大小相次的關係。根據發表的數據（下表），這五件編鐘在大小、重量等方面卻看不出有明顯的規律。所以，同時製作的編鐘可能不止一套，現在看到的五件，並非原屬同組。不過，即便是拼湊成組，十三年甬鐘同時出現五件，這也可能不是偶然的情況。當然，由於沒看到原器，或有可能是數據有誤，以上只是暫時的看法。

《銘圖》著錄號	1012	1009	1013	1011	1010
編鐘舞部内腔陽文編號	六	七	八	（無編號?）	十
通高(cm)	10.9	10.1	11.8	12.6	10
銑間距(cm)	5.5	5	6	6.4	5.1
鼓間距(cm)	4.7	4.3	5	5.4	4.2
重量(g)	440	280	620	640	280

---

① 黃盛璋：《秦兵器制度及其發展、變遷新考（提要）》，《秦文化論叢》第三輯，1994年，428頁。
② 濟南市考古研究所等：《山東章丘市洛莊漢墓陪葬坑的清理》，《考古》2004年第8期，第3—16頁，圖版叁、圖版肆。
③ 廣州市文物管理委員會等：《西漢南越王墓》，文物出版社1991年。
④ 南京博物院、盱眙縣文廣新局：《江蘇盱眙縣大雲山漢墓》，《考古》2012年第7期，第55頁，又圖版拾：3。
⑤ 方建軍、鄭中：《洛莊漢墓14號陪葬坑編鐘研究》，《音樂研究》2007年第2期，第39頁。最近發表的海昏侯劉賀考古資料，有14件甬鐘與14件鈕鐘，參看曹斌等：《江西南昌西漢海昏侯劉賀墓出土銅器》，《文物》2018年第11期，第12頁。其組合關係，有王清雷等撰寫《試論海昏侯劉賀墓編鈕鐘的編列》一文，指出14件鈕鐘與10件甬鐘在同一個鐘架上，《音樂研究》2018年第5期，第58頁。

第四，從器形、紋飾與調音手法來看。

秦漢編鐘，無論甬鐘或鈕鐘，均爲兩弧曲明顯的合瓦形鐘體。秦代的編鐘資料，目前僅有一件"樂府"銅鈕鐘(15107)，其主要紋飾爲錯金的菱形紋、蟠螭紋和雲紋，與十三年編鐘迥異。就目前資料來説，在形制紋飾方面看，十三年編鐘與已發現的三套西漢銅編鐘都較爲接近。十三年編鐘的形制，整體上更接近於南越王墓出土的甬鐘，而與洛莊漢墓甬鐘的甬部形態不同。不過，十三年甬鐘裝飾有細密的斜方格雷紋，又與洛莊甬鐘接近。

王子初先生指出，目前所見秦漢編鐘，爲了調音，其于口内唇多有錯磨或刻鑿，在鐘腔内部形成對應鼓部的四個音梁，這可以説是秦漢編鐘的一個典型特徵。[①] 洛莊漢墓的年代是西漢初期（公元前 186 年），可作西漢編鐘斷代的標準器。十三年鐘的于口内唇也有這類鑿刻錯磨形成出的長條狀音梁。結合形制、紋飾以及調音方法等多方面的特徵來看，將十三年編鐘置於漢初，介於洛莊漢墓與南越王墓甬鐘之間，這在類型學上是説得過去的。

最後，可從刻劃現象與字體方面做些討論。以利器刻劃疾淺的銘文，多見於秦銅器銘刻，而少見於漢代銅器。十三年編鐘的字體比較近似秦隸，有些字顯得比較早，例如用作人名的"雒"字，之前僅見於春秋吳國兵器銘文，[②]該字寫法似屬於東方文字系統，而非秦文字。這似乎説明刻寫題銘者有來自東方的專業人士。但也有些字的寫法顯得很晚，例如"年"字寫法，極爲草率，恐不能早至秦代。斷代應以最晚的因素來確定其年代上限，從字體上，我更傾向將編鐘的時代定得稍晚一些。

總之，綜合形制、紋飾、調音手法、字體、工官等多方面的因素，十三年鐘更可能爲漢文帝十三年的製品，而不是秦王政的十三年。

三、祕府的職能

鐘銘"造"或"之造"位於祕府工名之後，説明祕府參與了編鐘的製造。祕府

[①] 王子初：《中國青銅樂鐘的音樂學斷代——鐘磬的音樂考古學斷代之二》，載《中國音樂學（季刊）》2007 年第一期，第 17 頁；朱國偉：《雙音樂鐘轉型之路：從戰國中期到西漢早期》，《音樂藝術》2016 年第 2 期，第 84—94 頁。

[②] 董珊：《新見吳王餘眛劍銘考證》，《故宫博物院院刊》，2015 年第 5 期。又收入蘇州博物館編：《兵與禮——蘇州博物館新入藏吳王餘眛劍研討會論文集》，文物出版社，2015 年，第 27—39 頁。

同時也可能是編鐘的收藏機構,而且這兩種情況並不互相矛盾,可以兼而有之。祕府在收藏圖書之外,也很有可能保管一些器物,這一點容易理解。

作爲參與製造的工官,祕府應是負責編鐘的設計以及音律的調整。祕府收藏各類圖書,也兼有研究人才,其中應有通曉音律的專業人士,此即銘文中所見的"工"。《考工記》鳧氏爲鐘,鐘律調和的職責在《周禮·春官》的屬官"典同",其職云:"典同掌六律、六同之和,以辨天地、四方、陰陽之聲,以爲樂器。……凡爲樂器,以十有二律爲之數度,以十有二聲爲之齊量。凡和樂,亦如之。"音律與度量衡的標準皆屬典同所職掌。戰國秦漢時代,度量衡的製作,常有御史一類的職官參與,這同樣是標準化的需要。① 所以,祕府參與右工室主導的編鐘製造,是正常的官聯合作情況。

徐州出土的"祕府"封泥,印式爲半通,使用半通印的官秩爲比兩百石,可見其品秩不高。而漢代右工室秩六百石。在鑄鐘的工作裏,祕府令的作用雖然重要,但署名在右工室丞和詔事丞的後面,就反映了祕府令比右工室、詔事的品秩低。

在這五件編鐘題名的祕府人員,有祕府令和工。詔事所做的那一件甬鐘,"祕府雜"是正職,其餘右工室負責的四件,職官都是"祕府守",是暫時假守、代理的祕府令。祕府雜所領的工訢,同名者又見於另外兩件右工室所作的甬鐘題銘中,但職務是"祕府守"。頗疑工訢就是祕府守訢,他曾暫時代理祕府令的工作。此人應有辨音和調音的專業技術,是一名知音者。

結　語

作爲皇家圖書館的祕府,是古代非常重要的文化機構。根據這五件十三年編鐘的考證,繼徐州出土景、武之際的"祕府"封泥,祕府的出現時間又可提前至漢文帝十三年。漢代編鐘主要用於宗廟祭祀,漢文帝比較具有宗教感,在位期間曾就宗廟禮儀多次下詔,《漢書·文帝紀》記載,文帝十三年春二月甲寅,下詔曰:

———————
① 董珊:《内蒙古卓資縣城卜子古城遺址出土陶文考》,《古代文明研究通訊》總第39期,2008年;又刊於《卓資縣文物志》,内蒙古人民出版社,2018年。

"朕親率天下農耕以供粢盛,皇后親率桑以奉祭服,其具禮儀。"這套十三年編鐘也許就是奉承當年詔書所作的宗廟樂器。漢文帝葬於霸陵,十三年編鐘是否與霸陵有關,有待考古工作的進一步展開。①

《漢書·禮樂志》:"漢興,樂家有制氏,以雅樂聲律世世在大樂官,但能紀其鏗鎗鼓舞,而不能言其意。高祖時,叔孫通因秦樂人制宗廟樂。"十三年鐘銘説明祕府有設計製作編鐘以及調音的職能,可見祕府藏書及所聚的人才在漢初文化傳承中也曾發揮重要作用。

2019 年 4 月 6 日

【附記】關於秦漢編鐘的楔形音梁及刻鑿調音手法,以及海昏侯墓出土編鐘的數量與組合關係,拙文初稿有誤,有幸獲得中國藝術研究院音樂研究所王清雷先生兩次來函指教,使我避免了重大失誤。謹此敬致謝忱!

2019 年 6 月 15 日
原刊於《出土文獻研究》第 18 輯,中西書局,2019 年,第 64—72 頁

---

① 考古陝西:《霸上無高丘 鹿原有遺珍——漢文帝霸陵考古新發現》,2018 年 10 月 12 日,搜狐網,https://www.sohu.com/a/259302157_694858。

圖一 《銘續》著錄的五件十三年編鐘

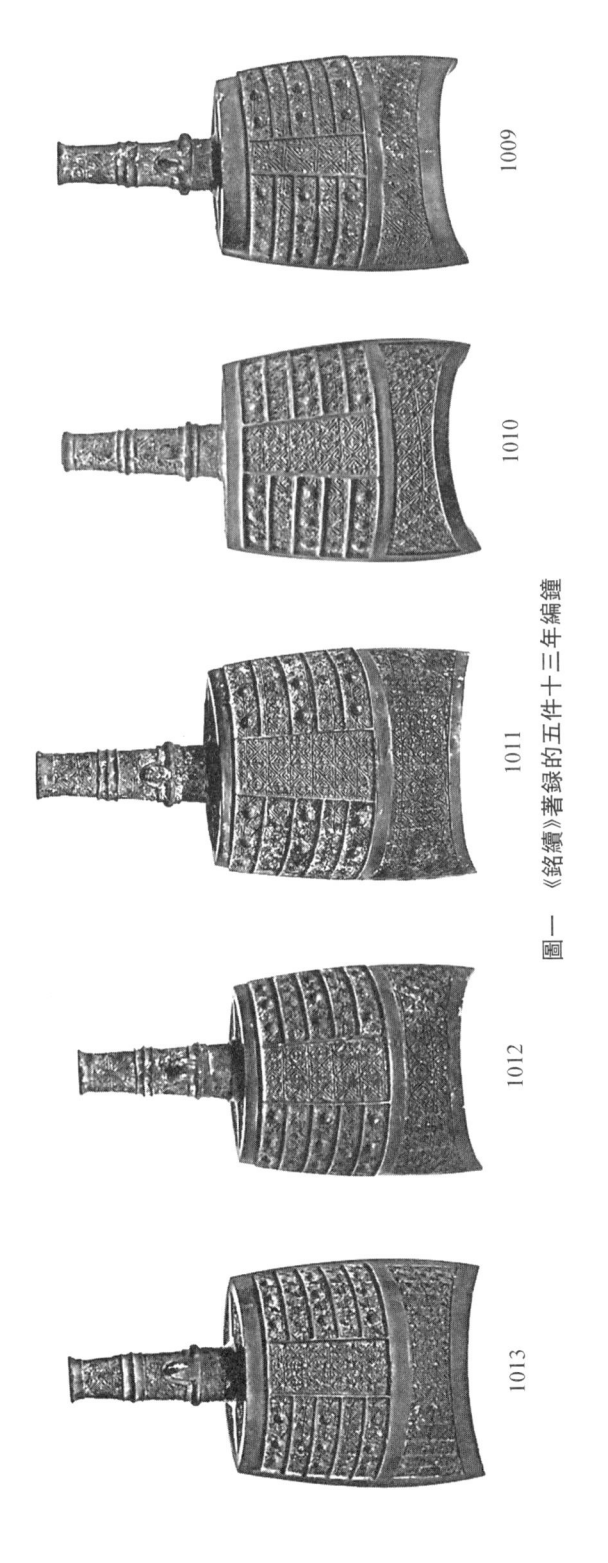

圖二　五件十三年編鐘銘文摹本

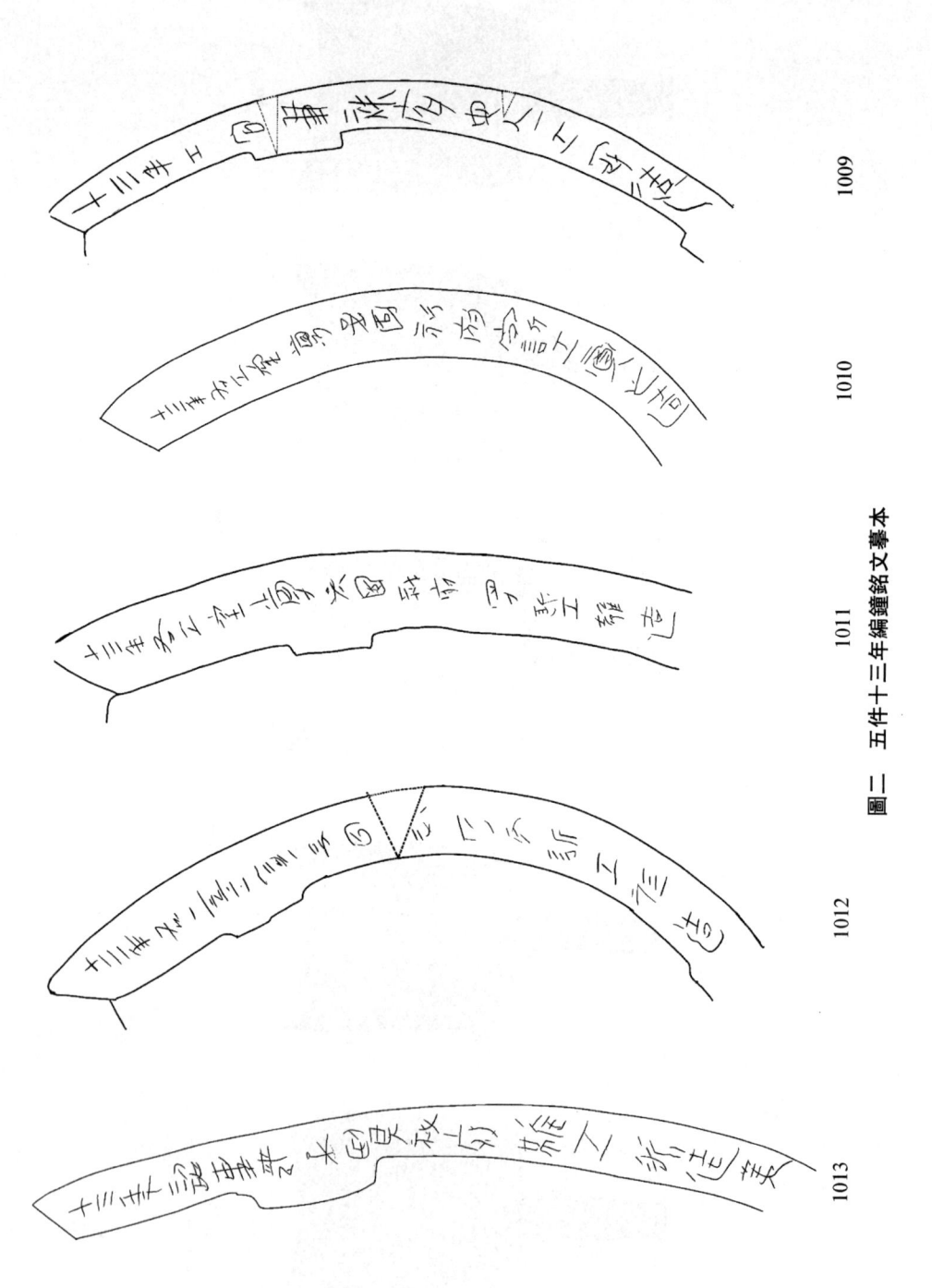

圖三　徐州東甸子西漢墓出土"祕府"封泥(M1N：37)

徐州龜山二號墓塞石刻銘新考

龜山二號墓南墓甬道的第一組塞石上層前端刻文（圖一、圖二），[①]可隸寫如下：

　　茀百上石。

　　楚克（兢）王通於天，述（遂）葬棺郭（槨），不布（佈）瓦鼎盛器，令羣臣巳（已）葬去服，毋金玉器。後世賢大夫幸視此書，如目勞也，仁者悲之。

圖一　徐州龜山二號墓塞石刻銘拓本

---

　①　徐州博物館（耿建軍）：《江蘇銅山縣龜山二號西漢崖洞墓材料的再補充》，《考古》1997年第2期，第39頁圖五，圖版五：4。

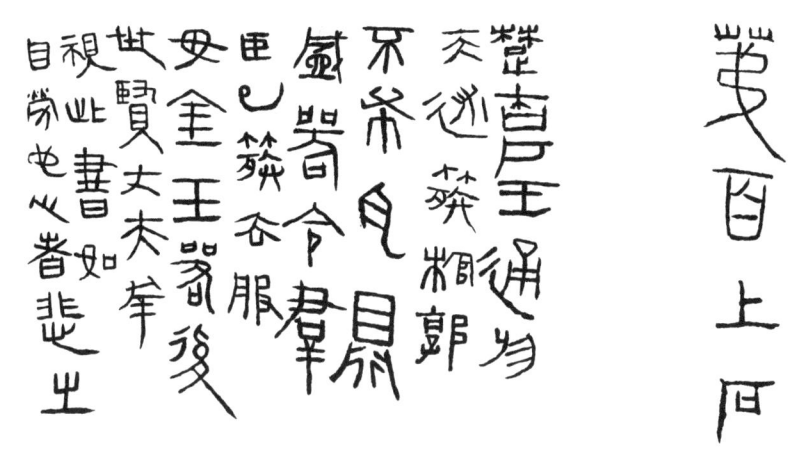

圖二　徐州龜山二號墓塞石刻銘摹本

其中"楚克王"之"克",舊釋"古尸"。按"古尸"寫得很近,此字形與古隸"克"字寫法極近。從此字的語法地位看,無疑應是諡法。龜山二號墓南墓的墓主,據徵集所得出自墓中六號室出土的銀質龜鈕印"劉注",應是《史記》《漢書》中記載的楚襄王劉注。① 所以"楚克王"之"克"字理應相當於諡法的"襄"。以上述情況作爲定點,那麼"克"與"襄"在文字上是什麽關係呢?

我認爲,"克"是"兢"的省寫,而"兢"是諡法"襄"的假借字。

"兢"與"襄"音相通假,已見李春桃引用蘇建洲、趙平安先生考釋,並不成問題,在此不必多說(參看李春桃《古文異體關係整理與研究》第 281—282 頁"嬰字聲系"下)。關鍵是,"兢"字如何會寫成"克"。首先,"兢"有單體和複體兩類寫法。第一類是"竞",見於甲骨文和傳抄古文的"", ""類字形,其與"襄"的古文字寫法""有關,綜合各家並參考何琳儀、王子揚的說法(王子揚《甲骨文字形類組差異現象研究》第 319—325 頁),我認爲單體的"竞"可分析爲从"丰"、""(襄)"聲的字。第二類是"兢",見於小篆和隸楷,從字形演變來看,此形是第一類寫法將"丰"移至中間,再整體重複一次,而讀音不變。所以,"兢(競)"本來就是寫作"竞"的,在出土文獻中,寫作單體的"竞(兢)"已見於馬王堆帛書《老子乙本前古佚書》八一上(《秦漢魏晋篆隸字形表》第 615 頁),原字形作"竞",而東漢衡

---

① 南京博物院(尤振堯):《〈銅山龜山二號西漢崖洞墓〉一文的重要補充》,《考古學報》1985 年第 3 期,第 352 頁。

方碑作"![竞]"，歷代字書就寫作从兩"克"的"兢"了。

北大漢簡《蒼頡篇》簡 60"弘兢剸眉"，雙古堆、水泉子簡 29 作"競"，敦煌馬圈灣簡作"涉兢復連"(693B)。朱鳳瀚先生解釋這一句時，認爲本簡的"兢"字即"競"字，訓爲强（北大簡一，第 128 頁注釋五）。

這種單體的"克（兢）"字，當然極易與通常所見的"克"相訛混。在龜山二號墓刻石中，此形與古隸所見的"克"字的"声"類寫法"![声]"（《老子乙本前古佚書》42 上，《字形表》第 274 頁）甚接近。這種"声"字下部所从比較近於早期文字的"克"，但並非"兢"所从的"壴"類寫法的源本形體。西漢人之所以這麽寫，好像是參照了"克"字古寫法，將隸書"壴"翻寫成近篆的古隸書了。①

過去對龜山二號墓的墓主，有楚夷王劉郢客、楚襄王劉注、楚節王劉純等不同看法。持夷王劉郢客説的學者，一個重要證據就是將刻銘中舊釋"楚古尸王"之"尸王"讀爲"夷王"。但據所出五銖錢，發掘者認爲墓葬年代在武帝元狩五年以後，"夷王説"與之不符。現在，我們從文字學上解釋了"克〈兢〉王"就是"襄王"，那麽"夷王"舊説就更没有根據了。

"通於天"的"通"，應該訓爲"達"。《逸周書·祭公》："朕身尚在兹，朕魂在于天。"此謂楚襄王的靈魂已升達於天。"述（遂）葬棺郭（槨）"，言楚襄王之身乃葬於墓中。此句與古代形與神分離、魂與魄分離的思想有些關係。甘肅玉門花海出土七棱觚的漢武帝遺詔稱"朕體不安，今將絶矣，與地合同，衆（終）不復起"，②其中"與地合同"即刻石"遂葬棺槨"之義。因此句所涉廣泛，俟另考。

"不布（佈）瓦鼎盛器，令羣臣巳（已）葬去服，毋金玉器"：其先説"不布（佈）瓦鼎盛器"，是對一般的百姓而言；又説"令羣臣巳葬去服"，講喪禮從簡，則是説給漢王朝聽的；後説"毋金玉器"（下令群臣不要［放置］金玉器），是説給發墓大盗聽的。已有學者指出，此句所説，應與漢文帝提倡的薄葬思想有關。也有更多的學者指出，這是爲了預防盗墓而散播的輿論，是"此地無銀三百兩"的絶好注釋。

因爲拓本不清，最後一句字迹難辨。其中"如"舊或漏釋，或誤釋爲"也"，此字右側雖不清楚，但尚存"女"旁。"目"舊或誤釋爲"自"，"勞"舊或誤釋爲"此"，

---

① 林義光稱根據隸書去寫篆書的現象爲"因隸制篆"。見林義光：《文源》，中西書局，2012 年，第 18 頁。
② 嘉峪關市文物保管所：《玉門花海漢代烽燧遺址出土的簡牘》，載甘肅省文物工作隊、甘肅省博物館：《漢簡研究文集》，甘肅人民出版社，1984 年，第 15—32 頁。

辨認字形，此句應釋爲"如目勞也"。① "目"字應訓爲"見"，即"看到"的意思。刻石銘"後世賢大夫幸視此書，如目勞也"，前説"視此書"，後説"如目勞"，"視"與"目"意義相近，是爲了避免重複而遣辭變言；"此書"所記述的"勞"，意思有如下兩層。第一，此石爲"第百上石"，是説後面塞石的塞石多至一百列，工程浩大；第二，"不布瓦鼎盛器，令羣臣巳(已)葬去服，毋金玉器"，就是説喪禮與墓内隨葬皆極簡單。所以，這句話是想説：後人讀到這個題記，領會其意，就如同看到修治崖墓的勞作之苦與隨葬之簡，若有發掘之心，則費力既多，也不值得發掘。薌他君祠堂題記"唯觀者諸君，願勿敗傷"，②立意相同。

"仁者悲之"：承上句"後世賢大夫幸視此書"而來，是説後世生者應對死者加以哀憐。類似的話也見於東漢許安國祠堂題記："唯諸觀者，深加哀憐。壽如金石，子孫萬年。牧馬牛羊諸童，皆良家子，來入堂宅但觀耳，無得琢畫令人壽，無爲賊禍，亂及孫子。"又説："明語賢仁四海士，唯省此書勿忽矣。"③戰國中山守丘刻石"監罟又臣公乘得守丘，其旦(久)將閟(湮)，敢謁後未(俶，訓爲至)賢者"，也是將後來視墓碣者稱爲"賢者"，與塞石銘"賢大夫"意思相同。守丘刻石雖然没有明説希望後人如何，但與薌他君祠堂題記、許安國祠堂題記一樣，都是希望後人看到這題記，能夠哀憐死者，並且不要破壞墓葬。

最後再解釋一下此塞石編號"第百上石"的意思。南墓甬道發現塞石26塊，分爲13組，均爲上下雙層爲一組。此石屬於甬道西口前端第一組塞石的上層，因此"上"就是上層的意思。④ 26塊塞石中，有編號的分别是："第八十三"(二上)、"第五十七"(四上)、"第二十七"(四下)、"第六十八"(五上)、"第十"(五下)、"第三十四"(七上)、"第一下"(七下)。其中序號小於或等於塞石實際數量的，只有兩塊(第一和第十)。"第百上石"與實際塞石數量嚴重不符，猜想這是告訴盜墓賊，後面還有九十九塊之多，如果盜墓，則費力太多，最好知難而退。這是防盜手段之一種。

2017年11月22日

---

① 此字釋爲"勞"，之前已見顧風：《寥若晨星珍比拱璧——徐州龜山漢墓石刻文字的發現與研究》，《書法叢刊》1998年第3期。
② 陳直：《漢薌他君石祠堂題字通考》，《西北大學學報(哲學社會科學版)》1979年第4期，第66頁。
③ 劉道廣：《山東嘉祥宋山漢永壽三年石刻題記注釋》，《藝術百家》2009年第2期，第97頁。
④ 辛德勇：《龜山楚王墓塞石刻銘與秦地所謂"百二"形勝》，《歷史地理》第二十五輯，2011年。

【補記】拙文寫成後，請李春桃先生指正，他回信説：

董老師：

大作拜讀，我覺得很多意見都非常合理，遠勝舊説，我也相信"楚克王"即"楚襄王"的意見。"克"與"兢(襄)"的關係，您認爲是"壴(𧯛)"與"克"相混，並回改成篆文所致。此説可能性很大，除此之外，我覺得還有另一種可能性，即石刻中的"克"字爲"兢"字之省體，可直接讀爲"襄"。"克"與"兢"二字有混用的情況，如《玉篇》引《尚書》一段：

其中"八音克諧"之"克"便寫作"兢"（所從與"堯"相近，俗字兩者常相混）字，此爲兩字相混之證。據此推測，文字使用過程中可能也存在"克"代表"兢"的現象，石刻的篆者又回改成篆文寫法。

又，文中新釋"㒸"字，亦勝舊説。除了讀爲"禭"外，此石爲甬道塞石，個人覺得也可能讀爲"隧"，指墓道而言，《周禮·春官·冢人》"及竁，以度爲丘隧，共喪之窆器"，即用此意。【刪案：拙文舊稿釋文"如目㒸"，後來放棄，改釋爲"如目勞"。】

以上隨便寫來，未必可信，供您批評。

春桃　敬上

李春桃先生在回信中提供了很有啓發性的另一種解釋,仍屬邏輯自洽,與我的想法殊途同歸,並不互相排斥。小文又承蒙陳劍先生指正多所。在此謹對二位先生一併致謝。

2018 年 6 月 29 日補記

原刊於趙平安、石小力主編:《訛字研究論集》,中西書局,2019 年,第 266—272 頁

樂從堂藏銅馬式考

引　言

　　在此介紹的一件西漢青銅馬，是臺北樂從堂的收藏。這件青銅馬作四足站立狀，形體完美（彩版一、彩版二），頭尾長23釐米，從足底至頭頂通高21釐米，從鬐甲至足底（體高）13.3釐米，體厚6釐米。頭部高7釐米，深2.5釐米，眉間距2釐米。在銅馬的頭面及身體、四足，有72處標注銘文，字體皆爲古隸書，共計105字。這些題銘標示馬體各部位的名稱，因此從功用上來說，這並不是普通的銅馬，而是一件表現良馬標準的相馬模型，這是可以一望而知的。

　　伯樂相千里馬，是衆所周知的典故。伯樂名孫陽，是公元前六百多年春秋秦穆公時代的相馬名家。用於傳授相馬技術的青銅模型，稱爲"銅馬法"或"銅馬式"，據文獻記載，漢代有兩件著名的馬式，一件是西漢武帝時東門京銅馬法，《漢書·公孫弘列傳》"待詔金馬門"顏師古《注》引如淳曰："武帝時，相馬者東門京作銅馬法獻之，立馬於魯班門外，更名魯班門爲金馬門。"另一件是東漢馬援銅馬式。《後漢書·馬援列傳》：

　　　　援好騎，善別名馬，於交阯得駱越銅鼓，乃鑄爲馬式（李賢注：式，法也。），還上之。因表曰："夫行天莫如龍，行地莫如馬。馬者，甲兵之本，國之大用。安寧則以別尊卑之序，有變則以濟遠近之難。昔有騏驥，一日千里，伯樂見之，昭然不惑。近世有西河子輿，亦明相法。子輿傳西河儀長孺，長孺傳茂陵丁君都，君都傳成紀楊子阿，臣援嘗師事子阿，受相馬骨法。考之於行事，輒有驗效。臣愚以爲傳聞不如親見，視景不如察形。今欲形之於生馬，則骨法難備具，又不可傳之於後。孝武皇帝時，善相馬者東門京鑄作銅馬法獻之，有詔立馬于魯班門外，則更名魯班門曰金馬門。臣謹依儀氏䩭（羈）中，帛氏口齒,謝氏脣䰄,丁氏身中,備此數家骨相以爲法。"馬高三尺五寸,圍四尺五寸,有詔置於宣德殿下,以爲名馬式焉。

據古代對相馬模型的稱呼,樂從堂所藏的這件青銅馬,可以稱爲"錯銀銘文青銅相馬法式",簡稱爲"馬式"。

出土的漢代青銅馬,有學者認爲其中製作精良的也是馬式。① 但舊所謂的那些馬式實物,都沒有標示馬體部位名稱的銘文,很難說是馬式。目前僅見樂從堂這件銅馬有銘文,是確切無疑的相馬法式。這些銘文,對研究歷代相馬術有重要的意義。本文詳細介紹這件銅馬式的形制,考證其銘文,希望對相關的研究有所裨益。

一、形 制 介 紹

馬式可以分爲頭頸、身腹、四足三大部分來介紹。其中馬頭、頸的構造複雜,有很多特點,需重點描述。

(一)馬頭與頸(彩版三、四、五,馬式頭部右視圖、右視圖放大、前視圖;圖一、二,馬式頭部右視圖摹本、前視圖摹本)

銅馬額頂部與鬃毛相接處,有一個豎立的扁平肉髻,正視形狀如水滴。②

兩耳如削竹筒,分立髻之根部左右,耳尖幾乎相交。③ 在馬耳的根部,有一道具有兩條棱線的隆起,起於耳根與髻相接處,繞耳根向後,終於耳筒與頂骨相接處,其末端略尖而上翹。這道隆起的兩棱之間的窄平面上,有一個錯銀文字"角"。

從肉髻至眉骨之上,有一道肌肉,起於肉髻下,終於顴骨之際。在此道肌肉的平面上,有錯銀文字"八肉"。兩道八肉左右相對,如"八"字形,其夾角如圭首。

---

① 顧鐵符:《奔馬·"襲烏"·馬式——試論武威奔馬的科學價值》,《考古與文物》1982年第2期。
② 《齊民要術》卷六:"肉㸣之髻,欲得桎而厚。"
③ 《齊民要術》卷六:"耳欲小而銳如削筒,相去欲促。"

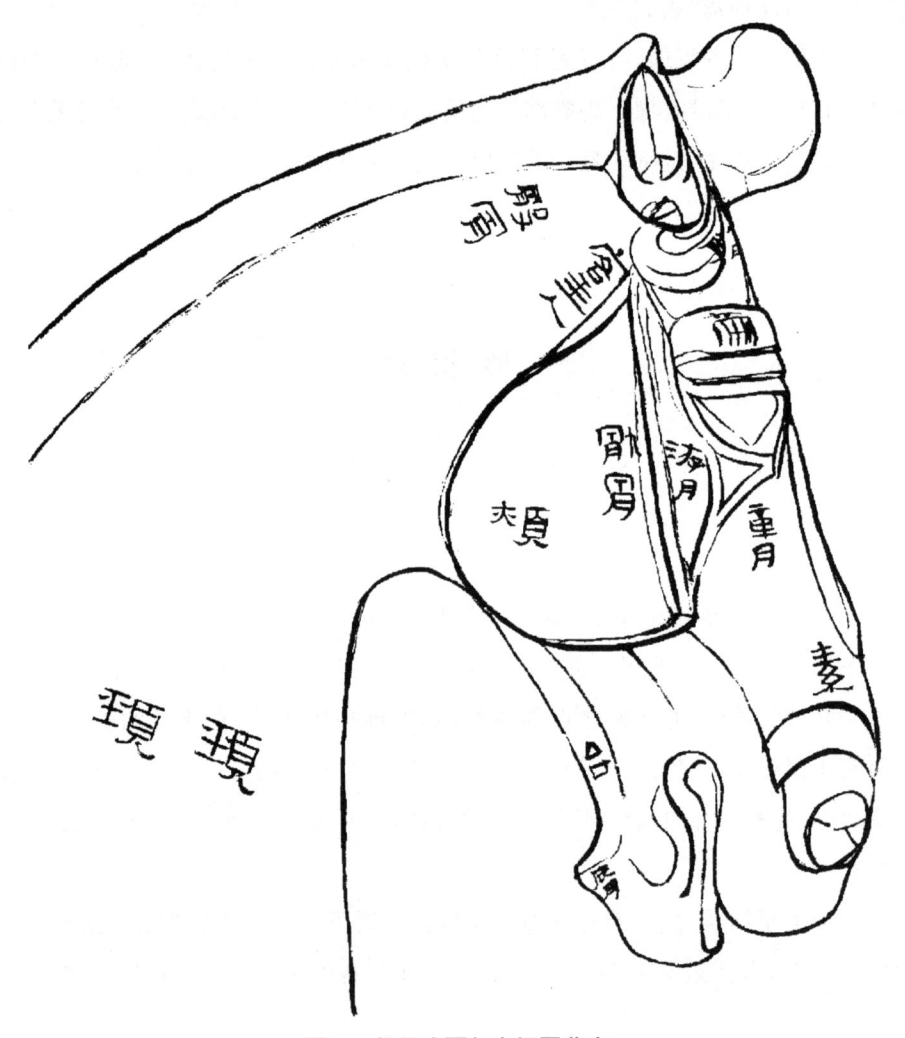

圖一　銅馬式頭部右視圖摹本

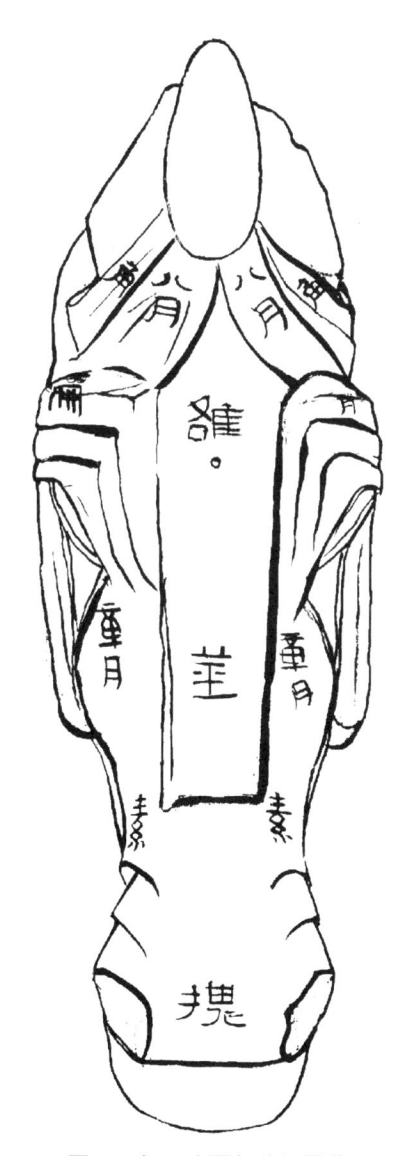

圖二　銅馬式頭部前視圖摹本

眼窩深陷,上眼瞼的上平面如高臺,又轉角而直下如懸崖,在高臺與崖壁上有錯銀文字,左銘爲"玄匿",右銘爲"微肉"。崖壁有三層褶皺。

眼球處內凹,其邊緣呈直角三角形。眼瞼的上邊線與前邊線形成直角,下眼瞼爲直角三角形的斜邊。下眼瞼之下有同榦的兩枝筋脈,其榦起於顴之棱線末端,向上而分兩枝,其前面一枝交於下眼角,後面一枝與下眼瞼中部相接。

在下眼瞼與上述筋脈後者的枝、榦及顴骨棱線之間,形成一個略呈側立梯形的區域,其內有錯銀銘文"游肉"。

銅馬下眼角之下的近鼻梁處,有錯銀銘文"章肉"。右側銘文貼近鼻梁,而左側標注距鼻梁稍遠。

馬頰略呈半圓形,其前端近顴骨棱線處之弦端,有錯銀銘文"頄骨"。後端近圓弧處之弓端,有錯銀銘文"頰"。近頰之下端有分界明顯的兩道肌肉。

下頷與下唇相接處有凸棱,下頷與下唇分別標注"台"字、"脣"字。口微裂,口角微上翹,似微笑。鼻孔處內凹,鼻翼上有兩道褶皺,鼻翼近鼻梁處有錯銀文字"素"。

正視鼻梁,一道橫線將鼻梁分爲上、下兩部分。上部略凸出,其形如玉圭,近圭首處銘文"額",圭本處銘文"莖"。在鼻頭處有銘文"𢶍"。

在頰上、耳後的夾角處,有銘文"客主人"。在頭骨頂部鬃毛的兩側,有銘文"骰骨"。

頸項曲線優美。整齊的短鬃起於頭頂肉髻之後,豎立於頸後中線上。在頸部中段兩側,有銘文"頸",其中左側頸部有兩個"頸"字。在頸後中線末端,有褶皺四道,漸没於頸背相接之際。頸背相接處的鬃毛兩側,有相同的銘文曰"示"。

(二) 馬身、足、尾(彩版六,馬式背部俯視圖)

銅馬之頸、胸、肩、背、腹、股、臀分界明顯。下腹有雄馬生殖器。

在馬身左右兩側,刻有"〉"形斜刀線條,上面的那根線條,起自頸、背、肩相接之處的馬鬃兩側,下面的那根線條,起自前肢肘窩處,兩線相接於馬身體兩側的中部,其形狀略如短翅。在頂角之內,有銘"中身"。①

---

① 《齊民要術》卷六:"龍翅欲廣而長,升肉欲大而明(髀外肉也),輔肉欲大而明(前腳下肉)。"此處似即所謂"龍翅"。

高肩，在肩上近頸肩分界線處標注"肩"字。肩前有兩塊發達肌肉，有銘文"禺"。左右兩塊胸肌膨出。馬前肢上臂外側標注"臂"。在臂與肩前肌肉之間，是兩塊略呈三角形的肘關節處肌肉，上有銘文"斗肉"。右側斗肉與臂的分界比左側明顯。圍繞馬的前臂，有五道豎線刻劃；在臂與肩、肘相接處，均有三道陰刻短線，以表示分界處的褶皺。

踠骨處前面較平，有銘文"骹"。其結節側突，踠、蹄之間距較短，後側有豎線刻劃。圓蹄，上有蹄繫與球節，蹄繫與蹄分界明顯，蹄底面有"V"形裂。

背上部有銘文"背"。兩脅有銘文"脅"，腹下有銘文"腹"。自上俯視，脅與腹、腰有分界。馬背雖平，而微有起伏，背上段的脊柱溝隱約可見。背下部近腰處，兩側肌肉漸隆起，脊柱溝明顯，直達尾本。腰背處脊柱兩側有銘文"鴟耳"。

腹與股之間的腹股溝内，有銘文"釢"。臀與背相接之處，有銘文"髁"。後臀尖處，有銘文"權"。臀尖之下近股處，有銘文"直肉"。臀左右側近股處，有兩道深溝，約起於尾本處，終於股上，有銘文"汗溝"。

馬膝處有三塊肌肉，其上有銘"鼓肉"，下近前處有銘文"膊"，後下方有銘文"股"。以上三者相交處形成一個三角形的隆起區域。

馬後足踠骨結節向後突出甚高，上有題銘"烏頭"。後足踠骨結節之側的細骨上，有題銘"輔骨"。踠與蹄之間的骨上有三道刻劃豎線，以表現其筋骨細勁。正對上述"輔骨"之下的細骨上有題銘"骭"。後蹄形態與前蹄略同，其下亦有 V 字形裂。

馬尾先上翹而後下垂，尾本處有四條表示褶皺的陰刻橫線，尾末端有一橫結。

（三）製作工藝和使用痕迹的觀察

銅馬體中空，因此該馬應是先鑄造成形。其大部分表面有很多的機械加工微痕，可知鑄造之後經過仔細的車削修正，例如馬耳筒的内部，四肢的下部，口唇的部分，都有成片的連續刀痕。馬體也有很多部位非常光滑，可知車削之後又經過仔細打磨，因此難覓鑄造的範線、澆口等痕迹。

銅馬上的銘文大多錯銀。[①] 從某些錯銀脱落的筆畫看，文字筆畫是刻成，錯

[①] "錯銀"的概念比較複雜。在今人的論述中，常將"錯金銀"與"鎏金銀""塗金銀"技法相混。觀察銅馬式，其銘文應該是用"塗銀"的技法。但"錯"字古代有"交錯"義，指不同的金屬顏色相雜錯，本文使用"錯銀"的概念，即指黄色的青銅與白銀的文字之間有色差而言。

銀常溢出溝槽。銘文有改刻（例如"背"字）、標注位置不準確（例如"頸"字）、錯銀位置偏離筆畫溝槽（例如"鼻"字，或者是用錯銀修正刻痕）、缺刻筆畫（例如"脽"漏刻肉旁兩豎筆，類似"淮"字）、筆畫錯銀中間有淺槽（例多不舉）等情況，從工藝的角度均值得注意。

爲清晰表現馬體結構，銅馬的製作者對於每一處肌體分界線都做了深淺不同的刻劃。較深的刻劃大多剛勁有力，是表現立體結構所必需的，例如龍翅處的刻劃，作一面坡的大斜刀；馬四肢表現筋骨的刻劃，刀口痕迹多呈"V"字形。比較細的刻劃，例如在頸與鬃分界處、頸肩分界處、汗溝處，則用多條淺而細的刻劃，以強調較緩的凹陷。

此外還應注意的是，在馬耳筒下、"八肉"上、"角"上等處，還有一些看似無關立體造型的細線刻劃，這些細線應該是爲了表現這些部位更加細微的結構，可以認爲是使用痕迹。從這類痕迹，可以了解相馬術的某些精微之處。

銅馬作四蹄站立姿態。但在水平面上，若以頭頂肉髻和兩前蹄爲支點，或以兩後蹄和馬尾橫結爲支點，銅馬均可以達到穩定狀態，甚便於觀察。猜想最初設計製造時，就考慮到了三點置放時的重心位置。

（四）馬體高度和比例

歷來談馬的高度，稱從頭至地的高度爲"頭高"，從鬐甲（肩、頸分界處）至地的高度爲"體高"。一般古書所談古馬的高度均爲體高。頭高不能作爲度量標準。

度量樂從堂銅馬式，其頭尾長 23 釐米，約近漢代的一尺，從鬐甲至足底（體高）13.3 釐米，約合五寸八分。據研究，秦漢時代優良馬體高的標準是至少五尺六寸以上。① 因此，樂從堂銅馬式的製作比例應該是 1∶10，原馬理想的體高在五尺八寸左右（約合今 134 釐米）。②

---

① 參看馮好：《關於先秦至西漢時期馬的體高及相關問題的討論》，《北京文博》2008 年第 2 期。該文説："雲夢睡虎地秦簡曰：'募馬五尺八寸以上……到軍課之。'此謂體高五尺八寸是徵募軍馬的起點標準。《漢書·景帝紀》曰：'御史大夫綰奏禁馬高五尺九寸以上，齒未平，不得出關。'這表明體高五尺九寸是當時優良馬體高的標準。敦煌懸泉西漢晚期漢簡記載的傳馬體高介于五尺六寸至六尺一寸之間，其中多數體高集中在五尺八寸與五尺九寸，與前兩條文獻記載互爲佐證，因此推測敦煌懸泉縣漢簡記載的傳馬體高代表了當時役馬的普遍水平。"

② 馬援所上銅馬法高三尺五寸（體高），推算約是 5∶8 的模型。

二、相馬術的學術背景

前面已經講過，這件馬式最爲珍貴和獨特之處，在於記載馬體部位名稱的錯銀文字。考證這些名稱與部位的關係，屬於傳統的名物學範疇。研究所需要的證據和方法，約有以下幾類：1. 語言文字本身證據；2. 古書的證據；3. 馬式與馬體本身的證據；4. 圖像方面的證據；下面分別來做些説明。

（1）語言文字本身的證據，是首先以銘文字形爲主要根據，來確定銘文的音義。這是語言文字學的方法。

（2）古書的證據，可以將"古書"分爲傳世文獻和出土文獻兩類。

相馬術在《漢書·藝文志》屬於數術略形法類，形法類有"《相六畜》三十八卷"，即小序所説"（形）六畜骨法之度數，以求其聲氣貴賤吉凶"。《相六畜》肯定包括相馬術，但其書已久佚，今不知其詳。

傳世文獻中有很多與相馬有關的内容。目前所知年代最早的，是北魏末年賈思勰著《齊民要術》卷六"養牛馬驢騾第五十六（相牛馬及諸病方法）"，集中保存了相馬、養馬、馬醫的内容。《齊民要術》中有很多術語，難解的古字詞較多。北宋一位曾任"運使秘丞"的姓孫氏者，曾撰《齊民要術音義解釋》，據考證，孫氏之注即今本《齊民要術》所見句下之注。① 孫氏雖然博聞多識，但並没有把相馬術語都講清楚，至今仍有很多疑問（以下我們引用《齊民要術》卷六中的内容稱"《齊民要術》"，引用"孫氏注"放在括號中稱"原注"）。

《齊民要術》卷六保存的相馬術，往往爲後世馬書所繼承或節録，例如唐代李石著《司牧安驥集》，明代楊時喬主編的《馬書》十三卷，明代俞仁、俞傑兄弟編纂《元亨療馬集》等等。② 這些馬書中相馬的部分，都有對《齊民要術》卷六的整理重編，並且附有圖説。所以説，《齊民要術》卷六是後世相馬術的一個主要來源。

---

① 錢曾《讀書敏求記》指出，宋本《齊民要術》已有句下注，雖有似賈思勰自作注，但其引用顔師古注，年代不類，考《文獻通考》載李燾撰孫氏《齊民要術音義解釋序》，提到"今運使秘丞孫公爲之音義，解釋略備"。因此知道句下注應爲北宋失名的孫氏所作。

② 其他有相馬内容的傳世古籍，在此可舉出一部分：明徐光啓《農政全書》；明佚名《便民圖纂》卷十四；清鄂爾泰《授時通考》卷七十"農餘"部有關於馬的一篇；清張宗法《三農紀》卷十九"畜屬"；清郭懷西《新刻注釋馬牛駝經大全》卷一；清蒲松齡《農桑經》載《伯樂相馬經》。

此外，傳世文獻中，《爾雅·釋畜》的"馬部"記載馬的毛色，其中也涉及馬體某些部位名稱。

出土文獻有《相馬經》，見於西漢初期的長沙馬王堆帛書。馬王堆帛書《相馬經》主要是根據馬眼睛和周圍的眉睫、骨肉、筋脈來相馬，共約 5000 字，分爲三段。研究認爲，這三段分別是"經""傳""故訓"。《吕氏春秋·恃君覽·觀表》講到古代相馬的流派："古之善相馬者，寒風是相口齒，麻朝相頰，子女厲相目，衛忌相髭，許鄙相䐉，投伐褐相胸脅，管青相膹胘，陳悲相股腳，秦牙相前，贊君相後。凡此十人者，皆天下之良工也。……其所以相者不同，見馬之一徵也，而知節之高卑，足之滑易，材之堅脆，能之長短。"馬王堆《相馬經》即屬於專根據馬目來相馬的"子女厲"一派。

帛書《相馬經》全文爲賦體，其中出現很多相馬目的專門術語，學界一向認爲難解。原因是這些術語久已失傳，難與傳世《齊民要術》系統的相馬術文獻互相參證。這次銅馬式題銘的發現和解讀，爲重新解讀帛書《相馬經》提供了難得的契機。

以上是文獻學的研究範疇。

（3）銅馬式和古今馬體本身的證據。這件銅馬式造型嚴謹，比例準確。雖然限於馬的品種和個體不同，但古馬和今馬的外形並無太大變化，可以説，銅馬式的各個部位都基本合於真正的馬體。近當代畜牧學在研究古代相馬術時，已經自覺引用了馬體解剖學的知識，爲相馬術尋找科學的根據。① 因此，可以嘗試從馬體解剖學的角度來研究銅馬式。

動物考古學是研究出土動物遺存的學科。考古發掘出土的馬骨數量衆多，關於古馬的研究，在中外動物考古學都是重要内容。從考古學的角度講，銅馬式的研究可以納入動物考古學，相關的學科方法也可以借鑒。

這裏還需要談到馬體部位命名的由來。人類首先爲自己的身體部位命名，再根據自己去命名其他動物的身體部位。傳統中醫文獻對於人體的部位和經穴有系統的命名，在四川綿陽雙包山漢墓和成都老官山漢墓中，都出土過繪有經穴的人體模型，與傳世的針灸銅人功用相似，老官山的模型上還有一些標注文字。

---

① 裴耀卿：《司牧安驥集語釋》，中國農業出版社，2004 年。鄒介正、和文龍：《司牧安驥集校注》，中國農業出版社，2001 年。

當代畜牧史學者在研究相馬術和傳統醫馬術時,也會參考人體經穴的命名。所以,借鑒人體部位的名實關係,也可以作爲研究馬式的參證。

(4)圖像方面的證據。在傳世馬書中,有不少有標注的馬圖。這種爲了按圖索驥而繪製的馬圖,正可以用來研究銅馬式。在傳世和出土文物中,也有許多馬匹的畫像和雕塑,也可以參考。這可以説是借鑒藝術史的研究。

作爲人文學科分支的藝術史,需要説明藝術樣式的歷史發展,並且闡述其社會史背景和動力。就本文所研究的這件銅馬式而言,可以設定的問題是:這種良馬的樣式是如何産生和發展的?其歷史背景是什麽?本文也試圖就此做些探索。

以上四種證據,可分爲内證和外證。内證:1. 語言文字;2. 銅馬式部位。外證:1. 傳世古書;2. 出土古書;3. 獸醫解剖學;4. 傳世馬圖;5. 出土其他銅馬雕塑和圖像。

馬援《上銅馬式表》:"臣愚以爲傳聞不如親見,視景不如察形。今欲形之於生馬,則骨法難備具,又不可傳之於後。"意思是説,馬式比畫像和生馬更有利於相馬術的傳世。今天,因爲這件銅馬式的發現,我們終於得到了一個良機,從多學科交叉的新視野來察形相馬。

三、銅馬式銘文的名實考證

銅馬式文字標注共72處,其中居於馬體中線的標注有4處,其餘68處標注均爲左右對稱,實際標注的是馬體的34個部位。加前述中線的4處,總共38個部位。這些標注,少則一字,多則三字。從命名方式來看,這些名稱所表示的解剖學層次不同,由表及裏,大概可以分别爲:部位、肌肉、骨骼、穴位。

爲討論的方便,下面我們按照頭頸、身軀、四足分爲三大組,並且按照臨近的原則,將相鄰的名稱再作分組,分别討論銘文的含義。

(一)頭頸

A. 額部與鼻部

1. 雒。字位於馬額頭,原寫作"雒",其下有一"。"狀符號。

"雒"讀爲"額"。今之"額"字,在東漢許慎《説文解字》中寫作"頟",《説文·頁部》:"頟,顙也。从頁、各聲(臣鉉等曰:今俗作額)。"

相馬術據馬額相良馬,例如《齊民要術》:"額欲方而平,八肉欲大而明。"又據馬額相兇馬,例如《齊民要術》:"頭欲得高峻,如削成。……白從額上入口,名俞膺,一名的顱。奴乘客死,主乘棄市,大兇馬也。"

2. 莖。字位於馬鼻梁上。

《說文·頁部》:"頞,鼻莖也。从頁、安聲。齃,或从鼻、曷。"《爾雅·釋畜》"白達素"郭璞注,"素,鼻莖。"鼻莖又稱"鼻柱",今謂之"鼻梁"。

3. 㽞。字位於馬鼻頭上。

該字从"畀"聲,應讀爲同諧聲偏旁的"鼻"字。

4. 素。字位於鼻翼處。指鼻囊和鼻側肌肉。

今案:據銅馬式,"莖"指鼻梁、"㽞(鼻)"指鼻頭、"素"指鼻側囊。三者因爲部位相近,在傳世文獻中有混淆的情況。《齊民要術》"素中欲廉而張。"(原注:素,鼻孔上)從語文上說,"素"可訓爲"空",《詩經·小雅·伐檀》"不素餐兮"毛傳:"素,空也。"《說文》"𣪊(殼),一曰素",段注:"(殼)音轉讀爲韜。一曰素也。素謂物之質,如土坯也。今人用腔字,說文多作空,空與𣪊義同。"所以"素"指鼻孔與鼻囊。《爾雅·釋畜》:"駒顙白顛,白達素,縣。面顙皆白,惟駹。"郭璞注:"戴星馬也。駒,音的。素,鼻莖也。俗所謂漫顱徹齒。"邢昺疏:"的顙者,舍人曰:的,白也;顙,額也。額有白毛,今之戴星馬也。《易》:震爲的顙。素鼻莖也,其白自額下達鼻莖者,名縣。俗所謂漫驢徹齒,其面額皆白者,惟駹馬。"郭璞注所謂"素,鼻莖也",是以鼻翼混於鼻莖。又人體經穴有"素髎",見《素問·氣府論》,其別名"面王",屬督脉,當鼻尖的正中央,其位置與銅馬式之"㽞(鼻)"相當。《司牧安驥集》載《王良先師天地五臟論》講到馬全身骨節名稱,有"鼻梁骨、鼻隔骨、鼻素骨"(又見《新刻馬書》卷六),亦可據以知"素"的部位指鼻翼。

相馬術常談到馬鼻形態。《齊民要術》"肺欲得大。鼻大則肺大。肺大則能奔"。《司牧安驥集》也說"馬鼻欲得廣大而方,鼻中色欲得紅。鼻大則肺大。肺大則能奔。鼻孔欲大,素中欲廉而張,水火欲得分(水火在鼻孔兩間)"。均是以馬鼻之形態爲相馬的表徵。

B. 唇、頤

5. 脣。字在馬下唇兩側。原字寫作"脣",見《說文·肉部》:"脣,口耑也。

從肉、辰聲。顧,古文脣從頁。"又《說文‧口部》:"唇,驚也。從口、辰聲。"可知"脣"是今口唇之"唇"的本字,今"唇"字爲假借字。

6. 台:字在馬下頷骨。

"台"應以音近讀爲"頤"。帛書《相馬經》:"長骀(頤)短頰,乃中參伍。""骀(頤)"亦從"台"聲。在《說文解字》中,表示下頷的字有好幾個。《說文》:"頷,顄也。從頁、合聲。"又:"顄(顄),頤也。從頁、圅聲。"又:"匝(臣),頤也。象形。凡臣之屬皆從臣。頤,篆文臣〔小徐本作"篆文臣從頁"〕。䫲(䫲),籀文從首。"可見"頤"、"頷"、"顄"三字皆指下頷。《方言》:"頷、頤,頷也。南楚謂之頷,秦晉謂之頷。頤其通語也。"段注《說文》"頷"字下云:"依方言,則緩言曰頷,急言曰頷。"《漢書‧東方朔傳》"吐脣吻,擺項頤",顏師古注:"頤,頷下也。頤音怡。"

今案:《齊民要術》載馬援《銅馬相法》:"頷下欲深,下脣欲緩。"即以馬頷與下脣形態爲相馬表徵。

C. 眼四周(角、八肉、章肉、游肉、微肉/玄匡)

7. 角:該字所處的部位,呈角狀彎曲,環繞在馬耳的根部。其棱線凸起,兩"角"字在兩棱之間的平面上。

《司牧安驥集》"相超逸"篇:"耳本生角,長一二寸,千里。"鄒介正等《司牧安驥集校注》:"馬無角,耳根處的顳骨有顴突與顴弓相接,顴突特別發育就形成馬生角的龍馬了。"(卷一第9頁注釋7)

馬之角對於相馬有特別的意義。帛書《相馬經》有大量篇幅提到"角",今分爲經、傳,故訓錄之於下,以備後考。

【經】削陰刻陽,虮角有雨。起陽没陰,三骨相輔。

南山有木,上有松柏,〔下有崖石。上甚方以銳,下甚〕廣以大。直刺爲良,旁刺爲敗。去下一崖,有一附枝,遠望之轉,察之而離。材者弗見,匠與相知。去下一趾,必循徐理。

池上有隁,隁上有棗,棗纔實,聞君室,成觳,天下弗得。

有松產南山之陽,正刺爲〔良〕。□□□□□□□,是謂良寶。重棗居旁,是謂善行。壹厭壹起,馳千里;再厭再起,千里之後,居吾去子。面前有二微,後有三齊:獸以走,魚以游,鳥以飛。

水之旁，有危封，後不厭高，外不厭聳。立不厭直，團不厭方，可以馳福，可以逃凶，守此道者辨陰陽。有骨，見一有力，見二疾走徐息，見三千里之極，見四馬即棄，見五不爲馬。有骨長尺三寸，爲生爲死，直爲牡，曲爲牝；直，勁久有力，曲，疾走徐息。

【傳】角欲長欲約，欲細欲危；陰欲裎毋肉，欲廉。故長殺短，約殺不約，細殺大，危殺不危，裎毋肉殺厚革遂毛，廉殺不廉。角成卜者、車輪者、距者、麋蹄者，此四章得一物，皆國馬也。角或没不見者，國馬也。或約不見，至耳下乃起如桃者，亦國馬也。陰危如繭，則命善；如棗，爲國寶；如棗覈，天下弗得。•陰或壹絶者，良馬也；再絶者，良怒馬也；三絶者，怒恐不可止矣。•陰之生如雞距者，朝至暮怒不可止。陰陽間虚毋肉者，馬不走。•角有約束，其約近目，殺目。其約束遠目者，陰乃生。•角不約者，一駑也；大而不廉者，二駑也；爪枝者，三駑也。•

【故訓】

［削陰者］□□□□□善行；則陽者，欲陽高，高而撑挈，撑挈善走。糾角有雨者，欲角下□基，基善行。起陽者，欲目上之多肉；没陰者，欲陽□□□□□□□□□□目下陰骨與上眶□□□□。

南山有木，上有松柏，下有崖石。上甚方以鋭者，欲陽上之鋭如松柏，善行。下甚廣以大者，欲陰［大］，陰大善行。直刺爲良，旁刺爲敗者，睫，睫欲直，直愿。去下一崖，有一付枝，遠望之轉，察之而離者，角也，欲角之枝如書卜。去下一趾，必循徐理者，後史（事）也。欲頰骨之毋與角會，毋與角會多利。

池上有隄，隄上有棗，棗纔實者，角也。欲角上之如棗覈，棗覈有材。

有松産南山之陽，正刺爲良。旁有重棗，是謂良寶。重棗居旁，是謂善行。壹厭壹起，馳千里；再厭再起，千里之後，居吾去子，此皆角也。所謂絶根者，欲其厭，厭善行。所謂重棗居旁者，欲其如書卜而起；絶二寸，乃獨起如棗覈，起如棗覈有材。

旁有危封，後不厭高，外不厭聳。立不厭直，轉不厭方，此皆角也。角欲如書卜，方而數［絶］，數絶善行。壇曼平者，善走。-方可馳福，可以逃凶者，欲角方有［雨］，有雨，善行。有骨，見一、見二、見三、見四、見五者，欲後責大，前責小，欲其後傅中封脊脽。見三善走，有骨尺三寸，爲産爲死者，頤也大肉，爲産爲死者，欲沽大，大多氣。

8. 八肉。字位於額上左右的肌肉上。《齊民要術》卷六:"額欲方而平,八肉欲大而明(原注:八肉,耳下)。"

9. 章肉。字位於馬眼下眶的下角之下,鼻梁兩側。"章"字較常見者少一橫筆,這類寫法的"章"字常見於馬王堆帛書。①

10. 游肉。位於馬眼下眶之後側,在顴骨突與下眶、筋脈所形成的側立梯形區域内。位於馬體右側的"游肉"二字直書,位於左側者斜書。

11. 微肉/幺(玄-懸)匚。字位於馬眼上眶的眼瞼上。在右眼瞼,"微肉"二字直書,"微"字這種寫法見於馬王堆帛書,釋"微"無可疑。②

在左眼瞼相同位置,寫作橫書右讀的"幺(玄)匚"二字。《説文·糸部》:"糸,細絲也。象束絲之形。凡糸之屬皆从糸。讀若覛。(徐鍇曰:一蠶所吐爲忽,十忽爲絲。糸,五忽也。)幺,古文糸。"從商周古文字看,"幺"與"玄"字同形。因此"幺"亦可直接釋爲"玄"。"匚"字小篆作"匚",銅馬式的"匚"字即爲此類寫法。《齊民要術》:"機骨欲舉,上曲如懸匚(原注:垂箱,眼箱骨),馬頭欲高。"據此,"幺(玄)匚"應讀爲"懸匚","玄"與"懸"語音相近,《穆天子傳》卷二"先王所謂縣圃",郭璞注引《淮南子·墬形》"縣圃"作"玄圃",又《山海經·西山經》"實爲帝之玄圃"。可見"玄"與"縣"字可以通假,而"縣"是"懸"的本字。

繆啓愉《齊民要術校釋》:"'懸匚',即'懸眶'。《説文》無'眶'字,即以'匚'爲眼眶字。《史記·淮南王安列傳》'涕滿匡而横流',即指眼眶。而匡爲'筐'之本字,眼眶所以容納和保護眼球,如筐之容物,故以眼眶爲'匡'。筐就是箱,後世相馬法因轉以'眼箱'徑稱眼眶,凡《要術》稱'眶'處,彼輩幾乎都改稱爲'箱',成爲相馬法的專用詞。《要術》此處'上曲如懸匡',《相良馬論》'相形骨'因亦徑譯爲'上曲如垂箱'。《要術》上文提到'眶欲小,上欲弓曲',意即謂眼眶的上緣要像曲弓形,這就是這裏所説'上曲如懸匡'的意思,和'上欲弓曲'是一樣的。'機骨',未詳。"③

《齊民要術》中的"懸匚",在其他文獻還寫作"垂箱"(《新刻馬書》《新刻注釋牛馬駝經大全》)。如繆啓愉所説,"懸匚"是指馬眼突出如懸垂的筐箱。繆啓愉

---

① 陳松長:《馬王堆簡帛文字編》,文物出版社,2001年,第103頁。
② 同上書,第76頁。
③ 繆啓愉:《齊民要術校釋》,農業出版社,1982年。

所未詳的"機骨",我認爲是"肌骨"、"朹骨"之輾轉訛誤,應指馬顴骨。

今案:帛書《相馬經》提到相馬眼周圍的四塊肌肉,分別是:"凡□□□□四史(事):①前,劈肉也;上,席肉也;下,游肉也;後,微肉也。"其中"微肉""游肉"均見銅馬式銘文。"上"、"下"、"前"、"後"是講這四塊肌肉的相對位置,因此,銅馬式的"章肉"應即相當於帛書《相馬經》的"劈肉",銅馬式的"八肉"位置居上,因此相當於帛書《相馬經》的"席肉"。

這裏可以討論"章肉"與"劈肉","八肉"與"席(尺)肉"的音義對應關係。

"章"常訓爲"顯明","徹"的意思是"達",二者有詞義引申關係,因此"徹"與"章"均可訓爲"明",與"顯達"、"明徹"、"明達"詞義並相近。《左傳》昭公二十四年"發爲五色,章爲五聲",孔穎達《正義》:"聲之清濁,入耳乃知,章徹於人爲五聲也。此言章爲五聲,元年傳云'徵爲五聲'。章、徵不同者,據聲之至人,是爲章徹;據人之知聲,則爲徵驗。是彼此之異言耳。"《左傳》昭公三十一年:"若艱難其身,以險危大人,而有名章徹(杜預注:謂得勇名),攻難之士將奔走之。"漢徐幹《中論·審大臣》:"故君子不遇其時,則不如流俗之士聲名章徹也。""章徹"是個同義並列結構的雙音詞,意思是顯著、廣泛流傳,可見"章"與"徹"詞義相近。

帛書《相馬經》抄寫於西漢初年,銅馬式銘文以"章"代"徹",可能是因爲漢武帝劉徹而避諱。② 如果這個推論不錯,則這件銅馬式很可能就製作於漢武帝之世。

"八肉"之得名原因可能有兩個。據銅馬式,兩塊"八肉"左右相對如"八"字形,此部位在馬體解剖學謂之"額左右盾肌","八"字本有分裂義。《相馬經》"席"可讀爲"坼",《説文》"坼,裂也",與"八"字義相近。因此,可以用"八肉"作"席肉"

---

① 原釋爲"夬(決)"。珊案:釋"夬(決)"於文義捍格難通。隸書"夬"與"史"常常同形,容易混淆,帛書《相馬經》通篇無"事"字,我認爲該字應釋爲"史"讀爲"事"。帛書《相馬經》中說"四事"即"四肉"(63 行上"四肉中度者"),"前事"、"後事"文義類似今語"前面"、"後面",是指代論述的焦點。又"禁史(事)"似應讀爲"臨事",指遣當某種特殊情況。關於"夬"與"史"之混同,參看廣瀬薰雄:《秦簡文字夬史辨——兼論里耶秦簡中所見的"言夬"》,中國文字學會第七屆學術年會會議論文集,吉林大學,2013 年 9 月 21—22 日;陳偉:《里耶秦簡中的"夬"》,簡帛網 2013 年 9 月 26 日。

② 漢代作爲人名的"徹"字,據羅福頤《漢印文字徵》(文物出版社,1978 年),皆寫作"劈(从刀)"(《漢印文字徵》13.15),作"徹"的一例也沒有。但"劈"字後世無用例,因此知道今傳世文獻中的漢武帝劉徹之名也是"劈"字的省,劉徹字"通",《説文》"徹,通也"。據此,可知當時名字用字中,"劈"是習慣常用字,並且當時人知道這是"徹"的假借字,訓爲"通"。《相馬經》中皆寫作"劈(从刀)",與"劉劈"之名同,因此需要避諱。"劈(从刀)"與"徹"在當時是常常可以通假的通用字,因此也需要避"徹"字諱。

的別名。其二，可能有古尺度量的問題。據傳世文獻，周代制度以八寸爲一尺。《説文》："夫，丈夫也。从大，一，以象簪也。周制以八寸爲尺，十尺爲丈。人長八尺，故曰丈夫。凡夫之屬皆从夫。"又《周禮·天官冢宰》"内宰"職："出其度、量、淳、制。"鄭玄《注》："故書淳爲敦。杜子春讀敦爲純，純爲幅廣也，制謂匹長。玄謂純、制，《天子巡守禮》所云'制幣丈八尺，純四咫'與？"賈公彥《疏》引《鄭志》："趙商問曰：'《天子巡守禮》'制丈八尺，純四咫（咫），何？答云：'《巡守禮》：制丈八尺，咫八寸，四咫三尺二寸。'""咫八寸"就是一尺等於八寸的意思。可見，"八肉"之"八"或者是"八寸"即"一尺"的意思。因此，可以用"八肉"作《相馬經》"庍（尺）肉"的別名。由此可見，這些專有名詞或許有更早的來源。

帛書《相馬經》有大段文字講到劈肉、庍肉、游肉、微肉對於相馬的意義。今整理引用如下（用寬式釋文）：

劈肉：

【經】吾請言其解：夫劈肉散筋，而頸領彌高，澤光彌强，而筋骨難勞。

【傳】劈肉欲長欲深，欲［薄］欲澤，欲有焦，欲高前。故長賢短，深賢淺，薄賢厚，澤賢不澤，有焦賢无焦，高前賢卑前。

劈肉薄澤，薄骨而毋肉者，名曰骨薦，國馬也。劈肉有三畫會於前者，名曰□□，殺獸能禽其前者，殺上獸。劈肉有畫二以兑，會於前者，名之曰侯矢之鏃。［劈］肉凡畫細者賢大，長者賢短，深者賢淺。劈肉□□□□馬也。

劈［肉］之駑四，□一□□□者也。□而□者，二駑也，不能開闔者，三駑也；毋澤，四駑也。

□□□□□□□□□□□欲纖，欲□，身欲淺毛，欲毛上逆，欲動搖破散，高錫之，如火之炎，故長短匿賢不廉，則□匿賢見□□□□□□□毛賢逆毛，毛上逆者賢伏，能動搖破散，高錫之，［如］火之炎，賢毋動搖者。

【故訓】吾請言其解：此夫劈肉者，欲大，肉毋備，毋備善踴躍。散筋者，欲諸筋盡細，細多利。澤光者，欲目旁之澤毋毛，毋毛多氣。

庍（尺）肉：

【經】尺也成，利乃生，氣乃并，如月七日在天。前爲出，後爲入，開闔盡利，庍（尺）且安卒。庍（尺）也，三材作也。

有尺有扶,千里之駒;有扶有寸,萬乘之駿。

庤(尺)居橫,寸[居縱,庤(尺)]寸相應。庤(尺)爲索,寸爲繩。庤(尺)也而非,百節之機。

【傳】庤(尺)肉索纏之,如糾索者,名曰虎纏,良馬也。能動搖而錫之,□强援又□,笞之益疾;錫而洋洋,急者笞□□益愈衰。庤(尺)肉有畫三,野毋禽;五,逮烏鴉;九,爲天下寶。能高錫薄庤(尺),久毋下者,久走馬也。胅胅上下,疾者易足,不久;能動搖破散,高錫之,走馬也;□而不能動搖破散者,非走馬也。能博能淺,能短能長,善走馬也。

庤(尺)肉之駑四:短者,一駑也;厚革遂毛者,二駑也;不能動搖者,三駑也;其會也,啓而遠目者,四駑也。

【故訓】尺者,在陽睫本上,卦(畫)從前史(事)中出,上到後史(事),乃成尺。

綜合上引帛書《相馬經》,"尺"又寫作"庤",其位置"在陽睫本上""如月七日在天,前爲出,後爲入",又其形態"庤肉索纏之,如糾索者,名曰虎纏,良馬也。"皆符合銅馬式"八肉"在馬頭最高處,且從前到後纏繞馬耳根部的形態。

游肉:

【經】無

【傳】游肉欲急以直,欲薄欲澤。故急賢[緩,深]賢淺,薄賢厚,澤賢不澤。游肉前急傅而後不傅者,末塗不善,前緩後急者,如發末塗,善。前後皆急傅者,疾且久。維綱之下傅骨者,纖入目下,名曰成維,良工皆曰大逐(遂)。-游肉下委,肉有實畫;一逮水,二畫中水,三畫上水。游肉孰之能錫上,轉□者故也。上相薄會目中者,國馬也;能錫者,善走馬也;不能動搖者,駑馬也。

游肉之駑二:緩者,一駑也;維綱之下肉不能動搖錫者,二駑也。

【故訓】無。

微肉:

【經】無

【傳】微肉欲薄,欲澤,欲傅,欲前,[欲]曲)。故[薄賢]厚,澤賢枯,傅賢環目,前賢後,曲賢刲。

微肉不傅目而環目,名曰壹居,此駑也。

【故訓】無

據帛書《相馬經》,微肉相對位置在後,銅馬式的微肉位於上眼瞼提肌與眼輪匝肌,因爲馬眼眶骨的位置是固定的,所以上眼瞼提肌越靠前,則眼窩越顯得深陷,眼球越突出。

帛書《相馬經》之《經》的開頭説:"大光破章,有月出其上,半矣而未明。上有君臺,下有逢芳;旁有積緩,急其維綱。""大光"是指馬眼睛,結合《故訓》對此段的解釋:"有月出其上,半矣而未明者,欲目上環如半[月]。上有君臺者,欲目上如四榮之蓋。下有逢芳者,欲陰上者[良目]久。旁有積緩者,欲□□□□□□□□。[急]其維綱者,欲睫本之急,急堅久。""上有君臺者,隁上欲其如四榮之蓋,如四榮之蓋多力。下有逢室,陰甑堅久。"再根據銅馬式的標注讀此文,不難體會到"有月出其上,半矣而未明"是説眼上的八肉(尺肉)從側面看起來像半月,"上有君臺"是指微肉的所在,"下有逢芳"是指鼻梁側的章肉(也即徹肉),"旁有積緩"則是指游肉而言。《相馬經》中其餘的術語和比喻,均可循此線索來考證。

D. 頰部

12. 頰。馬頰如半月形,其字靠近馬頰的弓端。銅馬左側之字左旁寫法似"亦",右側之"頰"字左旁寫法類似"夫",以其所標注的部位來説,二者無疑都是"頰"的異寫。

13. 骩/肍骨。其字位靠近馬頰的弦端。左側之字从"骨"从"九",右側之字从"肉"从"九"。

今案:根據其字所在銅馬式的部位來説,"骩/肍骨"所標誌處爲顴骨,則"骩/肍骨"就是指顴骨而言。在傳世文獻中,顴骨之"顴"字,或寫作假借字"權",又因其與頰鄰近,而稱"頰骨"。此外,還有"頄""骩""頯""馗""肫""準""頔",皆可以指面頰或顴骨。"骩/肍"與"顴"應屬同義換讀的關係。可參看銅馬式臀部的"權"字解釋。

傳世及出土相馬經均提到馬的頰與顴。《齊民要術》:"頰欲開,尺長。"帛書《相馬經》"長䫀(䫀—頤)短頰",又帛書《相馬經》之"故訓":"欲頯骨之毋與角會,毋與角會多利。"《呂氏春秋·觀表》説:"古之善相馬者:……麻朝相頰。"麻朝以相馬之頰而自成一家,可見馬頰是相馬的一個重要部位。

《齊民要術》有"機骨",原文作"機骨欲舉,上曲如懸匡(垂箱,眼箱骨),馬頭欲高"。案:"懸匡"見於銅馬式銘文,在上眼瞼,因此"機骨"恐是"机骨"音近之誤,而"机骨"又是"杬骨"字形之誤。《説文》"杬"是"篋"字的古文,段玉裁注:"篋以木爲之,故字从木也。惠氏棟《九經古義》曰:《易·渙》奔其机,當作杬,宗廟器也。"此爲"机""杬"傳抄相訛之例。"杬骨"即顴骨,顴骨的上緣構成眼下眶下緣的一部分,與顴骨相接的額骨構成眼眶的上緣,所以説"杬骨"的"上曲如懸匡"。

E. 頂骨與穴位

14. 客主人。位於耳下近於頰的上緣處。兩"客"字寫法微有不同,"主"字中豎向上穿出,形成一豎貫四橫狀。

15. 骰骨。位於馬頭部最頂端鬃毛的兩側。可能是指左右兩塊頂骨。

今案:"客主人"是人體穴位名稱,見於《黃帝内經·素問·氣府論》《靈樞·經脈》《醫心方》等,《針灸甲乙經》作上關穴的別名。《針灸大全》作"客主",或訛作"容主"。《類經》卷十八:"客主人,足少陽經穴,爲手足少陽、足陽明之會。"從人體客主人穴的定位來看,此穴在馬體的定位與人體相當。

《齊民要術》卷六提到一個馬體部位名爲"主人",原文説:"陰中欲平(原注:股下),主人欲小(股裏上近前也)陽裏欲高,則怒(股中上近主人)。"此段文字的上文是"素中欲廉而張",談的位置在鼻孔上;下文是"額欲方而平,八肉欲大而明",是講馬額附近的位置。因此,"陰中""主人""陽裏"以及注文中的"股"這些部位都應該位於馬的頭部,"股"非股腳之義。根據銅馬式銘文來看,我懷疑《齊民要術》的"股"應是"骰"之異體,"主人"應是"客主人"之省稱或抄奪"客"字。

又《齊民要術》"相馬從頭始"章稱"壽骨欲得大,如綿絮苞圭石",原注:"壽骨者,髮所生處也。"銅馬式的"骰骨"正位於馬鬃兩側。"骰"字從"投"省聲,與"壽"字音相近(定母侯部與禪母幽部),可以通假,因此懷疑"壽骨"即"骰骨",皆指馬頂骨而言。

F. 頸部與鬐甲

16. 頸。字位於馬頸中部兩側相對的位置。另有第三個"頸"字位置一較偏於内側。

17. 示。字位於鬃毛末端兩側的馬頸與脊背相接處。

"示"當讀爲"鬐","鬐"从"旨"聲,《禮記·仲尼燕居》:"治國其如指諸掌而已乎。"《禮記·中庸》作:"治國其如示諸掌乎。"可見"旨"聲之字與"示"字古音密邇,可以通假。"示(鬐)"指今獸醫學仍沿用的名詞"鬐甲",指位於頸脊與背脊之間的隆突部位。通常所講家畜的體高,即指從鬐甲最高點到地面的垂直距離。

《説文新附》:"鬐,馬鬣也。从'髟''耆'聲。"《廣韵》:"鬐,馬項上鬐也。"又《儀禮·士虞禮記》"魚進鬐"《注》:"鬐,脊也。"《莊子·外物》:"揚而奮鬐。"從詞源來看,馬的鬐甲與魚的背鰭位置相當,因此鬐、鰭皆从"耆"聲。

馬頸與鬐甲的形態,均是相馬的重要指標。《齊民要術》:"頸骨欲大。"鬐甲高則馬體高,對於相馬自然有重要意義。又《齊民要術》:"插頸欲得高。"繆啓愉《齊民要術校釋》:"插頸,可能指鬐甲部。"帛書《相馬經》:"欲得魚之耆(鰭)與脊。"即是講馬的鬐甲像魚的背鰭。

(二) 身軀

18. 肩。字位於馬的肩部。銅馬式的肩頸之間分界明顯。

19. 禺。字位於肩臂部前端肌肉(肩端)。"禺"當讀爲"髃"或"膈",《説文·骨部》:"髃,肩前也。"段玉裁注:"肩前也。《士喪禮記》:'即牀而奠,當膈。'注曰:'膈,肩頭也。'膈即髃字。《毛詩傳》曰:'自左膘而射之達於右髃,爲上殺。膘,脅後髀前肉也。'何注《公羊》云:'自左膘射之達於右髃,中心死疾鮮絜也。'髃本謂人,亦假爲獸骨之偁。凡肩後統於背前爲髃。髃之言隅也,如物之有隅也。"據段注,可知"禺(髃、膈)"是指馬肩前角的骨肉,與銅馬式部位正合。

"禺(髃、膈)"不見於傳世馬書。《齊民要術》:"致瘦欲得見其肉,謂前肩守肉。"繆啓愉《校釋》:"'前肩守肉',各本同。'守',《安驥集》《療馬集》引《王良先師天地五臟論》則作'府'。'守''府'均對'四下爲令'而言,此處指肩胛部肌肉。"《校釋》又説:"'致瘦欲得見其肉',馬即使瘦瘠,如果肩胛部尚富於肌層,可以推知四肢上部仍屬發育良好。"

《齊民要術》:"髀骨欲短。兩肩骨欲深,名曰'前渠',怒。"《校釋》:"肩骨深則肩和胸壁的附著良好,肩關節的發育健全,同時固著於各該骨的肌肉也發達;否則,表現爲瘦瘠而鬆弛。"

《齊民要術》:"肩肉欲寧。寧者,却也。"《校釋》:"'寧',作'寧耐'即忍耐解釋。'却'是拒却(不是退却),即能抗得住重荷,也就是有寧耐力。能寧耐,能吃重,都是肌肉結實的表徵。故'肩肉欲寧',即指肩部肌肉發達結實,能耐重負。"

據此,歷代相馬術多提到馬肩形態。"禺(髃、胴)"雖然不見文獻,但也與肩連帶提及,只是術語不同。

20. 中身。字位於馬身體中部,此處有"〉"形刻劃線,線上段起於馬頸、肩、背的分界處,下段起於馬肘腋之間,兩線交會於馬體中部。"中身"指身體中部,詞見《戰國策·魏策四》:"有虵於此,击其尾,其首救;击其首,其尾救;击其中身,首尾皆救。"

馬援《上銅馬表》説他所製作的銅馬式,曾參考名家相馬法,其中有"丁氏身中",丁氏所相的"身中",指馬的身軀,與"中身"爲倒文,但"身中"似比"中身"所指範圍大。

21. 背。字位於馬背近鬐甲處的脊柱兩側。右之錯銀"背"字下,可見另一淺刻的"背"字,應是底稿。

《齊民要術》:"背欲短而方,脊欲大而抗。脢筋欲大(夾脊筋也)。飛鳧見者怒(膂後筋也)。"

22. 鴟耳。字位於馬背下端近馬臀處。以脊背溝爲中軸,左右對稱。

案:"鴟耳"一詞不見於相馬文獻及其他古文獻。但"鴟耳"的詞義很好理解,鴟鴞類的猛禽,常常在頭部有聳起的兩束毛羽簇,似左右兩耳,此即所謂"鴟耳"。

從銅馬式"鴟耳"所標識的部位來説,此處應指馬的骶骨而言。從解剖學上看,骶骨(sacrum)是脊骨的末端,又稱尾脊骨、荐骨、窮骨。在人體,骶骨是脊椎骨的組成部分,是五塊骶椎合成的一塊骨,上接第五腰椎,下連尾骨,爲骨盆的後壁。《靈樞·癲狂》:"窮骨者,骶骨也。"《素問·瘧論》:"其出於風府,日下一節,二十五日下至骶骨。"在馬體,骶骨呈等腰三角形,其兩個底角的形狀,酷似鴟鴞的兩個毛耳,此應即古人稱骶骨爲"鴟耳"的緣由(圖三)。

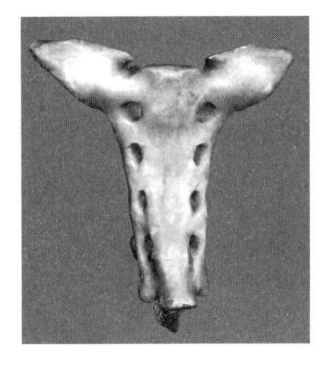

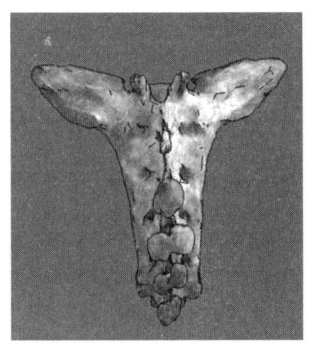

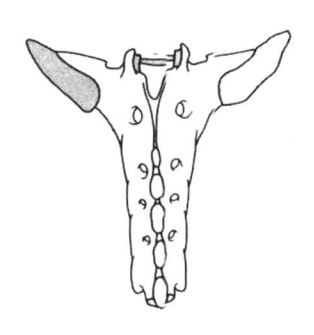

圖三　馬的骶骨形態

另外，從語言文字的角度看，"鴟"與"骶"皆從"氐"得聲，似乎也是將骶骨兩角命名爲"鴟耳"的原因。

相馬術很重視馬的骶骨。將荐椎與兩髖合稱"三封"或"三府"。《齊民要術》："'三封'欲得齊如一（原注："三封"者，即尻上三骨也）。"又："'三府'欲齊，兩髂及中骨也。"繆啓愉校釋："'三府'，即下文另一來源的相馬論（自"相馬從頭始"以下，另成系統）所稱的'三封'，即所謂'尻上三骨'，亦即後來相馬書上所稱的'三山骨'。'髂'指腰骨，亦指髖骨，此處'兩髂'，即指兩髖；'中骨'，指荐椎部，合稱'三府'。'齊'，要求左右兩髖寬開而高，與'中骨'，略相稱。這和駑相的'淺髖薄髀'相斥，是後軀發達的表徵。"

23. 脅。字位於馬體兩側，指示馬的兩脅。《説文·肉部》："脅，兩膀也。從肉、劦聲。"又："膀，脅也。從肉、旁聲。髈，膀或從骨。"又："胳，脅肉也。從肉、旁聲。一曰：胳，腸間肥也。一曰：膫也。"又："肋，脅骨也。從肉、力聲。"

《爾雅·釋畜》："回毛在膺，宜乘；在肘後，減陽；在幹，茀方。在背，闕廣。"郭璞注："此別馬旋毛所在之名也。幹，脅也。"《齊民要術》："腹脅爲城郭，欲得張。"又："大髂短脅，四駑。"又："脅肋欲大而洼，名曰上渠，能久走。"又："從後數其脅肋，得十者良。凡馬，十一者，二百里；十二者，千里；過十三，天馬，萬乃有一耳（原注：一云：十三肋五百里，十五肋千里）。"又："左脅有白直毛，名曰帶刀，不利人。"

24. 鉛。字位於馬體腹股溝處。案："鉛"，字書以爲"鉛"字異體。然而結合銅馬式考慮，此字應從"公"聲，讀爲"腔"，《齊民要術》卷六："腹欲充，腔欲小。季肋欲張。"原注："腔，膁。"《廣韵》："膁，腰左右虛肉處。"又《集韵》："膁，牛馬肋後胯前。"《正字通》:"凡畜腰後窊處曰膁窩。""膁"字又作"肷",馬援《銅馬相法》:"腹欲充,肷欲小。""䤨(腔)"與"膁(肷)"是同義換讀關係。

"膁(肷)窩"即後腰股窩。據《元亨療馬集》卷二《伯樂鍼穴血道論》(出自《司牧安驥集》),肷部又稱"肷堂",其中有穴位:"肷堂之上,肷腧穴二道,肷癖穴二道。"

25. 腹。位於馬腹正中,字未錯銀。

相馬書中提到"腹"的,除了前引《銅馬相法》"腹欲充,肷欲小"之外,還有《齊民要術》:"腹下欲平,有八字,腹下毛,欲前向;腹欲大而垂結,脈欲多;'大道筋'欲大而直。腹下陰前,兩邊生逆毛入腹帶者,行千里;一尺者,五百里。"案"腹下欲平"與"腹欲大而垂結"似有矛盾,繆啓愉《齊民要術校釋》解釋說:"'腹欲大而垂結,脈欲多',或者讀作'腹欲大而垂,結脈欲多',但腹大而下垂,是極不良之相,應是'垂結'連詞,即要求略帶垂曲而重在結實充滿,與上文'腹欲充'、'腹下欲平滿'相符。"

26. 髁。位於馬臀近背部突起處,從位置看應即髖骨結節處。

《説文・骨部》:"髁,髀骨也。从骨、果聲。"段玉裁注:"髀骨猶言股骨也,《醫經》亦謂之股骨。沈氏彤《釋骨》云:'腰䯒骨旁臨兩股者曰堅骨,曰大骨,曰髂,一身之伸屈司焉,故通曰機關,關之旁曰髀樞,亦曰樞機者,髀骨之入樞者也,在膝以上者曰髀骨,曰股骨,其直者曰楗,其斜上俠髖者,則所謂機也。'按髀之上曰髖,即俗所謂髂也。髁者,髀與髖相按之處。人之所以能立、能行、能有力者,皆在於是。故《醫經》謂之機。《骨空論》曰俠髖、曰機是也。《醫經》曰腰髁骨者,其字當作䯒,即髂字,不當作髁,《文選》注引《埤蒼》曰:髂,腰骨也。"又《説文・骨部》:"髖,髀上也。从骨、寬聲。"

據段注,"髁"是髖骨與髀骨相接之處,此義正合於銅馬式所示部位。而《素問・刺腰痛》:"刺腰尻交者,兩髁胂上,以月生死為痏數,發針而已,左取右,右取左。"王冰注:"兩髁胂,謂兩髁骨下堅起肉也……俠脊兩傍,腰髁之下,各有胂肉隆起,而斜趣于髁骨之後,内承其髁,故曰兩髁胂也。"據段注,腰髁字當作"髂"。

《齊民要術》:"大髂短肋,四弩。"髂骨(髖骨)與脊椎合稱"三封"或"三府",已見前述"鴟耳"條。

27. 權。字位於馬臀尖。從解剖學上看,馬臀内有坐骨結節,因此臀尖聳出。

今案:"權"指馬臀部高聳處,其所表示的意義與面部之"顴"類似,本義皆指高丘而言。前述銅馬式稱馬面頰之顴骨爲"頄",此處則稱馬臀部之尻部爲"權",恰與通常所習慣的用法相反,但均在文獻中有理、有例可循。《易》"壯于頄"王弼注:"頄,面權也。"陸德明《釋文》:"權,字書作顴。"是"顴"作"頄"之例。《字彙》:"臗,腿臞。"案:"臞"常指面頰及顴骨而言,而臀稱"腿臞",是古人認爲臀亦如頰之證。

《呂氏春秋·恃君覽·觀表》講到古代相馬的流派,有"許鄙相脽","脽"即"尻",即根據馬臀部形態來相馬。

28. 直肉。字在馬臀尖之下。

《齊民要術》:"直肉欲方,能久走(原注:髀後肉也)。輸(一作翰)鼠欲方(直肉下也)。"《司牧安驥集校注》:"直肉,疑爲股方肌或臀淺肌,其中的臀中肌疑爲直肉下的輸鼠。因它們粗壯則接近方形。"

29. 汗溝。此處有一深溝。解剖學上是股二頭肌。《齊民要術校釋》:"'汗溝'位於股脛的後方及臀端處,主要由於半膜樣肌與股二頭肌的發達,而形成二肌之間的淺溝。"

30. 鼓肉。在馬髀的前方。

"鼓肉"詞不見於傳世文獻。案:《齊民要術》:"陽肉欲上而高起(髀外近前)。髀欲廣厚。汗溝欲深明。直肉欲方,能久走(髀後肉也)。輸(一作翰)鼠欲方(直肉下也),肕肉欲急(髀里也)。間筋欲急短而減,善細走(輸鼠下筋)。"據銅馬式的相對位置來看,疑"鼓肉"應相當於《齊民要術》中的"陽肉"。

（三）前肢

31. 斗肉。在前肢肘關節處。古建築柱上承托拱的方木形構件,稱爲"斗",因其形狀似斗而得名,拱上又有小斗,稱爲"升"。在馬式上,斗肉位於前肢頂端,承托馬體,其位置與柱頂端斗拱之"斗"相類似,應是命名的理據所在。傳世文獻有"升肉",但漢代文字"升"與"斗"字形常常相混,以斗拱結構來看,馬體有大斗無小升,所以傳世文獻"升肉"應是"斗肉"之誤抄。

32. 臂。在前肢上臂肘關節下。

33. 骹。字在前肢跐部關節處。

案:前肢所標注的"斗肉""臂",在相馬書中都有提到。《齊民要術》:"龍翅欲廣而長,升〈斗〉肉欲大而明(原注:髀外肉也),輔肉欲大而明(原注:前腳下肉）。"

《齊民要術》："臂欲長，而膝本欲起，有力（原注：前腳膝上向）。肘腋欲開，能走。膝欲方而庳。髀骨欲短，兩肩骨欲深，名曰前渠，怒。"又曰："後腳欲曲而立，臂欲大而短。"則是指後腳之臂。

《説文》："骹，脛也。从骨，交聲。"《爾雅》："四骹皆白，驓。"注："骹，膝下也。"從解剖學上説，骹是指人之小腿骨即脛骨。但將馬之骹與解剖學上的人小腿骨相等同，則是不正確。因爲馬的膝蓋靠近骨盆，股骨又短，所以很容易將其踝關節與足跟結節誤認爲膝蓋。馬骹實際相當於人腳跗骨的部分。下面將要談到的輔骨、烏頭情況也相似。

（四）後肢

34. 股。指大腿。解剖學上指腓腸肌、比目肌。

《齊民要術》："股欲薄而博，善能走（原注：後髀前骨）。"

35. 脽。其外側是一塊肌肉，内側是膝蓋骨。似與文獻表示臀的"脽"字義無關。

《漢書·東方朔傳》"結股腳，連脽尻"，顏師古注："脽，臀也，音誰。"

36. 烏頭。此即跟結節，又名飛節。相當於人的足跟結節。

37. 輔骨。在烏頭之旁的骨上，相當於人的踝關節。

"烏頭"是一種傳統中藥名稱，其母根稱"烏頭"，子根稱"附子"。明李時珍《本草綱目》謂："初種爲烏頭，象烏之頭也，附烏頭而生者爲附子，如子附母也，烏頭如芋魁，附子如芋子，蓋一物也。"在馬體，"烏頭"之形狀與中藥之烏頭相近，蓋由此得名。

"烏頭""輔骨"同時見於《齊民要術》："烏頭欲高（原注：烏頭，後足後節），後足輔骨欲大（原注：輔足骨者，後足骹之後骨），輔肉欲大而明。"繆啓愉《齊民要術校釋》："'輔足骨'，各本同，'足'當是衍文，《療馬集》即無'足'字，作：'輔骨者，是後足骹之後骨。'説明'足'字很可能是'是'字竄出而又誤寫爲'足'。"繆啓愉説是。"輔骨"上所附著的肌肉稱爲"輔肉"。

38. 骬。在後足"烏頭"下。解剖學上又稱"蹠骨"，或稱"後管"。《説文·骨部》："骬，骹也。从骨、干聲。"從語音看，"骬"與"管"可以通假，表示的是同一個詞。

《詩經·魯頌·駉》寫馬的品種"有驔有魚",毛《傳》"豪骭曰驔",孔穎達《正義》:"骭者,膝下之名。……傳言豪骭白者,蓋謂豪毛在骭而白長,名爲驔也。"據《正義》,毛《傳》本作"豪骭白曰驔"。

《説文·骨部》:"骹,脛也。"《説文·肉部》:"脛,胻也。"段玉裁注:"脛表謂之骭。"《考工記·輪人》"去一以爲骹圍",鄭注:"人脛,近足者,細於股,謂之骹。"《淮南子·俶真》"雖以天下之大,易骭之一毛",高誘注:"骭,自膝以下,脛以上也。"《集韵》:"骭,脛中也。"《靈樞·經脈》馬蒔注:"脛骨爲骭。"

馬王堆帛書《陰陽十一脉灸經》甲乙本:"陽明脉系于骭骨外廉,揗〈循〉骭骨而上,穿賓(髕)……病甚則欲登高而歌,弃衣而走,此爲骭厥。"《足臂十一脈灸經》作:"循胻中,上貫膝中,出股,挾少腹……"《靈樞·經脈》作:"下膝髕中,下循脛外廉,下足跗,入中指内間。"可見"骭骨"即"胻骨",也即"脛骨"。

胻骨,亦作箭骨。即脛骨。《素問·骨空論》:"胻骨空在輔骨之上端。"《靈樞·本輸》:"下陵,膝下三寸,胻骨外三裏也。"或爲小腿脛、腓骨之統稱。《醫宗金鑒》:"胻骨者,俗名臁脛骨也。其骨兩根,在前者名成骨,又名骭骨,形粗,膝外突出之骨也。在後者名輔骨,形細,膝内側之小骨也。"

相馬術中稱"骭"爲"脛"或"懸薄"。《齊民要術》:"小脛大蹄,三贏。"又:"懸薄欲厚而緩(原注:腳脛)。"

綜合上面的考述,標注 38 個部位中,涉及名詞 39 個,列表如下。

樂從堂藏銅馬式銘文與《齊民要術》、帛書《相馬經》字形、術語對照表

【説明】
第 1 行爲銅馬式銘文的隸定;
第 2 行爲原字形;
第 3 行爲《齊民要術》等相馬書所用術語,若相馬書所無而見於其他書,則列出書名;
第 4 行爲馬王堆帛書《相馬經》所用術語。

雏	莖	搹	屑		台		素	
雏	莖	搹	屑	屑	台	白	素	素
額	莖	鼻	唇		頤		素	
						骀		

角		八肉		章肉		玄匞/微肉		游肉	
角	角	肎	肎	章	章	匞	微肉	游	游
角		八肉				懸匞			
角		庐肉/庐/尺		劈肉		微肉		游肉	

頰		凯骨/肌骨		客主人		骰骨		頸/頸、頸		示	
頰	頰	凯骨	肌骨	窨	窨	骰	骰	頸	頸、頸	示	示
頰		頎/机骨		主人；客主人見《素問》		股；壽骨		頸		插頸	
頰		頦骨；肫						頸		耆(醬)	

肩		禺		中身		背		鴟耳		脅	
肩	肩	禺	禺	身	身	背	背	鴟	鴟	脅	脅
肩		前肩守肉；肩肉		身中，見馬援《上銅馬法表》		背		三封、三府、三山		脅	
肩											

鈆		腹		髁		權		直肉	
鈆	鈆	腹	髁	髁	權	權	直	直
腔(膁、胠)		腹		髂(三封、三府、三山)		尻、臀		直肉	

汗溝		鼓肉		斗肉		臂		骰	
汗溝	汗溝	鼓	鼓	斗	斗	臂	臂	骰	骰
汗溝		陽肉(?)		升肉		臂		骰，見《爾雅》	

股		脽		烏頭		輔骨		骭	
股	股	脽	雅	烏頭	烏頭	輔骨	輔骨	骭	骭
股				烏頭		輔骨		脛、懸薄	

四、從美術史的角度看樂從堂馬式

上面討論了銅馬式在科技史上的意義。然而這件銅馬的價值，不僅僅在於相馬方面。若從美術史的角度，可以討論這件西漢銅馬式在造型藝術上的成就以及其時代意義。

目前考古發現的殷周秦漢時代的馬匹雕塑，有如下幾種：

1. 陝西甘泉商代（？）銅馬。2005年陝西甘泉發現的商代青銅馬兩件，高18.5釐米，通長26.5釐米，作四足站立，馬背上有背墊（圖四）。① 不過這兩件銅馬的年代尚有疑問。

圖四　陝西甘泉出土商代（？）銅馬　　圖五　陝西眉縣出土西周駒尊

---

① 王勇剛：《一對新面世的商代圓雕青銅馬》，《收藏》2009年第4期（總第196期），第99—101頁。據此文講，2005年初夏，陝西甘泉縣下寺灣鎮閆家溝村發現了一座商代晚期墓葬，出土了兩件圓雕青銅馬，爲目前國內首次發現。但此文又説，銅馬是在施工時發現，並且由施工方交給當地派出所，所以不能肯定與同時交來的商代銅器爲同時出土。陝西省文物局專家認爲應是春秋戰國之際的作品。

2. 陝西眉縣李村駒尊。1956 年 3 月陝西郿縣李村西周銅器窖藏出土駒尊,原有兩件,其中一件僅餘蓋。完整的一件,通高 32.4 釐米,通長 34 釐米,重 5.68 公斤,作四足站立的馬駒形。據其銘文,駒名"旁(方)雷騅子"與"旁(方)雷駱子",時代屬周穆王世(圖五)①。

3. 2002 年在湖北棗陽九連墩 M2 出土的戰國楚銅馬(M2:W305),高 24.9 釐米,身長 37 釐米,寬 10 釐米(圖六)。②

圖六　湖北棗陽九連墩 M2 出土戰國楚銅馬(M2:W305)

4. 趙王陵二號陵銅馬。1997 年戰國趙王陵出土銅馬三匹,馬尾均打結。③其中舉頭前行的一匹馬,通高 18 釐米,長 24.5 釐米。另外兩匹馬作低頭吃草狀,高爲 15 釐米,長分别爲 23.5、22.5 釐米(圖七)。

圖七　河北邯鄲趙王陵出土三件戰國時期趙國銅馬

---

① 郭沫若:《盠器銘考釋》,《考古學報》1957 年第 2 期,第 1—8 頁,圖版 2.2;李長慶、田野:《祖國歷史文物的又一次重要發現》,《文物參考資料》1957 年第 4 期第 6 頁右下;《集成》06012、06011。
② 湖北省博物館:《九連墩——長江中游的楚國貴族大墓》,文物出版社,2007 年,第 67 頁。
③ 趙建朝、李海祥:《河北邯鄲趙王陵二號陵出土的戰國文物》,《文物》2009 年第 3 期,第 89—92 頁轉 94 頁。圖二,1、2、4,封二 1、2。1997 年邯鄲趙王陵 2 號陵墓盜掘出土,1998 年自國外追回,現藏邯鄲市博物館。

5. 秦始皇陵一、二號銅車馬。一號銅車馬的四馬，通耳高 89.8—92.3 釐米左右，鬐甲高 66 釐米，通尾長 107.8—110 釐米（圖八、圖九）。①

圖八　秦始皇陵一號銅車馬的左服馬

圖九　秦始皇陵一號銅車馬左服馬頭部特寫

① 秦始皇帝陵博物院編：《秦始皇陵出土一號青銅馬車》，文物出版社，2012 年。陝西省秦俑考古隊、秦始皇兵馬俑博物館編：《秦陵二號銅車馬》（考古與文物叢刊第 1 號），《考古與文物》編輯部出版，1983 年。

6. 廣西貴縣西漢銅馬。1980 年，在廣西貴縣風流嶺 31 號墓出土一件銅馬，是分段鑄造然後套接，昂頭張口，三足佇立，右前足提起。足耳高 115.5 釐米，長 109 釐米（圖十）。①

圖十　廣西貴縣風流嶺西漢墓 M31 出土銅馬　　圖十一　四川成都老官山西漢墓出土的漆馬俑

7. 成都市天回鎮老官山漢墓 2 號墓出土的漆馬俑（M2：234）。殘長 78 釐米，寬 20 釐米，高 78 釐米。② M2 的年代在漢景帝至武帝時期（圖十一）。

8. 陝西茂陵西漢鎏金銅馬。1981 年出土於陝西茂陵東側第一號無名冢，高 62 釐米，長 76 釐米。現藏陝西茂陵博物館（圖十二）。③

9. 四川綿陽何家山東漢銅馬。1990 年，四川綿陽何家山 1 號東漢崖墓出土銅馬，呈行走狀。高 134 釐米，長 115 釐米。分九部分分鑄套接。④

10. 甘肅武威雷臺銅奔馬。1969 年，甘肅武威雷臺墓葬出土的銅奔馬，⑤即

---

① 廣西壯族自治區文物工作隊（何乃漢、張憲文）：《廣西貴縣風流嶺三十一號西漢墓清理簡報》，《考古》1984 年第 1 期，圖版捌。
② 成都文物考古研究所等：《成都市天回鎮老官山漢墓》，《考古》2014 年第 7 期，第 66 頁，圖九。
③ 咸陽地區文管會、茂陵博物館：《陝西茂陵一號無名冢一號從葬坑的發掘》，《文物》1982 年第 9 期，第 1—17 頁，圖版壹。
④ 小禾：《綿陽出土的東漢銅馬》，《四川文物》1991 年第 5 期，第 30 頁，圖見該期封面。何志國：《銅馬‧銅馬式‧天馬》，《四川文物》1996 年第 5 期，第 22—26 頁。
⑤ 甘肅省博物館：《武威雷臺漢墓》，《考古學報》1974 年第 2 期，圖版肆。1. 此墓共出銅馬 39 件，皆分鑄鉚接。

圖十二　陝西茂陵出土西漢鎏金銅馬

常所稱的"馬踏飛燕"。此墓早先定爲東漢墓,後來據何雙全、孫機兩位先生的研究,應改訂爲西晉墓。① 2007年,在武威市與雷臺漢墓相距三公里處的一座魏晉墓,出土一件造型與馬踏飛燕相類似的陶奔馬,從而證明了何雙全與孫機先生的看法。

此外,海内外公私收藏的馬匹雕塑,還有一些,暫時不在這裏一一列舉了。

討論這些馬匹的造型,首先要區分年代和地域。在漢武帝之前,中原及其周邊地區的馬匹有許多品種,例如河套馬、滇馬、吐蕃馬。② 漢武帝時期,先引進了

---

① 何雙全:《武威雷臺漢墓年代商榷》,《中國文物報》1992年8月9日;孫機:《武威出土的銅奔馬不是漢代文物》,《光明日報》2003年4月29日,B3版。

② 安忠義:《漢代馬種的引進和改良》,《中國農史》2005年第2期,第28—36頁。該文指出,在漢武帝求取西域馬之前,已經利用河曲馬(秦馬)、浩門馬(西蕃馬)、蒙古馬、東北馬、果下馬、西南山地馬(滇馬、筰馬)來改良中原馬。

西域的烏孫名馬，名之曰"天馬"。後來知道大宛亦有名馬，遂在太初元年至太初四年（公元前 104—前 101 年），先遣使求馬，不獲，後兩次命貳師將軍李廣利遠征大宛（今中亞費爾干納盆地的古國），並且派相馬專家從軍："拜習馬者二人爲執驅校尉，備破宛擇取其善馬云。"（《史記·大宛列傳》）此役獲得大宛善馬數十匹，中馬以下雌雄共三千餘匹。奪得大宛馬之後，武帝將烏孫馬改名爲"西極馬"，而將"天馬"的榮名賜予大宛馬。大宛馬就是所謂"汗血馬"，即今中亞土庫曼斯坦阿哈爾捷金馬（Akhal-teke horses）的祖先。大宛馬和烏孫馬的引進，對於漢馬的品種改良起到了重要作用。

考古學家楊泓先生曾將漢代前期與漢代後期馬匹的形象相比較，認爲漢代後期的馬都明顯有"天馬"的特徵。① 所謂天馬的特徵，主要可以歸納爲：小頭、長頸、膘肥、體高、修肢，比起中原固有馬的品種來說，整體比例更爲修長。由於西域馬的引進和神化，東漢和唐代馬匹的藝術形象，就都是比照天馬的造型了。

樂從堂銅馬式的年代，根據其中避"徹"字諱的情況，本文認爲屬漢武帝時期。那麼，這件銅馬式是否也有天馬的特徵呢？我認爲是有的。

銅馬式的頭看起來很小，長曲頸，四肢也不算短。曲頸和小頭兩點神似唐馬。銅馬式的另一主要特徵，是此馬頭上有肉髻。顧鐵符先生曾指出，武威銅奔馬兩耳之間有一小角，並引《通典》引三國吳朱應《扶南異物志》："大宛馬有肉角數寸，或解人語及知音舞，與鼓節相應者。"認爲此即常人所傳説大宛馬的特徵。《齊民要術》："頸骨欲大，肉次之，髻欲桎而厚且折。"明代《元亨療馬集》引作"馬頸欲得厚而肥，頭骨欲大，肉羡之髻欲得桎而厚且折"。今案："肉羡之髻"應是正確的，指馬頭頂多餘之肉隆起如髻。由肉髻的象徵意義來看，這件銅馬式明顯受到了武帝所引進西域天馬的影響。

上文我們説過，帛書《相馬經》很重視"角"和"尺肉"（即"八肉"）對相良馬的意義。銅馬式銘文所指示的兩角，環繞在兩耳的耳根處，在其他銅馬雕塑中，也時有所見。例如秦始皇陵一、二號銅車馬的馬匹，在兩耳下均有如蠶繭的角狀小凸起，顯得頭角崢嶸。在茂陵鎏金銅馬，也有角環繞耳根，與樂從堂銅馬式之角的造型相近似。至於銅馬式額上的"八肉"，也常見於許多戰國秦漢馬的雕塑，例

---

① 楊泓：《美術考古半世紀——中國美術考古發現史》，文物出版社，1997 年。

如九連墩銅馬、秦始皇陵一、二號銅車馬、綿陽和老官山的漆馬等等。

由此再去看其他刻劃細緻的銅馬,在馬額、眼與耳之間,也常有一些微妙起伏。古代的雕塑家應該熟知相馬經中的良馬標準,才會刻意塑造這些特徵,以符合當時的審美標準。今天了解這些良馬標準的細節,對相關藝術品的鑒定也是有幫助的。

結　　論

以上我們主要從科技史和藝術史兩個方面考察了這件銅馬式。略作總結,大概有以下幾點:

1. 據銅馬式標注將西漢前期帛書《相馬經》的"徹肉"改爲"章肉",這件馬式的年代爲西漢武帝時期(前140—前86年)。

2. 從馬式標注所用的術語來看,它與《齊民要術》中保存的傳世相馬術語頗多相同,因此《齊民要術》及其以後的相馬術,有相當一部分是繼承自漢代。

3. 馬王堆帛書《相馬經》中的主要5個部位術語皆見於銅馬式,可見這件銅馬式是漢武帝時代對於之前相馬技術的總結之作。馬援《上銅馬式法表》講他所製作的銅馬式的學術來源:"臣謹依儀氏䩭(羈)中,帛氏口齒,謝氏唇䰇,丁氏身中,備此數家骨相以爲法。"因此可以推論樂從堂銅馬式也應該是綜合各家相馬術的結果。這對於重新解讀帛書《相馬經》和傳世相馬術,都具有重要的作用。

4. 從造型上看,銅馬式明顯受到了漢武帝引進天馬的影響,應視爲經天馬改良後的漢馬形態。《韓非子·説林下》:"伯樂教其所憎者相千里之馬,教其所愛者相駑馬。以千里之馬時一有,其利緩,駑馬日售,其利急。"馬式作爲相馬的教具,目的是從衆馬中選出好馬,並不僅限於相千里之馬,也不限於某個品種的馬。由此看,這件銅馬式對漢代相馬有普遍的指導意義。

5. 銅馬式標注的"客主人",是見於《靈樞》、《素問》等中醫理論書籍的穴位名稱。這既説明相馬與馬醫的密切關係,也説明中醫和馬醫在經脈學説上有相通之處。由此可以聯繫到1993年四川綿陽漢墓的經脈漆人和2012年成都老官山漢墓所出的經穴漆人,銅馬式與這兩件漆人性質類似,都是傳授相關技術的教具。

樂從堂銅馬式造型完美,是一件理想的良馬雕像。深入研究這件銅馬式,可以促進相關科技史和美術史的研究,其意義重大。本文僅僅是介紹資料並作初步研究,權當拋磚引玉,希望識者不吝賜教。

2015 年 8 月 8 日
於天津武清

【附記】關於各個時代馬匹圖像和雕塑特徵的比較,仍有可述者,留待以後。文章寫成之後,又讀到尚永琪先生《歐亞大陸視閾中的中國古代相馬術》(《絲路文明》第 1 輯,上海古籍出版社,2016 年),其介紹和論述也可供參考。

參考文獻

謝成俠:《我國古代家畜外形學説的發展和評價》,《南京農學院學報》第 1 期,1956 年。

謝成俠:《中國養馬史》(初版),科學出版社,1959 年。

謝成俠:《中國養馬史》(修訂版),農業出版社,1991 年。

中國農科院中獸醫研究所重編校正:《重編校正元亨療馬牛駝經全集》,農業出版社,1963 年。

王毓瑚:《中國畜牧史資料》,科學出版社,1957 年。

裴耀卿:《司牧安驥集語釋》,中國農業出版社,2004 年。

鄒介正、和文龍:《司牧安驥集校注》,中國農業出版社,2001 年。

石聲漢:《齊民要術今釋》,科學出版社,1957 年。

繆啓愉:《齊民要術校釋》,農業出版社,1982 年。

尹福昌編著:《相馬知識》,黑龍江科學技術出版社,1984 年。

楊泓、鄭岩、杭侃等著:《馬的中國歷史》,商務印書館(香港)有限公司,2008 年。

[日]田中宏、大澤竹次郎著,張鶴宇、劉理譯:《馬體解剖圖》,人民教育出版社,1961 年。

祝壽康編:《馬體系統解剖圖》,畜牧獸醫圖書出版社,1955 年。

馬繼興:《馬王堆古醫書考釋》,湖南科學技術出版社,1992年。

裘錫圭主編:《長沙馬王堆簡帛集成》,中華書局,2014年。

[英]西蒙·赫森(Simon Hillson)著,侯彦峰、馬蕭林譯:《哺乳動物骨骼和牙齒鑒定方法指南》,科學出版社,2012年。

《中國美術全集·雕塑編》1《原始社會至戰國雕塑》、2《秦漢雕塑》,人民美術出版社,1988、1985年。

原刊於《出土文獻與古文字研究》第七輯,
上海古籍出版社,2018年,第248—278頁

山東畫像石榜題
所見東漢齊魯方音

1960年山東泰安大汶口發現的一座漢畫像石墓，出土了4組帶榜題的孝子故事畫像石。① 其中位於墓門前室西壁橫額的第2石中部一組，王恩田先生據榜題和畫像內容，已經正確指出是春秋晉國驪姬殺申生的故事（圖一）。② 從先秦兩漢古書來看，古人認爲申生受謗自殺是至孝的行爲，所以圖寫孝子申生的故事來勸喻世人。③

據王恩田先生介紹説：

畫像中共有4人，榜題3條。中間1人席地而坐，面前置杯案，榜題"此晋淺（獻）公貝（被）離（驪）算"；右側1人跪向坐者，手執環首刀對準喉嚨作自刎狀，題曰"此淺（獻）公前婦子"；身後1人手拉跪者作勸解狀，坐者左方1婦女，執便面躬身站立，欲有所語，題曰"此後母離（麗）居（姬）[也]"。

我們看王先生文章所附拓本（圖二），兩個所謂"淺"字明顯都是"沙"字。據三《禮》漢人注疏，先秦兩漢齊地古方音"沙"、"獻"同聲。

《儀禮·大射》"又尊于大侯之乏東北，兩壺獻酒"，鄭玄注："獻讀爲沙。沙酒濁，特沛之，必摩沙者也。兩壺皆沙酒。"

---

① 泰安市文物局、程繼林：《泰安大汶口漢畫像石墓》，《文物》1989年第1期。
② 王恩田：《泰安大汶口漢畫像石歷史故事考》，《文物》1992年第12期，第73—78頁。此石曾著錄於山東省博物館等：《山東漢畫像石選集》，齊魯書社，1982年，圖471（圖版一九八）；劉慧、張玉勝著：《岱廟漢畫像石》，山東畫報出版社，1998年，第3—4頁，圖2；俞偉超主編：《中國畫像石全集》第一卷《山東漢畫像石》）重新著錄這塊畫像石爲第二三〇號（圖版176頁）。後兩種著錄的説明已從王恩田説改正了釋文。
③ 例如：《楚辭·九章·惜頌》："晉申生之孝子兮，父信讒而不好。"又《七諫·初放》："晉獻惑於驪姬兮，申生孝而被殃。"

《禮記·明堂位》"尊用犧"，《正義》引《鄭志》張逸問曰："《明堂》注'犧尊，以沙羽爲畫飾'，前問曰：'犧讀如沙。沙，鳳皇也。'不解鳳皇何以爲沙？"鄭玄答曰："刻畫鳳皇之象于尊，其形婆娑然，或有作獻字者，齊人之聲誤耳。"

《周禮·司尊彝》"鬱齊獻酌"，鄭玄注："獻讀爲摩娑之娑，齊語聲之誤也。煮鬱和相鬯，以醴酒摩娑沛之，出其香汁也。"

《禮記·郊特牲》"汁獻涗于醆酒"，鄭玄注："謂沛秬鬯以醆酒也。獻，讀當爲莎，齊語聲之誤也。"《釋文》："獻，依注爲莎，素何反。"

三《禮》都是先秦齊魯地區的文獻。鄭玄是東漢齊地高密人，他注三《禮》，並存今、古文。畫像石的出土地山東泰安是齊魯故地。據鄭玄注，上引經文之"獻"字要改讀爲"沙"或"娑"、"莎"，"獻"是先秦齊地方音對"沙"聲之字的"聲之誤"，即字音相近或相同導致的假借字，這說明先秦齊地"獻"字與"沙"字同音。在東漢晚期齊地，獻、沙仍然同音，鄭玄對自己方言中的這個情況非常熟悉。所以，在同時同地的畫像石榜題中，我們也看到就用"沙"字來表示方言中同音字"獻"字讀音的情況。先秦齊魯文獻用"獻"字來表示"沙"音，或東漢畫像石榜題用"沙"字來表示"獻"音，這兩個字是齊方言中的一對同音字。

古音"獻"爲曉母元部字開口三等字，"沙"爲生母（諧聲字或屬心母）歌部字開口二等字，聲韵皆不相同。龔煌城指出，藏語中 sngar 的意思是"聰明，敏悟"，與其對應的古漢語詞彙是"獻臣、獻民"的"獻"，可證明"獻"字上古音聲母有 s-頭。①《逸周書·謚法》"聰明辟哲曰獻"，可見謚法"獻"之所以能用生母 s-字來表音，在聲母方面是因爲都有 s-；在韵母方面，元部字若失去鼻音韵尾-g 即成歌部字。②據上述，"獻"演變爲"沙"音或可構擬爲：＊sngjan＞sraal。《廣韵》中"獻"字有兩讀：許建切和素何切，後一反切保存了齊語讀法。

王恩田先生讀"離居"爲"驪姬"是很對的。從古書以及漢唐注疏來看，"居"讀若"姬"，也是那時代齊魯方音的反映。虞萬里先生所著《三禮漢讀異文及其古音系統》一文對古書中的相關資料有詳細列舉：

---

① 龔煌城：《從漢藏語的比較看上古漢語的詞頭問題》，北京大學出版社，2004 年，第 165 頁例 9。雅洪托夫認爲曉母開口字上古音有 s-詞頭，其演變爲：＊sng->xng->x，也請參看龔書。

② 不過"獻"也有可能本來就沒有韵尾，或是別的什麼類型的韵尾。

《禮記·檀弓上》:"檀弓曰:何居?我未之前聞也。"注:"居讀爲姬姓之姬,齊魯之間語助也。"又"吾許其大而不許其細,何居?"鄭無注。《郊特牲》:"二日伐鼓,何居?"注:"居讀爲姬,語之助也。何居,怪之也。"不僅此。《書·微子》:"若之何其?"鄭玄注:"其,語助也。齊魯之間聲如姬。《記》曰:'何居?'"(原注:見《史記·宋微子世家》裴駰集解引)《易·系辭下》:"則居可知矣。"陸德明《釋文》引鄭玄、王肅云:"居音基。"《左傳·成公二年》:"誰居,後之人必有任是夫!"《襄公二十三年》:"誰居,其孟椒乎?"參和鄭注,知齊魯之間讀居爲姬。基姬音同。……檀弓、左氏皆魯人;鄭,北海人;王,東海人:皆齊魯故地。《系辭》相傳亦齊魯間人作。……然按之文獻,讀居爲姬,又不獨齊魯爲然。《詩·邶風·日月》:"日居月諸。"《莊子·齊物論》"何居乎?形固可使如槁木,而心固可使如死灰乎?"陸德明《釋文》:"何居,如字。又音姬。"莊周,宋人,宋乃微子之後,邶、鄘二風即衛風,皆衛康叔之封地,宋、衛皆殷商。筆者曾證殷民族與齊魯有密切之關係,故齊魯與殷商宋衛之地皆讀居爲姬。《鄘風·蝃蝀》二章之魚相諧,當亦爲此方音之特色。①

據上舉材料,大汶口畫像石榜題"離(驪)居"之"居"讀爲"姬",也跟先秦文獻所反映的齊、魯、宋、衛地區方言中的"居"字讀音情況相同,所以在齊魯方言中,"居"與"姬"(以及"其"、"基")也是同音字。②

從古音構擬來看,"姬"上古音 *kɯ,"居"上古音 *ka,a 是個中低元音,ɯ 是個後高元音。漢語語音史上,元音發展有後高化的規則。在東漢齊魯方音中,因爲"居" *ka 的元音 a 已經後高化爲 ɯ,與"姬"的讀音 *kɯ 相同,即 *ka>kɯ,所以使用"居"字可以代表"姬"的讀音。③

---

① 虞萬里:《三禮漢讀異文及其古音系統》,《榆枋齋學術論集》,江蘇古籍出版社,2001年,第193頁。

② 《水經·河水注》引《古本竹書紀年》:"晋烈公五年,田公子居思伐邯鄲,圍平邑。"王國維《輯校》:"田居思即《戰國策》之田期思,《史記·田敬仲世家》之田臣思(巨思之訛)。《水經·濟水注》引《紀年》作田期,《史記·田敬仲世家》索隱引《紀年》謂之徐州子期。而據《濟水注》'齊田期伐我東鄙'在惠成王十七年,距此凡五十二年,且此時三家尚未分晋,趙不得有邯鄲之稱,疑《河水注》所引'晋烈公五年'或有誤字也。"今按:根據本文所論,"田居思"即"田期思"與"田臣(姬)思",錢大昕《廿二史考異》已經指出"田臣思"之"臣"是"姬"字之訛,這也是齊方言"居"與"期"、"臣(姬)"音同的一個例子。方詩銘、王修齡《古本竹書紀年輯證》(上海古籍出版社,1981年,第91頁)已指出"田期"爲"田忌"與"田期思"不是同一人。另可參看楊寬:《戰國史料編年輯證》,上海人民出版社,2001年,第305—306頁。

③ 參看潘悟雲:《漢語歷史音韻學》;上海教育出版社,2000年,第202、212頁。這種音變可以有多種解釋,本文所說是比較簡單的一種,或者可以參看潘書第150頁。

還需要指出的是，王恩田先生釋文中的所謂"算"字，在原石有些殘泐，結合字形、文義來看，該字應改釋爲"其"，讀爲"欺"。《淮南子·説林》"獻公之賢，欺于驪姬"，正是講"晋沙（獻）公貝（被）離（驪姬）其（欺）"。

這條榜題的"貝"字可以讀爲"被"以及"貝（被）離（驪姬）其（欺）"的結構，在漢語語音史和語法史研究上有些意義。

古漢語"被"是多音字，有平、上、去三讀，分別見於《廣韻》去聲寘韻下"平義切"、《廣韻》上聲紙韻下"皮彼切"、《集韻》平聲支韻下"攀糜切"。古書中"被"字有施動、受動兩義，施動詞"被"的讀音是平聲，表受動（被動）的"被"是去聲字。而"貝"是祭部字（《廣韻》去聲泰韻下"博蓋切"），也是去聲字。① 榜題中利用去聲字"貝"僅表示"被"的去聲一讀，這是準確地表示了被動之"被"的讀音。

從語法史來看，王力先生指出，表被動的"被"字句在戰國末期開始萌芽，其時後面還不帶關係語（即動作的施事），帶關係語的"被"字句在漢末出現，到南北朝增多。② 唐鈺明先生根據統計材料，曾説："兩漢之前的'被'字句，大體是被字甲式（被＋動）的天下，到了六朝才較多出現被字乙式（被＋施動者＋動）。"③ 證實了王力先生論斷。這例"被驪欺"結構的時代爲東漢晚期，在帶關係語的被字句中算是比較早的例子。

2003 年 3 月 12 日初稿

2008 年 2 月 17 日修改舊稿

原發表於《方言》2010 年第 2 期，第 191 頁—封三

發表時有删改，此次收錄的是未删改版本

---

① 據羅常培、周祖謨：《漢魏晋南北朝韻部演變研究（第一分冊）》，科學出版社，1958 年，第 31 頁。
② 蔣紹愚：《近代漢語研究概況》，北京大學出版社，1994 年，第 196 頁。
③ 唐鈺明：《漢魏六朝被動式略論》，《中國語文》1987 年第 3 期；收入《著名中年語言學家自選集·唐鈺明卷》，安徽教育出版社，2002 年，第 267—282 頁。

圖一　山東泰安大汶口出土的孝子申生畫像石摹本（邢義田先生摹）

圖二　孝子申生畫像石榜題拓本

景初元年帳構銅考

對於先秦至魏晋時期的帷帳制度，已經有馬衡、勞榦、楊泓、周一良、盧兆蔭、孫機等先生的論著，分別從各個角度做過討論。① 從他們的論著中可以看到，帷帳在中國古代社會生活中，既是生活實用品，也是使用者等級身份的象徵，因此具有很重要的作用。從先秦到魏晋，帷帳制度跟其他制度一樣，都經歷了一個逐漸下替的過程。關於帷帳，仍有許多課題可以深入探討。本文所要討論的，是一組曹魏時期的帷帳銅構件，這類文物，即古書中所謂的"帳構銅"。

根據有關銘文記載，這組帳構銅作於曹魏景初元年。其中之一，即下文所說的"銅平帳構邊長構"，最早爲清内府收藏，今天仍然保存在北京故宫博物院。其餘舊著錄的幾件，原器都已經不知下落。上述各種研究帷帳的論著，對於這組景初元年帳構銅都略有涉及。幾年前，我有機會見到了一件私人收藏的景初元年帳構銅及與之相配的三件銅飾件，因此重新翻檢舊著錄，對相關器物的著錄做了一次梳理。現在寫成這篇小文，是想通過重新考察這些帳構銅的形制及其銘文，試圖復原它們所構成的帷帳的原貌。由此順便談一點我們對帷帳跟喪禮中牆柳和荒帷制度關係的理解。下面先從新發現的這幾件器物談起。

一、新發現帳構銅的形制

新發現的這件帳構銅，較長一端爲空心圓筒狀，另一端是一個"匚"字方榫，

---

① 馬衡：《凡將齋金石叢稿》卷一《中國金石學概要》上第三章：歷代銅器 五：服御器·帳構，中華書局，1977年；勞榦：《漢晋時期的帷帳》，《文史哲學報》第二期，臺灣大學文學院印行，1951年；易水（楊泓）：《帳和帳構》，《文物》1980年第4期；周一良：《關於帳構》，《文物》1980年第9期；盧兆蔭：《略論兩漢魏晋的帷帳》，《考古》1984年第5期；孫機：《漢代物質文化資料圖説》56 家具Ⅲ，文物出版社，1991年，第225頁。

榫槽中央有一個方形穿孔。在圓筒與榫相接處,抹去方榫之四角,形成略呈八角狀的過渡區。刻款銘文在器側部,一行隸書 32 字(圖一):

圖一　上廣構銅一照片與銘文摹本

景初元年五月十日中尚方造長一丈廣六尺澤漆平坐帳上廣構銅重二斤十兩

通長 15.3 釐米，長端長 8.6 釐米，口徑 3.7 釐米，短端最大截面爲邊長 3.4 釐米的正方形。爲了和下面我們所揭示的另一件舊著錄的上廣構銅區別，本文稱這件新發現的帳構銅爲"上廣構銅一"，稱舊著錄的那件爲"上廣構銅二"。

和這件帳構銅同時收藏的，還有三件較小的銅飾。其中有兩件形制相同，整體形狀是一個下底面被削成四個平面的圓錐臺體，每個平面上有一個圓孔，全器中空，通高 4.15 釐米，上徑 1.3 釐米，下徑 3.4 釐米。另一件銅飾呈實心圓餅形，一孔貫穿兩面，兩面凸起，交界處有棱，直徑 3.85 釐米，厚 2.05 釐米。

以上介紹的四件器物，質地相同，色澤瑩碧，尚有部分土銹或紡織品的痕迹附着其上。從這些特徵來看，無疑是近年同時出土的。

二、舊著錄帳構銅的狀況

翻檢舊著錄，和新發現有銘文的那件帳構形制、銘文有關聯的大約有如下幾件。由於翻檢舊著錄不易，在此我們把有關的圖像和文字材料一併錄出，作爲附錄，以方便讀者參考。

1. 上廣構銅二

該器銘文和本文新揭示的這件完全相同。較早著錄於張燕昌（芑堂）所編《金石契》（圖二）。該書（角集·三十九～四十三）有題記，並載翁方綱、盧文弨、周廣業三家題跋和厲鶚、丁敬、程晋芳等人的歌詠。該書著錄的拓片摹本，雖未能完整表現器形，但是後來阮元《積古齋鐘鼎款識》（圖三）和馮氏兄弟所編《金石索》（圖四）都又據之摹錄。

此器先爲邗上方西疇所藏，清末歸江蘇通州馮宴海。[①]

厲鶚詩序描寫此器"中空而底方，旁出歧枝，有孔，上有字云云"，所言"旁出歧枝"，不知何謂。不過厲鶚應是親眼見過此器的。本文以新發現的上廣構銅一作爲參考，認爲厲氏所見者大概和上廣構銅一形制相同。爲稱説方便，我們把舊著錄的這件稱爲"上廣構銅二"。

---

① 吴世芬《攈古録》卷五·二。

图二　上廣構銅二（《金石契》角集·三十九～四十三）

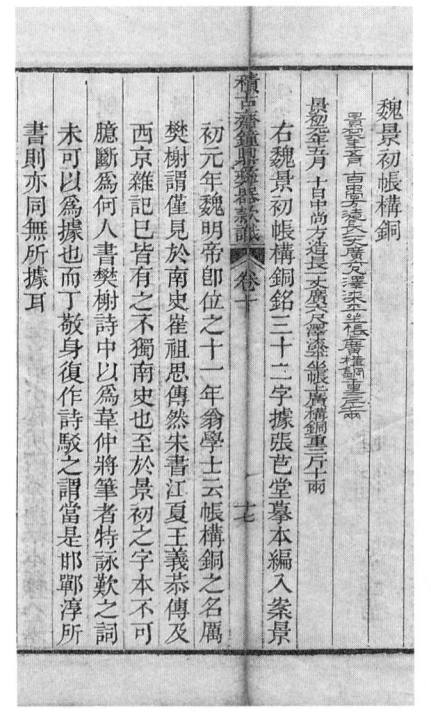

图三　上廣構銅二（《積古齋
鐘鼎款識》十·十七）

图四　上廣構銅二（《金石索》之《金索》三·
二百二十九背面）

2. 上邊構銅

此件形制同上，銘文不同，爲：

> 景初元年五月十日中尚方造長一丈廣六尺澤漆平坐帳上邊構銅重二斤十兩

較早著錄於《金索》三·二百二十九（圖五）。據《金索》"此嵫陽孝廉張文麓性梓所得，今以見貽"，清末亦歸馮宴海收藏。① 後來又著錄於《小校經閣金石文字》十三·八十四和《秦漢金文錄》四·二三·2（圖六）。

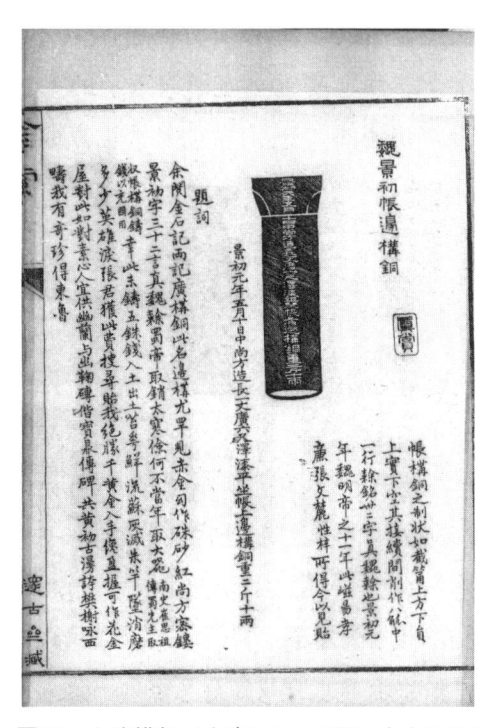

圖五　上邊構銅（《金索》三·二百二十九正面）

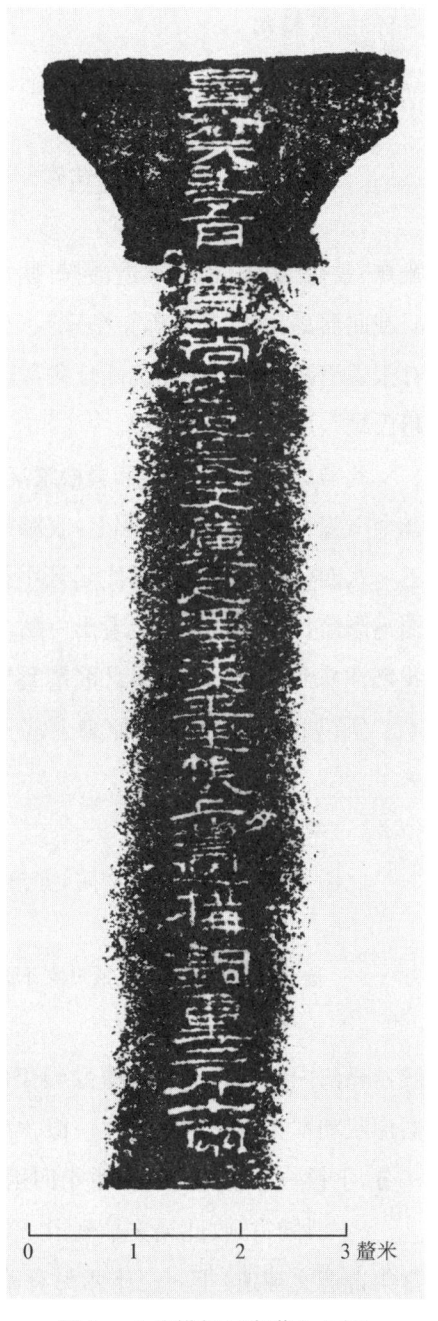

圖六　上邊構銅（《秦漢金文錄》四·二三·2）

---

① 吳世芬《攈古錄》卷五·二。

3. 下構銅

此器銘文爲：

五月十日中尚方造長一丈廣六尺澤漆平帳下構銅重六斤十二兩

雖無"景初"紀年，但是製造機構、銘文格式、字體都和上述幾件相同。《攈古錄》記載此器爲"浙江嘉興郭止亭藏"，《小校經閣金石文字》十三·八十四所收拓本有張廷濟題記，謂"平湖沈廷玨藏"，《貞松堂集古遺文》十五·二五著錄謂"四明趙氏藏"，可見其流傳過程。

此器的形制有疑問。《貞松堂集古遺文》補遺下·三六只著錄銘文摹本，《秦漢金文錄》四·二三·3（圖七）收錄的是猗文閣藏拓本，《小校經閣金石文字》十三·八四（圖八）所著錄爲沈廷玨手拓，二者略有不同。這兩個拓本表現此器下端爲圓筒，上端甚短，只能看出一點八角形過渡帶的形狀，沒有方榫連接。同時我們注意到，此器銘文所記重量爲"六斤十二兩"，將近上廣構銅重量的二倍半。所以此器並不完整，原來上端一定還有相連的部分，有可能是被鋸掉或遺失了。

4. 銅平帳構邊長構

此器今藏北京故宮博物院，亦無紀年。銘文爲：

廣六尺長一丈澤漆高八尺五寸銅平帳構邊長構

該器爲清內府舊藏，《寧壽鑑古》十四·十六最早著錄，有器形圖（圖九），可見此器形狀和本文新介紹的那件一樣。《寧壽鑑古》並注明："長四寸九分，上方一寸一分，下徑一寸，穿方六分，重十四兩有半。"

《寧壽鑑古》收此銘文摹刻本，摹寫不精，把"平"字誤摹爲"斗"，後來的《貞松堂集古遺文補遺》下·三十六另有摹本，《張叔未解元所藏金石文字》（不分卷）、《小校經閣金石文字》十三·八四、《秦漢金文錄》四·二三·4均有拓本（圖十、圖十一）。《故宮銅器圖錄》收有此器的器形照片及拓本（下冊上編二一八頁圖貳叁伍）（圖十二）。

景初元年帳構銅考   249

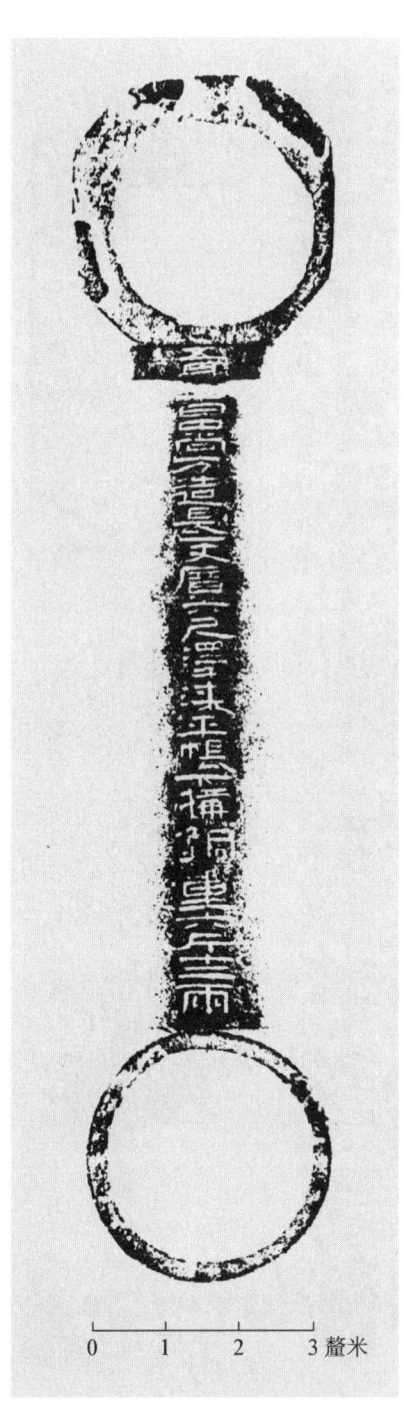

圖七　下構銅(《秦漢金文錄》
　　　四・二三・3)

圖八　下構銅(《小校經閣金石文字》
　　　十三・八十四)

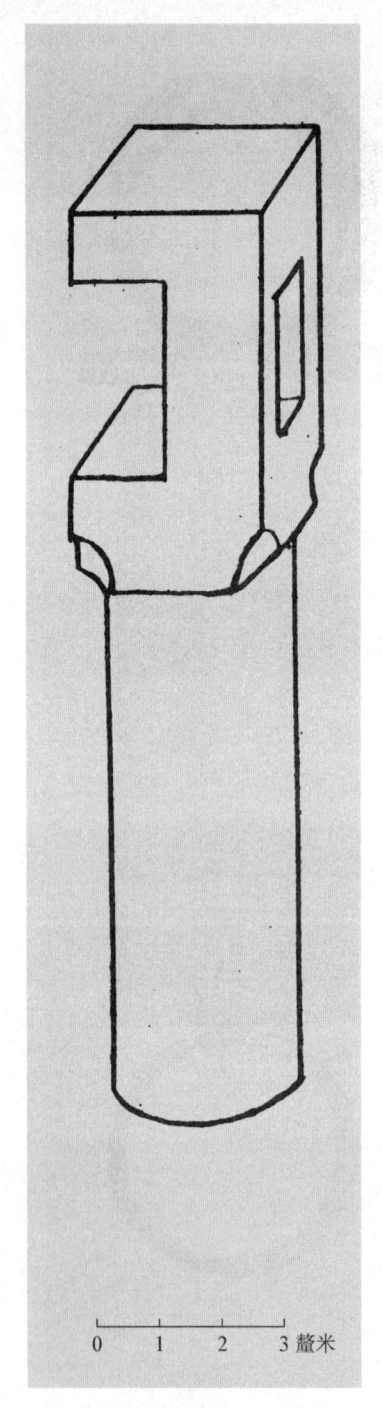

廣六尺長一丈澤泳高八尺五寸銅平帳構邊長構翁氏兩漢金石記云海寧沈毅尊所見拓本摹以見贈其字極細而精勁淳古在磚甓棚所詠魏景初帳構銅字之上當是漢代之物無疑漢器無年月者甚多不必異也涇淫婪此器今不知何所其拓本亦罕積古齋亦未著錄 嘉慶癸酉四月九日記於竹田深處

圖九　銅平帳邊長構（《寧壽鑒古》
　　　十四・十六）

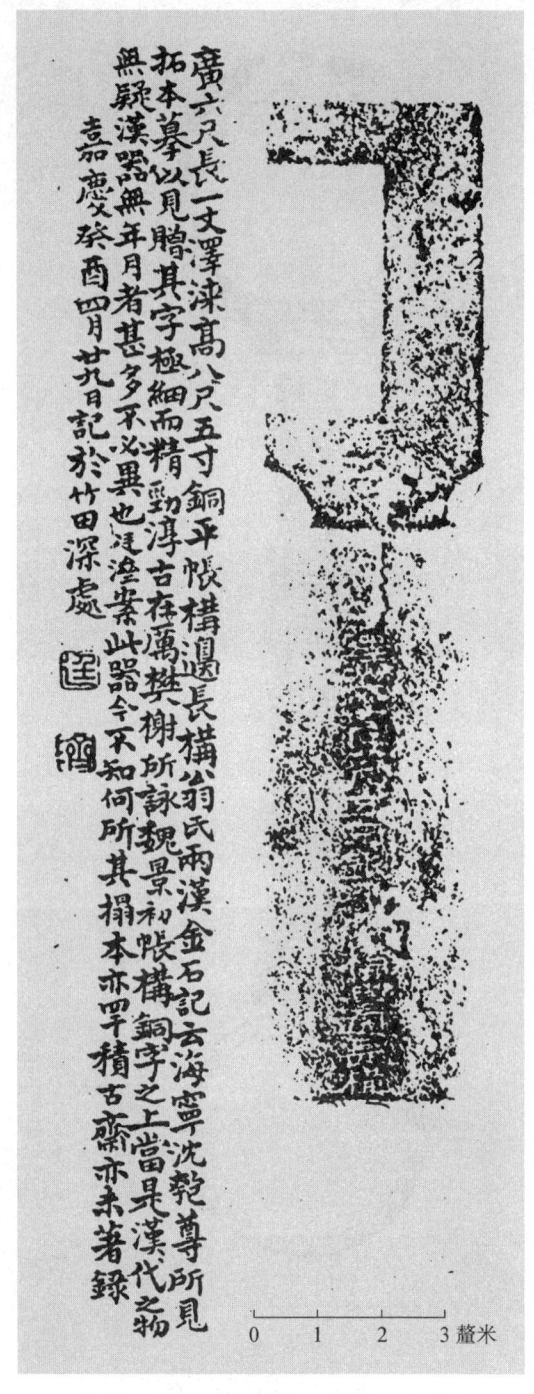

圖十　銅平帳邊長構（《張叔未解元所
　　　藏金石文字》上册）

景初元年帳構銅考　251

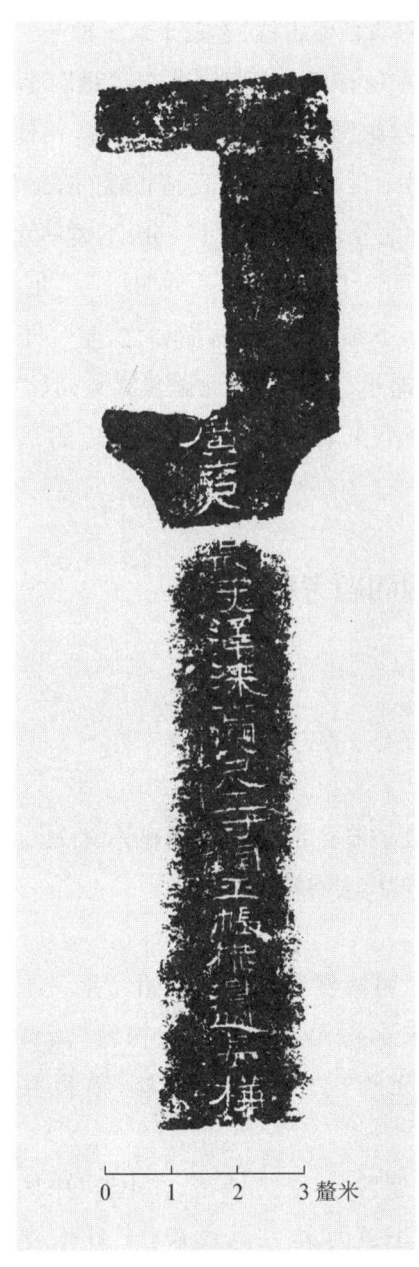

圖十一　銅平帳邊長構(《秦漢金文錄》四・二三・4)

圖十二　銅平帳邊長構(《故宮銅器圖錄》下冊上編二一八頁圖叁伍)

除此四件,《西清古鑑》卷三十八·鐓·二十二、二十三著錄有兩件所謂"漢方足鐓"(圖十三),附有器物線圖,都是圓筒連接方端,一件方端有方穿,另一件無穿。據《西清古鑑》的記載,一件"長四寸九分,上圜徑一寸一分,下縱一寸一分,橫如之,重二十二兩",另一件"長三寸九分,上圜徑一寸,下縱一寸一分,橫如之,重一十四兩",比上件略小。這兩件器物雖無銘文,但從器物形狀和大小來看,也屬於本文討論的這類帳構。

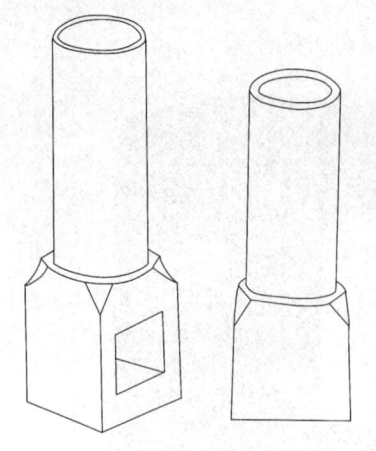

圖十三　兩件無銘文的帳構銅(《西清古鑒》三十八·二十二、二十三)

三、銘文及相關問題考釋

1. 紀年和紀日

景初元年,魏明帝曹叡年號,當公元 237 年。《三國志·魏書三》:

> 景初元年春正月壬辰,山茌縣言黃龍復見,於是有司奏,以爲魏得地統,宜以建丑爲正。三月,定曆改年爲孟夏四月。……改太和曆曰景初曆。

景初曆是魏尚書郎楊偉所制,自景初元年開始使用。西晉泰始元年冬十二月,景初曆改名爲泰始曆繼續行用。劉宋永初元年頒發的永初曆,其實質仍是景初曆。景初曆行用至北魏正平元年(公元 451 年)廢,前後共計 215 年。

由於景初曆正月建丑,其五月當於夏曆四月,查方詩銘、方小芬《中國史曆日和中西曆日對照表》,景初元年夏正五月初一爲戊辰,十日干支爲丁丑。

2. 製造機構——中尚方

據《漢書·百官公卿表》,尚方本爲秦官,屬少府,是掌管製造供應帝王日用器物玩好的工官。尚方最初只有一個,後來分左、中、右,其始於何時,史籍未明載。① 西漢銅器銘文，如駘蕩宮壺、永元雁足燈，已見中尚方之名。②

曹魏制度承襲兩漢，中尚方仍然存在。《三國志·魏書二十四·王觀傳》："（明帝時）少府統三尚方御府內藏玩弄之寶，（曹）爽等奢放，多有干求，憚（王）觀守法，乃徙爲太僕。"《三國志·魏書十九·任城陳蕭王傳第十九》："青龍三年，（曹）楷坐私遣官屬詣中尚方作禁物，削縣二千户。"又《三國志·魏書二十·武文世王公傳第二十》"景初元年，（曹）琮坐於中尚方作禁物，削户三百，貶爵爲都鄉侯"，又"景初元年，（彭城王曹）據坐私遣人詣中尚方作禁物，削縣二千户"，裴注："《魏書》載璽書曰：'制詔彭城王：有司奏，王遣司馬董和，齎珠玉來到京師中尚方，多作禁物，交通工官，出入近署，踰侈非度，慢令違制，繩王以法。'"由前舉曹楷、曹琮、曹據三個皇室成員私自使中尚方爲自己做禁物而被削奪封邑，可見曹魏時代的等級制度很嚴格，中尚方所製作的器物規格非常之高，只能歸帝室使用。因此這幾件帳構銅，恐怕就是魏明帝御用的器物，至少也是景初元年時曹琮或曹據在中尚方所作的"禁物"。

曹魏時期中尚方所製造供應帝室的器物，見於著錄的，還有魏明帝大和二年魏中尚方熨斗、③魏明帝青龍元年魏中尚方薰爐、④魏齊王芳嘉平元年著爪爐。⑤在生産皇帝日常生活所需品之外，曹魏尚方也製造兵器。見於著錄的，有正始年

---

① 徐正考《漢代銅器銘文研究》第78頁（吉林教育出版社，1999年）根據銅器銘文謂至晚在漢武帝時尚方已分左中右，只是未見左右尚方所造之銅器。杜佑《通典》卷二十七謂其時在漢末。《宋書·百官志上》："左尚方令、丞各一人。右尚方令、丞各一人。並掌造軍器。秦官也，漢因之。於周則爲玉府。晋江右有中尚方、左尚方、右尚方，江左以來，唯一尚方。宋高祖踐阼，以相府作部配臺，謂之左尚方，而本署謂之右尚方焉。又以相府細作配臺，即其名置令一人，丞二人，隸門下。世祖大明中，改曰御府，置令一人，丞一人。御府，二漢世典官婢作褻衣服補浣之事，魏、晋猶置其職，江左乃省焉。後廢帝初，省御府，置中署，隸右尚方。漢東京太僕屬官有考工令，主兵器弓弩刀鎧之屬，成則傳執金吾入武庫，及主織綬諸雜工。尚方令唯主作御刀綬劍諸玩好器物而已。然則考工令如今尚方，尚方令如今中署矣。"
② 駘蕩宮壺：《小校經閣金石文字》十一·九一，太初四年；永元雁足燈：《小校》十一·八七，永元二年。
③ 銘文爲"大和二年二月廿三日中尚方造銅慰人慰斗重四十四斤十二兩第百六"，《秦漢金文錄》卷四·十三。
④ 銘文爲"青龍元年三月廿五日中尚方造銅香爐，重三斤十兩第十二"，同上書，卷四·十九。
⑤ 《秦漢金文錄》卷三·十九著錄。原題爲"趙中尚方著爪爐"，銘文爲："嘉平元年十一月十五日中尚方造著爪爐重一斤十二兩第七"。案：嘉平號，魏齊王芳（249—253年）、漢（前趙）劉聰（311年）、南涼禿髮褥檀（408年）等幾個政權都曾使用，從銘文字體和鑄造機構看，此器或當屬曹魏時期而非前趙。《小校》十三·八五亦著錄此器，已改題"魏中尚方著爪爐"。

間由中尚方、左尚方製造的弩機。①

3. 器物規格

《周禮·天官·掌次》"掌王次之法,以待張事",鄭玄注:"法,大小丈尺。"賈疏:"言'法大小'者,下文有大次、小次是也。云'丈尺'者,既言大小,當時應有丈尺之數,但其未聞。"本文前舉幾件帳構都記"長一丈、廣六尺",銅平帳構邊長構還記載"高八尺五寸",所記都是組成帳架的尺寸。可知此類帷帳的大小都是相同的。這爲復原工作提供了可靠的尺度。魏尺度較漢代略長,約合今 24 釐米,據此折算,該帳長約爲 240 釐米,寬 144 釐米,高 204 釐米。

前舉五件器物,其中四件記有重量。銘文所記重量爲"六斤十二兩"的下構銅,未見原物,但是從拓本所見的形制、大小來看,銘文所記的重量肯定要比這件器本身大很多。上邊構銅和兩件上廣構銅同重,都是二斤十兩。實測新發現的"上廣構銅一",其重 617 克,折合一斤重 235 克。有關曹魏時期衡制的材料,目前發現尚少,這個數據可以提供一點參考。

4. 澤漆

"漆"字原器銘寫作"淶",和表示水名的"淶"字的簡化字寫法"淶"形體相同,但不是同一个字。對於清代以來的金石學家來說,他們熟知"漆"字可以寫作"淶"形,所以把"淶"釋爲"漆",不成其爲一個問題。從當前研究俗體字的角度來看這個問題,我們在此可以略作解釋。

從傳世文獻、出土碑刻來看,"桼"寫得像"来"形,大約從戰國秦文字就開始了。② 在漢代碑刻、漢簡以至於敦煌寫本裏,桼、来二形相混,更是屢見不鮮。張涌泉先生曾經指出敦煌文獻裏的"漆"、"膝"等字都有从"来"的俗字寫法。③ "淶"字俗書也可以寫作"淶"(見於《龍龕手鑒》),並且"漆"、"淶"二字在隸楷文字中本來就形似,有此兩方面的影響,某些寫作"淶"的"漆"字,或者"漆"的本字,在傳抄過程中,也有又訛誤作"淶"的情況。《春秋》經襄公二十一年"邾庶其以漆、

---

① 參看楊國慶、夏志峰:《正始弩機銘文考釋及有關問題》,《中原文物》1988 年第 2 期,第 69—73 頁。

② 參看四十八年上郡假守鼂戈銘文中"漆工平"的"漆"字寫法,見於董珊《四十八年上郡假守鼂戈考》待刊【編按:已見本書第 87—96 頁】。

③ 見張涌泉《敦煌俗字研究》下編《敦煌俗字彙考》第 305 頁水部"漆"字下,第 347—348 頁月部"膝"字下,上海教育出版社,1996 年。

閭丘來奔",《經典釋文》:"淶本或作淶,徐音七。"① 段玉裁《説文解字注》"桼"字下説:"漢人多假桼爲七字。史記:六律五聲八音來始,來始正桼始之誤。尚書大傳、漢律曆志皆作七始。史、漢同用今文尚書也。"程章燦先生也曾經指出,六朝時的《安喜公碑》銘"龍脒"之"脒"乃是"膝"字,"龍脒"即"龍膝",是一種軍陣的名稱。② 綜上所説,"桼"和"來"、"来"等字形相混已久,本文所談的景初帳構銅的"淶",無疑是"漆"字的俗字寫法。

晚期文獻也見有"澤漆"一詞。明代隆慶年間,黃成撰《髹飾錄》,其中《乾集·揩法第二·55:揩摩之五過》"不明"一條下,楊明注曰:"揩光油摩,澤漆未足之過。"《坤集·質色第三·75:黑髹》楊注:"近來揩光有澤漆之法,其光滑殊爲可愛矣。"同上在《173:黃明單漆》楊注"有一髹而成者,數澤而成者"條下,王世襄先生解説道:

"數澤"是與"一髹"相對而言的。一髹是上一次漆便了,數澤是上若干次才算完成。再看55"不明"一過,楊注稱"澤漆未足之過",就是漆上得不夠的意思。可見澤漆是揩光的一種做法——上漆若干次而使器物有光滑潤澤的表面。從楊注的"近來"二字,還可以推測到較早的揩光,大概多爲一髹而成,數次的澤漆,是後來才發展出來的方法。③

帳構銘文的"澤漆"和《髹飾錄》楊明注中的"澤漆",二者意思很可能是相同的。

古代有在青銅器上施以漆繪的裝飾工藝。但是新發現的這件景初元年上廣構銅,表面顏色瑩碧似玉,看不出有曾經髹漆的痕迹。我們推測,"澤漆"二字可能是説與此帳構配套的帳桿是經過髹漆的。山東長清崗辛戰國墓曾出土施彩繪的髹黑漆帳桿,④中山王墓東庫和二號車馬坑也發現髹黑漆和紅漆帳桿的木灰痕迹。⑤ 厲鶚《魏景初帳構銅歌》有"碧筒平座朱竿密"一句,"碧筒"二字是出於寫實,"朱竿"是詩人想象之辭,《周禮·巾車》賈疏:"凡漆不言色者皆黑。"據此推

---

① 阮元主持編寫的《十三經注疏校勘記》爲此"漆"字出校,做了詳細的説明,可參看。
② 程章燦:《六朝碑别字新考——讀〈六朝别字記新編〉札記四則》之四,《中國語文》2000年第3期,第219頁。
③ 王世襄:《髹飾錄解説——中國傳統漆工藝研究》(修訂版)"黑髹"條,文物出版社,1998年,第75頁。
④ 山東省博物館、長清縣文化館:《山東長清崗辛戰國墓》,《考古》1980年第4期。
⑤ 《厝墓》,文物出版社,1996年,第276、285頁。

測,景初帳的帳桿當是髹黑漆的。

5. 平帳

本文所舉的幾件帳構,銘文或稱"平帳",或稱"平坐帳"。《周禮·天官·幕人》"幕人掌帷、幕、幄、帟、綬之事",鄭玄注引鄭司農注:"帟,平帳也。"鄭玄自注:"帟,王在幕若幄中,坐上承塵。"賈疏:"帟者,在幄幕之内,承塵。"後鄭及賈稱帟爲承塵,似與先鄭不同。帳是帷、幕、幄、帟四者的通名,從字面意思看,平帳當是平頂之帳,惟其頂平而可以承接灰塵之故,又可稱爲承塵。因此"帟"、"平帳"、"承塵"是一物而有三名。孫詒讓《周禮正義》:"平帳者,謂平施於人上,異於幄幕等爲穹隆下覆之帳也。……案,承塵即平帳。以其平施於坐上,則謂之平帳;以其承塵土,則謂之承塵。……《玉篇·巾部》云:'帟,平帳也。又承塵也。'分爲二義,非。"①亦是此義。帟是置於幄内的小帳,供人在其中坐臥休息,所以又稱爲"平坐帳"。坐帳,見《宋史·劉錡傳》"方食,暴風拔坐帳"。

考古發現平頂帳的實物或圖像很少見。目前所見成套帳構,有幾套可以復原的,從形制上來說,都是"形如覆斗"的攢頂,大概都不能稱爲"平帳",而只能説是"斗帳"。不過從用途方面來講,斗帳内也可以設席、案居處,並不妨稱其爲"坐帳"。1975年河北磁縣發現的北齊武平七年下葬的高潤墓,墓中壁畫繪有一具平頂帳,是目前看到爲數不多的平頂帳形象之一。②

6. 釋帳構銅之名稱及部位

"帳構"一詞,既包含帳架連接處的銅件,也包含竹木的帳桿。廣西貴縣羅泊灣一號墓出土的《從器志》記有"張(帳)帷柱及丁一囊",把帳構銅件和竹木帳桿分別稱爲"丁"和"柱"。前舉五件器物,四件稱帳構銅,亦見於《南史·崔思祖傳》"劉備取收帳構銅,鑄錢以充國用",《金石契》引周廣業曰:

《南齊書·崔思祖傳》"劉氏取帳鉤銅以充國用","構"作"鉤",王應麟《玉海》引《南史》,亦作"鉤"。按王氏改"構"爲"鉤",當避高宗諱,《南齊書》初無所避,而亦作"鉤",何

---

① 中華書局排印標點本,第428—430頁。
② 磁縣文化館:《河北磁縣北齊高潤墓》;湯池:《北齊高潤墓壁畫簡介》,《考古》1979年第3期。

也？今觀魏物，則知今本《南齊書》亦宋人所改，宜依《南史》作"構"。

周氏指出宋人避宋高宗趙構諱改動史書的意見，無疑是正確的。

稱"銅帳構"的一件，可參看盧文弨《龍城札記》卷三"帳構"條：

> 《宋書·禮樂志》"帳鉤不得作五花、豎筒形"，"構"作"鉤"，亦見《江夏王義恭傳》；《西京雜記》"銅帳鑄一具"，"構"亦作"鑄"。

"帳鉤"亦是指帳構銅而言。可見這類器物自稱帳構銅或銅帳構，都是和竹木帳桿對舉的概念。

各帳構銅銘文所記的部位，有"上廣"、"上邊"、"下"、"邊長"四種。"廣"即是寬，言"上廣"者是在帳的上部寬邊，言"上邊"者是在上部長邊，言"邊長"而不言上下者大概是在下部長邊。另有一件只言"下構銅"的，則是施用於此帳立柱的下端，因此這件下構銅形制和其餘幾件帳構銅有所不同，前面我們已經介紹過了。

《秦漢金文錄》卷四·二二著録所謂"上廣車飾"兩件（圖十四），從拓本所表現的器形來看，實際上也是兩件帳構，與這裏的帳構形制略同，而刻銘字體要早些，其年代大約是東漢。① 其中一件銘文爲"前右上廣"、"二"，另一件爲"在厚（後）下"，記述的也是帳構的部位。

由以上銘文記載帳構銅部位的方法來推論，景初帳構銅全套至少有六種不同的部件，每種四件。以上四種之外，其餘的兩種，在立柱上端的或許稱爲"上構銅"，在下底寬邊的或許是"下廣構"或但言"廣構"。

現在已知有銘文的五件帳構銅，雖然有不記景初年的，但是各器銘文字體和所記尺度相同，所以不妨看作原是一套。以一具帳架共有八個角，每角有三個帳構銅計算，全套帳構銅原來應該不會少於二十四件，希望以後還會有新發現。

---

① 《貞松堂集古遺文》十五·二四、二五，《小校》十三·七三亦著録，都已認爲是帳構銅。

圖十四　"上廣"帳構銅兩件(《秦漢金文録》四·二二)

四、景初元年平帳的復原

根據以上兩節的討論，我們這裏試着對景初元年平帳的帳架提出一個復原方案。

復原工作的主要問題是這些帳構如何互相組合使用。把上廣構銅和上邊構銅有榫的一邊互相扣合，可以組成一個直角，兩個方形穿孔是其交叉點。設想原來應該有一枚截面爲正方形的銷釘穿過這兩個穿孔，使這個直角穩定。這樣就組成了帳頂的一個二維直角（圖十五）。帳底座的四角銅構組合和帳頂相同。

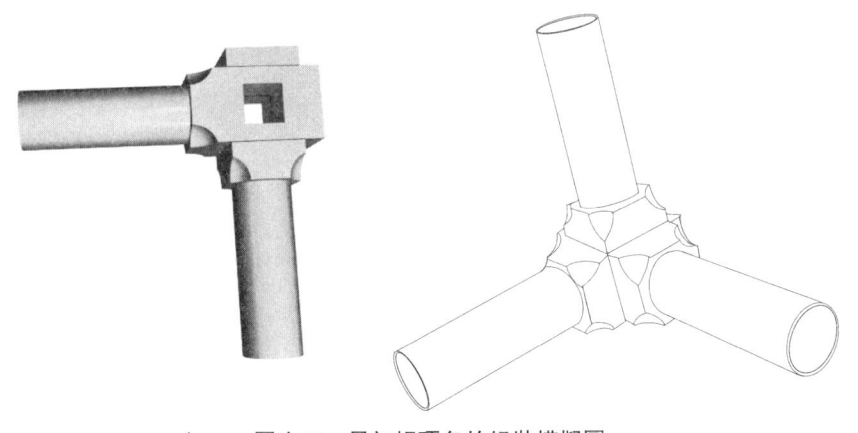

圖十五　景初帳頂角的組裝模擬圖

接下來是立柱兩端的上構銅和下構銅怎麽連接帳頂和帳底來組成三維空間。上面設想的那種銷釘，除了一端可以插入帳底或帳頂十字交叉點上的方孔，另一端可能是做成可以連接上構銅和下構銅的形狀。我們已經注意到上舉那件下構銅"重六斤十二兩"，大大超出與之大小相若的上廣構銅二斤十兩的重量。從拓本看，下構銅是一個空心筒，單是這一構件不會有這麽重，所以，銘文記載的重量可能還包括把它和帳底角銅構連接起來的銷釘。

以上的復原設想，還可以參照滿城漢墓出土的兩套帳構的組合。滿城漢墓出土編號爲1∶4181的一套帳構銅，下底座的每一個角都是由兩個長方形筒相疊成十字形，交叉處各有凹槽覆合，筒之一端閉合，另一端開口，交叉點較靠近閉合一端，交叉點上、下各開有圓孔，底面孔徑較上孔爲小。此孔是爲了承插立柱柱端構件的插頭，而立柱柱端構件的一端就做成與此孔相適的錐臺形狀，其另一端是開口圓筒，以裝納帳桿（圖十六）。出土編號爲 1∶4320 的另一套帳構，立柱和上頂、下底座的組合方式與 1∶4181 底座相同，都是柱端構件的一端充作銷釘，插入頂角或底座交叉圓孔，不同的是其柱端構件開口納帳桿的一端做成了方筒（圖十七）。① 由此不難設想，景初元年帳構銅的組合方式，跟滿城漢墓出土的這兩套帳構銅類似。

1. 底座構件和柱端構件的組合

2. 底座構件和柱端構件的分解

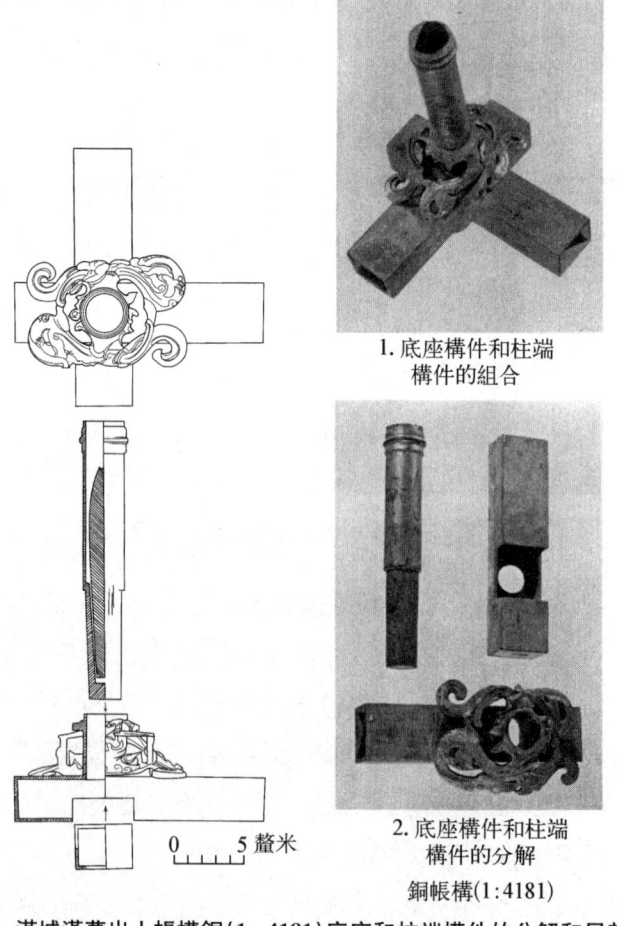

銅帳構(1∶4181)

圖十六　滿城漢墓出土帳構銅(1∶4181)底座和柱端構件的分解和局部組合圖

①《滿城漢墓發掘報告》，文物出版社，1980 年，第 161—177 頁。

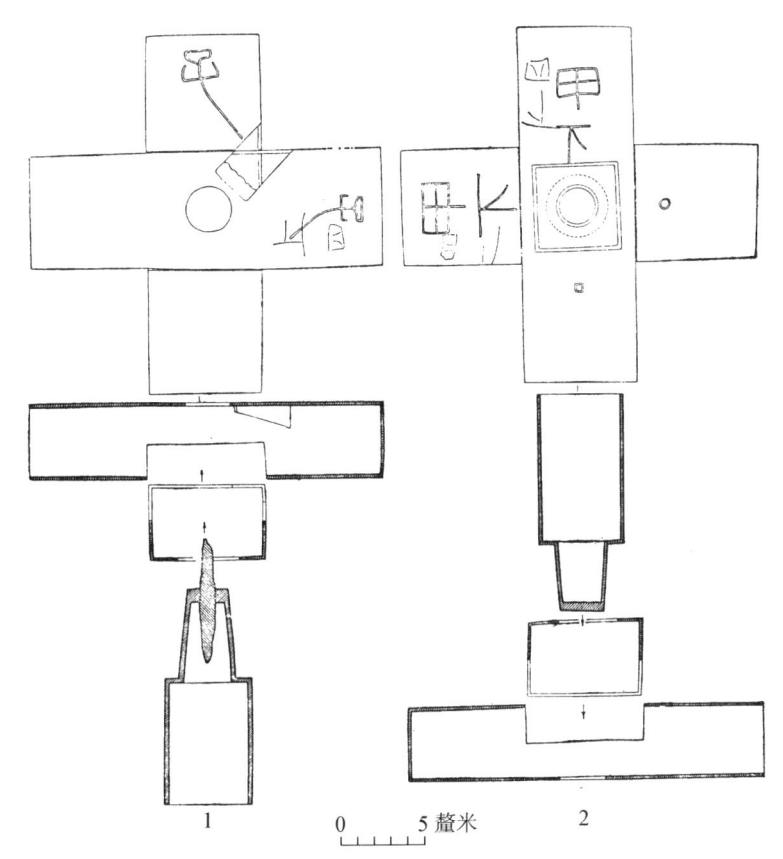

圖十七 滿城漢墓出土帳構銅(1：4320)底座、頂角和柱端構件的分解和局部組合圖線圖

根據我們對景初帳構銅銘文、形制的考察和解釋，這件景初帳架組合起來的形象，是以銅構連接髹黑漆帳桿所組成，長約 240 釐米、寬 144 釐米、高 204 釐米的一具平頂小帳(圖十八)。

本文第一節介紹的另外三件較小的銅飾件，其用法是以組綬繫掛在帳上，使帳幔穩定懸垂。另外，它們也是帷帳的裝飾。形如錐臺的兩件，可以外覆絲線，每個孔穿插羽毛，呈羽葆狀，《禮記·雜記下》"匠人執羽葆御柩"孔疏："羽葆者，以鳥羽注於柄頭，如蓋。"《晉書·五行志上》："桓玄篡立，殿上施絳帳，鏤黃金爲顏，四角金龍銜五色羽葆流蘇。"據孫機先生說，此類飾物或可以統稱爲"璧翣"(圖十九)。[①] 形如圓餅的一件，或許就是象徵"璧"的。

---

① 孫機：《漢代物質文化資料圖說》，第 226 頁。

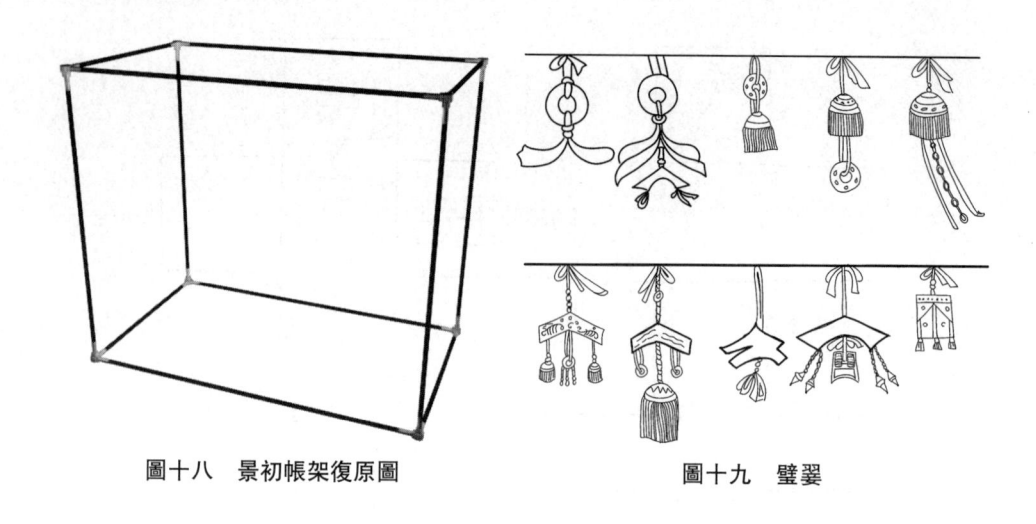

圖十八　景初帳架復原圖　　　　　　　圖十九　璧翣

五、餘　論

　　以上從幾個方面對景初元年帳構銅作了一些討論。討論中，引用到《周禮》、《禮記》等早期文獻。這些早期文獻的形成時代，大大早於景初元年帳構銅的時代。景初帳的制度合於早期禮制，這應當看作是曹魏時期某些制度的制定，參照了早期文獻的記載。可見曹魏制度的淵源所在。這種解釋方法，和我們所習慣的以同時代史料證明當時制度，或以晚期形成的史料證明早期制度的方法，不能等量齊觀。

　　理解古代的帷帳制度，對理解喪禮中的牆柳制度也有幫助。喪禮中的牆柳與荒帷制度，雖然自漢代以來，禮學家不斷加以解釋，但是古禮荒遠，還是不容易讓人懂。在此我們把帷帳制度跟喪禮中牆柳與荒帷制度作一個簡單的比較，來結束本文。

　　《周禮》幕人的職掌，是保管和供應帷、幕、幄、帟、綬，與之配合的職官有掌次，其職責是陳設這五種用品。仔細說來，帷作用好比牆壁，考古發現帷的實物，例如中山王墓所出的山字形器，下接木杆，植立於地面，再以紡織品圍繞，這樣來形成一個場地；幕跟帷配合，在帷上起到遮蔽作用；在帷、幕之內設幄，幄兼具四壁與頂，是比較大的帳，像宮室；①幄內再設平頂小帳，稱爲帟，更具私密性，類似

---

①　所以我懷疑考古發現那些攢頂帳，可能相當於"幄"。

今天的床帳，可供人坐臥休息。古人事死如事生，帷帳制度在喪葬制度上也有所反映。與帷和幕相似的用品，喪禮中稱爲"牆柳"。

牆柳是古代喪葬用於棺外一些用品的統稱。其内容包括"柳"、"牆"（或"帷"）、"荒"、"褚"、"紐"與"戴"等，還有一些名目繁多的飾品。張長壽先生曾有一篇文章，專門講先秦墓葬中所見牆柳與荒帷的遺迹和制度。① 根據古禮書和張長壽先生的文章，其大概情况是：先用木材搭成可以放在棺外的框架，此框架稱爲"柳"，組成框架的木構稱爲"柳材"或"柳骨"，"柳"的作用如帷帳的帳構；此框架自四旁觀之如垣牆，故又稱爲"牆"。與"牆"指四邊相對，有時也將"柳"專稱上蓋。牆四旁圍之以布，稱爲"帷"；柳之上蒙以布蓋，狀如鱉甲，稱之爲"荒"，荒如帷帳之幕；"帷"與"荒"二者統稱爲"柳衣"；荒、帷、棺之間，都有數條絲帶相連：其中連接荒與牆帷並將二者固定在柳材上的絲帶，稱爲"紐"；連接紐與束棺革帶的絲帶，稱爲"戴"；一端縛於束棺革帶之上，另一端露於帷外，執之以防柩傾側的絲帶，稱爲"披"，"紐"、"戴"與"披"的作用都如同帷帳的"綏"。牆柳荒帷還有衆多的裝飾：帷（牆）、荒上各有圖畫及文繡，荒的四邊懸以編竹做成的"池"，據禮書説，池象徵屋之承霤；池下懸銅魚；池上又繫五色絞繒所做成的的幡帶，上畫雉，謂之"揄絞"，又名"振容"，其飄動時狀如水草，銅魚如在池中；柳上攢頂中央，有縫合爲華蓋狀的彩色繒及貝殼裝飾，謂之"齊"。以上所有這些内容，包括構架、幕布、組帶、裝飾等，都可統稱爲"牆柳"，而"牆柳"或單稱"柳"，《周禮·天官·縫人》鄭玄注："柳之曰聚，諸飾之所聚。"因爲上面所説的各種東西都聚聯於柳，單舉柳，可以賅備牆柳和荒帷以及諸種棺飾。在喪禮中，這些用品的用與不用、用多用少，以及使用哪一種樣式，都有着嚴格的等級規定，在此不能詳述。

《禮記·喪大記》在講牆柳的時候，還提到"褚"。棺上及四周覆以素錦，謂之"褚"，褚象徵屋室，如同"幄"。褚不聯繫於柳，所以牆柳的概念並不包括褚在内。

禮書講到牆柳的部分，没有提到和帟相當的物品。實際上帟在喪禮中也用到。《幕人》"大喪，共其帷幕帟綬"，鄭玄注："帟在柩上。"棺未盛屍曰棺，已盛屍才可稱柩，故而有屍之柩才加帟其上。帟很可能是施於内棺上的。又"三公及卿大夫之喪，共其帟"，《禮記·檀弓上》"君於士有贈帟"鄭玄注："帟，幕之小者，贈

---

① 張長壽：《牆柳與荒帷——1983～1986年灃西發掘資料之五》，《文物》1992年第4期。

之則加於殯上。大夫以上，幕人職供焉。"《掌次》："凡喪，王則張帟三重，諸侯再重，孤卿大夫不重。"士喪禮一般無帟，除非有國君恩賜。可見在喪葬制度中帟的應用情況，並且張帟的多少，也有嚴格的等級制度。

牆柳之不及褚和帟，是因爲在人世間生活中，幄和帟與人的關係，較帷和幕更密切。因此帟和褚不包括在牆柳裏面。反過來，這也能讓我們感覺到帷帳制度中帷幕和幄帟之間的分別。這種分別，也在所用紡織品的質地上有所體現。帷幕和牆柳都以布爲之，設在帷幕之下的幄帟則以繒爲之，質地較爲細密。古人重視喪禮，送葬的器用比平居要好，所以與幄相當的褚用錦來做，隨葬用帟的質地雖無記載，也可能是用錦的。綜上所述，跟喪禮中的牆柳相當的，只是帷和幕。

爲眉目清楚起見，再將上文所述條列如下：

1. 帷，喪禮稱"帷"；
2. 幕，喪禮稱"荒"；
3. 幄，喪禮稱"褚"；
4. 綏，喪禮稱"紐"與"戴"、"披"；
5. 帳架，喪禮稱"牆柳"，帳桿與帳構，稱"柳骨"或"柳材"，承霤稱"池"；
6. 帷帳飾物有羽葆流蘇等，在喪禮中，牆柳飾有文繡、圖畫，柳上中央有"齊"，荒四下池中有"揄絞（振容）"、"銅魚"爲飾。

喪禮所用牆柳褚帟象徵帷帳的事實，《荀子》和《墨子》都曾講到。《荀子·禮論》"無、帾、絲、歶、縷、翣，其貃以象菲、帷、幬、尉也"，①《墨子·節葬下》"又必多爲屋幕、鼎鼓、几筵、壺濫、戈劍、羽旄、齒革，寢而埋之"。② 漢唐以來的注疏家也

---

① 楊倞注："無讀爲幠，幠，覆也，所以覆尸者也。《士喪禮》'幠用斂衾、夷衾'是也。帾與褚同，《禮記》曰'素錦褚'，又曰'褚幕丹質'，鄭云'所以覆棺'也。絲歶，未詳。或曰：絲讀爲綏，《禮記》曰'畫翣二，皆載綏'，鄭云'以五采羽注於翣首'也。歶讀爲魚，謂以銅魚懸於池下，《禮記》曰：'魚躍拂池。'縷讀爲柳，'蔞'字誤爲'縷'字耳。菲謂編草爲蔽，蓋古人所用障蔽門户者，今貧者猶然；或曰菲當爲扉，隱也，謂隱奧之處也；或曰菲讀爲扉，户扇也。幬讀爲帳，尉讀爲罻，罻網也，帷帳如網也。"王念孫曰："幠者，柳車上覆，即《禮》所謂'荒'也……荒、幠一聲之轉，皆謂覆也。"按：幠讀爲荒，王說是也。

② 屋幕，《非攻中》作幄幕，《墨子閒詁》謂："幄俗字，古只作屋，《大雅·抑》'尚不愧於屋漏'，鄭箋云：'屋，小帳也。'《史記·周本紀》：'有火自上復於下至於王屋，並以屋爲幄。'"筵原從木旁，畢阮云同於筵。濫讀爲鑑。寢，《閒詁》："後文云：扶而埋之，扶王引之校改挾，此寢字疑亦挾字之誤。"

指出過這一點,《縫人》"喪,縫棺飾焉",鄭玄注"若存時居於帷幕而加文繡",並引《喪大記》詳述不同等級的棺飾内容。牆柳和荒帷這一套東西,大多是以木材和絲綢這些容易腐朽的材料製成,發現很少,因爲缺乏可以比照的實物,對於今人已經是複雜難解。江陵鳳凰山 M167 西漢墓發現兩層細絹棺罩,中間隔着一張編竹;學者認爲緊貼棺身的綉花棺罩是褚,中間的編竹是池,外層的棺罩是帷荒,[①]江陵馬山一號戰國楚墓的絹制棺罩呈亞字形,有錦緣。[②] 學者都認爲這些棺罩和牆柳有關。灃西張家坡井叔家族墓地的考古發現不少銅魚和串貝,張長壽先生認爲是懸挂在池下的飾物,對有關記載也作了很精彩的闡釋。本文則是在古禮書注疏的提示和張先生文章的啓發下,試着把帷帳和牆柳作一個詳細的比較,也是希望對理解這個問題能有所幫助。所論或有不當之處,歡迎指正。

2001 年 8 月 22 日

原發表於《故宫博物院院刊》2002 年第 3 期,第 56—68 頁

原稿有附録

附録

帳構銅題跋摘鈔

1. 廣構銅二

張燕昌(芑堂)《金石契》角集·三十九～四十三

右魏景初帳構銅,分書文曰:"景初元年五月十日中尚方造長一丈廣六尺澤涞平坐帳上廣構銅重二斤十兩。"凡卅又二言。規制詳厲樊榭鶚詩序。余惜未之見也。僅於王勺山楠處得搨本,今其器不知歸于誰氏矣。

《兩漢金石記》:右魏景初帳構銅,字陰文隸書,凡三十二字。海鹽張芑堂以拓本見示。其字微有出波,厲樊榭詩自注云:"帳構銅狀圓如筒,徑一寸,長四寸

---

① 紀烈敏、張柏忠、陳雍:《鳳凰山一六七號墓所見漢初地主階級喪葬禮俗》,《文物》1976 年第 10 期。

② 湖北荆州地區博物館:《江陵馬山一號楚墓》,文物出版社,1985 年,第 9 頁。

許，中空而底方，旁出歧枝，有孔，上有字云云，邗上方西疇所藏。"愚按：帳構銅之名，樊榭謂僅見於南史崔祖思傳，然宋書江夏王義恭傳及西京雜記已皆有之，不獨南史也。至於景初之字，本不可臆斷爲何人，樊榭詩中以爲韋仲將筆者，特詠嘆之詞，未可以爲據也。而丁敬身做詩駮之，謂當是邯鄲淳所書，亦同無所據耳（珊按：翁方綱《兩漢金石記》卷四・二十一）。

盧文弨曰：《宋書・禮樂志》"帳鉤不得作五花、豎筒形"，"構"作"鉤"，亦見《江夏王義恭傳》；《西京雜記》"銅帳鏽一具"，"鏽"亦作"構"（珊按：出自盧文弨《龍城札記》卷三，有刪改）。

周廣業曰：《南齊書・崔思祖傳》"劉氏取帳鉤銅以充國用"，"構"作"鉤"，王應麟《玉海》引《南史》，亦作"鉤"。按王氏改"構"爲"鉤"，當避高宗諱，《南齊書》初無所避，而亦作"鉤"何也？今觀魏物，則知今本《南齊書》亦宋人所改，宜依《南史》作"構"（珊按：周廣業，浙江海寧人，字勤補，乾隆舉人，所著《經史避名彙考》專講避諱，此條不見於該書）。

厲樊榭詩有序：帳構銅狀圓如筒，徑一寸，長四寸許，中空而底方，旁出歧枝，有孔，上有字云：景初元年五月十日中尚方造長一丈廣六尺澤漆平坐帳上廣構銅重二斤十兩，凡三十二字八分書。邗上方西疇所藏。

霸城月照仙人淚，不逐魏宮翁仲二銅駝。久作劫灰飛帳構，猶存景初字洛靈。兒愛芳林好，奪得娥眉供灑掃。弭弭想像薄羅風，傳與千年尚方造。流蘇翠羽光零亂，土上出金妖讖換。見王子拾遺記。文成石馬大詬曹，水吐玉蟾才效漢。碧筩平座朱竿密，八分應認仲將筆。魏明帝宮館寶器皆韋仲將書。見《太平御覽》。摩挲仿佛陵雲臺，小縮波痕勁無匹。更聞昭烈能自貶，御用都歸銷鉛錽。南史崔祖思傳：劉備取帳構銅鑄錢以充國用。帳構銅之名，僅見於此。一枚古色出重緘，留向人間鑑奢儉。（珊按：見《樊榭山房續集》卷七）。

丁敬詩：魏宮帳暖春雲熱，挈壺謾報銅龍咽。巧笑長蛾緝父風，悼后至今沉恨血。凄涼往事逐飆風，忽覩千年帳構銅。景初換朔希殷正，土德黃衿見處龍。元注：青龍五年正月，黃龍見山茌縣，即以是年改景初朔。摩挲銘文三十二，格澤朱竿知舊制。八分小字密於蠶，筆縱疑擅邯鄲勢。元注：樊榭詩引《太平廣記》云：魏宮寶器皆出誕手，此帳構瑣物恐未定出於誕。邯鄲淳工小書，有名，與誕同時，此細字或即淳書耳。

漳水衝洪日夜哀，曹家陵寢久蒿萊。哀王冢破亦見此，云伴團團鐵照子。元注：漢廣川王去疾好發掘冢墓，哀王冢石牀上有帳構銅一具，無異物，惟鐵鏡數百枚，知此物之制，其由來舊矣。見《西京雜記》。（珊按：丁敬，著有《龍泓山館詩抄》、《武林金石記》等，著名篆刻家）

程晉芳詩：仙人泣漢不泣秦，其於魏也如路人。景初帳構吉金鑄，此物庶與當塗親。行間細筆三十二，隸體宜爲仲將字。不比凌雲遺白頭，信手揮成絕風致。三年天子太匆匆，猶令人思洛下宮。宮中寶器今餘幾，惟見苔花澁古銅。朱竿銀索煩拘管，大秦織帳雲垂滿。玉釦凝冰瓦著霜，寒宵只傍流蘇暖。哀王高冢出銅鈎，舊事於今有匹儔。近供冷客燈前眼，遙憶酸風野外秋。可但墨痕看拓本，摩挲記昔對西疇。元注：西疇方丈余近姻也，辛巳春曾過其家索觀此。今閱十七年矣。西疇樊榭嗟安往，遺物遺詩紛可想。鼎盉鄭重此誠微，金石文猶歸密賞。（珊按：程晉芳，歙人，乾隆進士，官吏部主事，四庫全書纂修官，改編修，著有《尚書今文釋義》、《左傳翼疏》等）

《積古齋鐘鼎款識》卷十·十七

據張芑堂摹本編入。翁學士云帳構銅之名，《南史》之外，又見於《宋書》及《西京雜記》。厲樊榭謂韋仲將筆，丁敬身作詩駁之，謂當是邯鄲淳所書，同無所據。（珊按：據北大圖書館藏藏嘉慶九年阮元刊本）

《金石索》之《金索》三·二百二十九背面

魏景初帳廣構銅。見《金石契》

厲鶚《樊榭山房集》載帳構銅中空底方旁出歧枝，爲邗上方西疇所藏，作歌記是。今觀此圖與邊構銅合，實未有底，乃其頂耳。若以方者爲底，則字倒書矣。所云歧枝者，未見其器，未能摹入。其歌行詳載金石契，不贅錄。

帳構銅之名，見於《西京雜記》：漢廣川王棄疾好掘國內冢，於魏哀王冢得石床，方七尺。石屏風、銅帳構一具，或在床上，或在地下，似帳糜朽而銅構墮落者。據此則構非一器。意在其邊者爲邊構。橫其上者爲廣構，故邊構無歧枝，廣構有歧枝也。澤如車甚澤之澤，澤漆猶今俗稱透光漆耳。《中州金石志》云：古以木爲帳謂之榁，俗作榳，若今暖閣前施帷幔，廣構銅以橫木裹銅以蓋帳者。

2. 邊構銅

《金索》三·二百二十九正面

魏景初帳邊構銅

帳構銅之制狀如截筩，上方下員，上實下空，其接續間削作八觚，中一行隸銘卅二字，真魏隸也，景初元年，魏明帝之十一年，此嶧陽孝廉張文麓性梓所得，今以見貽。

題詞

余閱《金石記》，兩記廣構銅，此名邊構，尤罕見。

赤金幻作朱砂紅，尚方密鏤景初字，三十二言真魏隸，蜀帝取銷太寒儉。何不當年取大器。《南史·崔思祖傳》："蜀先主取收帳構銅鑄錢以充國用。"幸此未鑄五銖錢，入土出土苔華鮮。流蘇灰滅朱竿墜，消磨多少英雄淚。張君獲此費搜尋，貽我絕勝千黃金。入手才盈握，可作花金屋。對此如對素心人，宜供幽蘭與幽鞠。磚偕寶鼎傳，碑共黃初古。漫誇樊榭詠西疇，我有奇珍得東魯。

3. 下構銅：

《小校經閣金石文字》十三·八四

魏中尚方帳構銅一

辛卯十月句吳錢泳借觀於寫經樓。

右帳構銅與積古齋款識所摹文字略同，唯無景初紀元，僅書月日，平下少坐字，阮摹作帳上，斤兩亦異。想當時所出不止一器也。平湖沈廷玨藏。道光庚寅正月十二日，張廷濟。

古帳構銅見前人題記者唯樊榭山房集，自乾嘉間王蘭泉、翁覃谿諸老大倡金石學，博徵史傳，此器始得定據。余所見數事，然皆書魏明帝紀年，知以前無此器也。文云：五月中尚方造，與魏正始爐略同。而隸法亦如之。吳江翁大年禾鈞氏審定並題。（珊按：翁大年，清咸道年間著名金石學家，有《陶齋金石文字跋尾》、《古兵符考略殘稿》等著作）

《貞松堂集古遺文》十五·二五

五月十日中尚方造長一丈廣六尺澤柒正帳下構銅。（珊按："正"乃"平"字之

誤摹誤釋）

此器銘與阮氏積古齋著錄魏景初元年帳構銅相類，疑亦魏器。四明趙氏藏。

4. 邊長構

《張叔未解元所藏金石文字》上册（北京大學圖書館藏，不分卷，書題"金石文字"、"張叔未解元所藏本"）

廣六尺長一丈澤高八尺五寸銅平帳構邊長構。翁氏兩漢金石記云：海寧沈匏尊所見拓本摹以見賜。其字極細，而精勁淳古在厲樊榭所詠魏景初帳構銅字之上，當是漢代之物無疑。漢器無年月者甚多，不必疑也。廷濟案：此器今不知何所，其搨本亦罕，積古齋亦未見著錄。

附 圖 目 錄

秦武公銅器銘文的新發現
圖一　秦武公及王姬作造元女賸鼎銘文拓本　/　14
圖二　秦武公及王姬作造元女賸鼎銘文摹本　/　15
圖三　晉公盤最後兩段銘文的摹本（管文韜摹）　/　16

秦子姬簠蓋初探
圖一　秦子姬簠蓋內銘文照片　/　24
圖二　秦子姬簠蓋內銘文摹本　/　25
圖三　秦子姬簠蓋的蓋面照片　/　26
圖四　秦子姬簠蓋的蓋面摹本　/　26

珍秦齋藏秦伯喪戈、矛考釋
圖一　秦政伯喪戈（甲）器形照片　/　39
圖二　秦政伯喪戈（乙）器形照片　/　40
圖三　秦政伯喪戈（丙）器形照片　/　41
圖四　秦政伯喪戈（丁）器形照片　/　42
圖五　有司伯喪矛（甲）器形照片　/　43
圖六　有司伯喪矛（乙）器形照片　/　43
圖七　秦政伯喪戈（甲）銘文照片　/　44
圖八　秦政伯喪戈（乙）銘文照片　/　44
圖九　秦政伯喪戈（甲）銘文摹本　/　45
圖十　秦政伯喪戈（乙）銘文摹本　/　45
圖十一　有司伯喪矛（甲）銘文照片　/　46

圖十二　有司伯喪矛(乙)銘文照片 / 46

圖十三　有司伯喪矛(甲)銘文摹本 / 46

圖十四　有司伯喪矛(乙)銘文摹本 / 46

秦子車戈考釋與秦伯喪戈矛再釋

圖一　甘肅甘谷毛家坪 M2059 號墓出土秦子車戈器形照片(《嬴秦溯源——秦文化特展》221 頁,臺北故宮博物院出版,2014 年) / 58

圖二　秦子車戈器形與銘文摹本 / 59

圖三　秦政伯喪戈(戊)器形與銘文拓本 / 60

圖四　秦政伯喪戈(戊)器形與銘文摹本 / 61

圖五　秦政伯喪戈(丙)銘文摹本 / 62

圖六　秦政伯喪戈(丁)銘文摹本 / 62

石鼓文考證

甘肅崇信出土戰國秦"鹵市"陶文(選自《文物》1991 年第 5 期 93 頁圖二,1;圖二,23) / 69

四十八年上郡假守暈戈考

圖一　四十八年上郡假守暈戈正面照片 / 93

圖二　四十八年上郡假守暈戈背面照片 / 94

圖三　四十八年上郡假守暈戈正面器形與銘文摹本 / 95

圖四　四十八年上郡假守暈戈背面器形與銘文摹本 / 96

讀珍秦齋藏秦銅器札記

圖一　王八年內史戈器形與銘文摹本 / 111

圖二　十四年匽氏戈正面器形與銘文摹本 / 112

圖三　十四年匽氏戈背面器形與銘文摹本 / 113

圖四　廿一年相邦冉戈器形與銘文摹本 / 114

圖五　王廿三年家丞戈器形與銘文摹本 / 115

圖六　卅二年相邦冉戈正面器形與銘文摹本 / 116

圖七　卅二年相邦冉戈背面器形與銘文摹本 / 117

圖八　卅二年相邦冉戈祕冒照片與銘文摹本 / 118

圖九　元年上郡假守暨戈器形與銘文摹本 / 119

圖十　相邦呂不韋戈器形與銘文摹本 / 120

圖十一　珍秦齋藏少府三戈、高奴戈與其他五件少府戈的器形比較 / 121

圖十二　十六年少府戈器形與銘文摹本 / 122

圖十三　廿三年少府戈器形與銘文摹本 / 123

圖十四　少府·戊戈器形與銘文摹本 / 124

圖十五　高奴戈器形與銘文、紋飾摹本 / 125

圖十六　河南洛陽宜陽出土少府戈器形與銘文摹本 / 126

圖十七　湖北襄陽王坡 M61 出土少府戈及鐓器形與銘文摹本 / 127

圖十八　少府·杏陵·阿戈器形與銘文摹本 / 128

圖十九　少府·工師尹戈器形與銘文摹本 / 129

圖二十　少府·杏陵戈器形與銘文摹本 / 130

圖二十一　山西太原揀選五年相邦呂不韋戈正面器形與銘文摹本 / 131

圖二十二　山西太原揀選五年相邦呂不韋戈背面器形與銘文摹本 / 132

圖二十三　信宮罍器形照片及銘文摹本 / 133

圖二十四　廿一年舌或戈正面器形與銘文摹本 / 134

圖二十五　廿一年舌或戈背面器形與銘文摹本 / 135

圖二十六　卅一年鄭令戈器形與銘文摹本 / 136

論陽城之戰與秦上郡戈的斷代

圖一　朝鮮平壤樂浪郡遺址出土廿五年上郡守厝(?)戈正面器形與銘文摹本 / 150

圖二　朝鮮平壤樂浪郡遺址出土廿五年上郡守厝(?)戈背面器形與銘文摹本 / 151

圖三　廿七年上守趙戈器形與戈內正面銘文拓本與摹本、戈內背面銘文摹本 / 152

圖四　安徽潛山公山崗出土廿四年上郡守臧(?)戈(M12：6)正面器形與銘文摹本 / 153

圖五　安徽潛山公山崗出土廿四年上郡守臧(?)戈(M12：6)背面器形與銘文摹本 / 154

圖六　河南登封八方村出土廿五年上郡守周(?)戈正面器形與銘文摹本 / 155

圖七　河南登封八方村出土廿五年上郡守周(?)戈背面器形與銘文摹本 / 156

圖八　河南登封八方村出土六年上郡守閒戈正面器形與銘文摹本 / 157

圖九　河南登封八方村出土六年上郡守閒戈背面器形與銘文摹本 / 158

圖十　山西屯留出土七年上郡守閒戈器形與銘文摹本 / 159

圖十一　河南登封八方村出土六年陽城令戈器形與銘文摹本 / 160

圖十二　河南登封八方村出土周右庫戈器形與銘文摹本 / 161

圖十三　河南登封八方村出土二號戈器形 / 162

圖十四　河南登封八方村出土銅戈的位置示意圖(《華夏考古》1991 年第 3 期，第 29 頁圖一) / 162

秦郝氏印箴言款考釋

圖一　珍秦齋藏"郝氏"印鈐本 / 166

圖二　秦"郝氏"印五面文字展開圖 / 166

西安閻良發現秦銘刻石新考

圖一　西安閻良秦刻石題銘摹本 / 178

圖二　秦始皇陵園內出土的石刻銘文 / 179

圖三　河南永城保安山二號墓 2 號甬道塞石刻銘拓本 / 180

圖四　河南永城保安山二號墓 2 號甬道之"第一"、"第二"、"第三"、"第十"組塞石剖面示意圖 / 181

圖五　徐州獅子山漢墓塞石朱書摹本 / 182

圖六　徐州獅子山漢墓塞石乙組與羊鬼山漢墓塞石甲組示意圖 / 182

談十三年編鐘銘文中的祕府

圖一　《銘續》著錄的五件十三年編鐘 / 193

圖二　五件十三年編鐘銘文摹本 / 194

圖三　徐州東甸子西漢墓出土"祕府"封泥（M1N：37） / 195

徐州龜山二號墓塞石刻銘新考

圖一　徐州龜山二號墓塞石刻銘拓本 / 196

圖二　徐州龜山二號墓塞石刻銘摹本 / 197

樂從堂藏銅馬式考

彩版一　樂從堂藏錯銀銘文青銅相馬法式

彩版二　銅馬式全體左視圖

彩版三　銅馬式頭部右視圖

彩版四　銅馬式頭部右視圖放大

彩版五　銅馬式頭部前視圖

彩版六　銅馬式俯視圖

圖一　銅馬式頭部右視圖摹本 / 204

圖二　銅馬式頭部前視圖摹本 / 205

圖三　馬的骶骨形態 / 223

圖四　陝西甘泉出土商代（？）銅馬 / 229

圖五　陝西眉縣出土西周駒尊 / 229

圖六　湖北棗陽九連墩 M2 出土戰國楚銅馬（M2：W305） / 230

圖七　河北邯鄲趙王陵出土三件戰國時期趙國銅馬 / 230

圖八　秦始皇陵一號銅車馬的左服馬 / 231

圖九　秦始皇陵一號銅車馬左服馬頭部特寫 / 231

圖十　廣西貴縣風流嶺西漢墓 M31 出土銅馬 / 232

圖十一　四川成都老官山西漢墓出土的漆馬俑 / 232

圖十二　陝西茂陵出土西漢鎏金銅馬 / 233

山東畫像石榜題所見東漢齊魯方音

圖一　山東泰安大汶口出土的孝子申生畫像石摹本

（邢義田先生摹本，選自邢義田《漢畫、漢簡、傳世文獻互證舉隅》303 頁，圖 1.6，《古文字與古代史》第五輯，臺北中研院歷史語言研究所，2017 年）／ 242

圖二　孝子申生畫像石榜題拓本（《文物》1992 年第 12 期，第 74 頁圖一）／ 243

景初元年帳構銅考

圖一　上廣構銅一照片與銘文摹本 ／ 244

圖二　上廣構銅二（《金石契》角集・三十九～四十三）／ 246

圖三　上廣構銅二（《積古齋鐘鼎款識》十・十七）／ 246

圖四　上廣構銅二（《金石索》之《金索》三・二百二十九背面）／ 246

圖五　上邊構銅（《金索》三・二百二十九正面）／ 247

圖六　上邊構銅（《秦漢金文錄》四・二三・2）／ 247

圖七　下構銅（《秦漢金文錄》四・二三・3）／ 249

圖八　下構銅（《小校經閣金石文字》十三・八十四）／ 249

圖九　銅平帳邊長構（《寧壽鑒古》十四・十六）／ 250

圖十　銅平帳邊長構（《張叔未解元所藏金石文字》上册）／ 250

圖十一　銅平帳邊長構（《秦漢金文錄》四・二三・4）／ 251

圖十二　銅平帳邊長構（《故宫銅器圖錄》下册上編二一八頁圖叁伍）／ 251

圖十三　兩件無銘文的帳構銅（《西清古鑒》三十八・二十二、二十三）／ 252

圖十四　"上廣"帳構銅兩件（《秦漢金文錄》四・二二）／ 258

圖十五　景初帳頂角的組裝模擬圖 ／ 259

圖十六　滿城漢墓出土帳構銅（1∶4181）底座和柱端構件的分解和局部組合圖（《滿城漢墓發掘報告》上册 162 頁圖一一三：5；下册圖版一一三（CXIII）：1、2）／ 260

圖十七　滿城漢墓出土帳構銅（1∶4320）底座、頂角和柱端構件的分解和局部組合圖線圖（《滿城漢墓發掘報告》上册 168 頁圖一一六：1、2）／ 261

圖十八　景初帳架復原圖 ／ 262

圖十九　璧翣（據 1991 年版《漢代物質文化資料圖說》圖版 56-7～16）／ 262

後　　記

　　這本收入《秦文明新探叢書》的論文集,以《秦漢銘刻叢考》爲題,又以銘刻的時代劃分爲春秋秦、戰國秦、漢魏,各有五篇。因所論漢、魏銘刻仍屬秦系文字,所以,本集收録範圍雖然略嫌放寬,但也不算離題太遠。

　　文集中各篇論文的寫作年代不一,其跨度約有 25 年。

　　最早的是《秦郝氏印箴言款考釋》,大約寫於 1995 年。當時何琳儀先生送我一本 1993 年出版的《珍秦齋古印展》,我很快就寫了這篇小文。此文有幸在 1996 年得到裘錫圭先生的肯定。也因爲這篇文章,我結識了珍秦齋主人蕭春源先生。因此,這篇小文對我的學術經歷有些紀念意義。

　　最晚的幾篇新作,是 2019 年寫成,大多已經發表,目前只有一篇待刊。

　　重理舊作,五味雜陳。有一點想法可以記在這裏。

　　在多年的研究和寫作中,我總希望既能求得精緻,又能管中窺豹。常常以對出土文獻文本的新理解作爲契機而寫作,而寫作中又牽扯到史學問題。這雖有生發新問題和新意義的可能,但也經常陷入對文本的勉強説解與穿鑿附會。回顧舊作,我仍會記得其中的每一處遺憾:那些未決的問題,牽強的解釋,不佳的表述,都重新浮現。因爲編文集,我不得不重新面對既有的缺憾,但是仍然難以解決,或進步甚少。解決不了,就會重新陷入焦慮的循環。因此,審視拙作,都是所獲甚少,遺憾甚多,距離"精緻"甚遠,更無"全豹"可言。

　　究其原因,首先是我的工作習慣與寫作習慣都不太好。也有學養有限、努力不夠、時間緊迫等理由。更重要的,是研究和寫作心態都不夠平和,最後變成不善於藏拙。

　　最近幾年,因爲新材料的大量發表,學界的狀態有所變化。在出土文獻的研究中,需要將文本研究與歷史研究分開來看。史學問題經常隨着史料的發現有所變動,提出新問題需要有更多的修養;而解決文本問題的關鍵則是材料。古人有句話説得好:"像顯可徵,雖愚不惑;形潛莫睹,在智猶迷。"(李世民《大唐三藏聖教序》)新材料一擺，好的文本解釋自然就來；但若没有材料，某些問題誰也想不到。

問題和解釋永遠是互爲因果。因爲新材料和新問題的攪動，才有窺豹的可能。新問題不見得馬上會有好的解釋，但是若無新問題，恐怕比没有新解釋還要糟糕。學術研究的常態，就是爲老問題尋找新方法和新材料，再不斷提出自己的新問題。在這個没有終點的過程中，若時常想想顧頡剛的自撰聯"好大喜功終爲怨府，貪多務得哪有閒時"，也許將來讀書和寫作都會稍加從容和自由。

這次編纂文集，不啻又將我不善藏拙的缺點變成再次獻醜。文集在文字與圖片方面都略有調整，聊爲彌補。

文字方面，主要是：1.《山東漢畫像石榜題所見齊魯方音》，據原稿有所補充。2.《讀珍秦齋藏秦銅器札記》之"八、少府戈與高奴戈"一節，補充了兩件新材料。3.《景初元年帳構銅考》一篇，補充了附録。其餘各篇，均保存原有的觀點，但改正了一些明顯的筆誤。想做而没做的按語和附記，還有不少，這是非常歉意的。

在圖片方面的增删替换，不必細數。最近二十年來，圖像處理與傳播技術的發達，是推動出土文獻研究快速發展最重要的技術動力。但是，受限於銘文刻鑄技術與銹蝕情況，照像技術也不能完全解決資料問題。我覺得摹本可以爲讀者提供幫助，仍有其優點。這次整理舊文，我新做了一些摹本，替换了一些質量不高的舊圖。新摹本也不一定更可信，這是要提醒讀者注意的。

文集告竣，首先要感謝史黨社先生。因爲黨社兄的建議和慨允，本集才納入《秦文明新探叢書》中。没有黨社兄的敦促，我不大可能編完這本文集。

感謝澳門珍秦齋蕭春源先生。相識20多年以來，蕭先生每有獲見，常邀我共同研究，給我很多督促。

感謝臺北樂從堂曹興誠先生多年來對我的信任和支持。

讀這些舊文常有許多回憶。多年來師友對我有很多的幫助和鼓勵，我都銘記在心。

董　珊
2020年5月7日